한자본색

옛 글자 이야기로 다시 배우는 한자

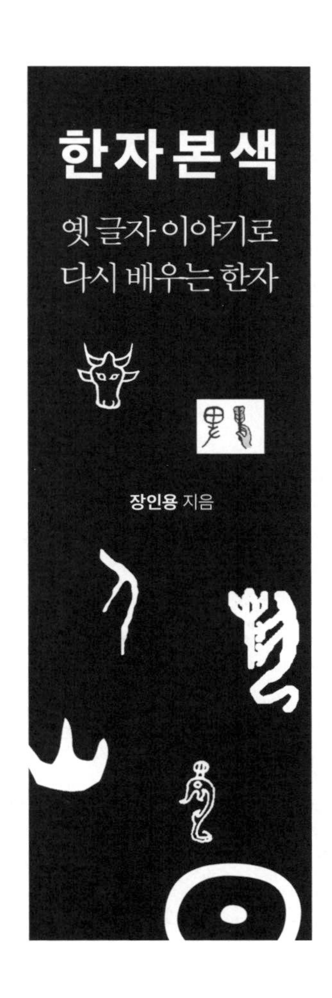

뿌리와
이파리

일러두기

1. 한자의 병기는 최초 노출 후 반복하지 않는 일반 표기의 원칙 대신 문맥의 이해를 위해 필요한 곳에는 반복적으로 한자를 병기했다.
2. 국립국어원 외래어 표기법 세칙에 따르지 않고 중국어 인명과 지명 모두 한자음대로 표기하는 것을 원칙으로 했다.
3. 책명, 정기간행물, 신문 등에는 겹낫표(『 』), 편명, 논문 등에는 홑낫표(「 」)를 사용했다.

차례

머리말

이제는 세태가 바뀌어 한자를 많이 쓰지 않는 시대가 된 것은 나무랄 일은 아닙니다. 한자 없이도 우리가 살 수 있는 것은 서양인들이 그리스어나 라틴어를 모르고 살 수 있는 것과 다르지 않습니다. 그러나 우리말의 많은 부분이 한자에서 유래하였으니 한자를 알고 있으면 더 정확한 말을 쓸 수 있는 것도 사실입니다. 요즘 신문기사에서 간혹 젊은 기자들이 한자를 잘 몰라 틀린 용어를 쓴 것을 보면 웃음이 나옵니다. 그러니 한자를 교양으로 알아두어도 나쁘지 않을 겁니다.

그러나 라틴어를 배우기가 쉽지 않듯이 한자 또한 수많은 글자를 외워야 하므로 배우기 쉬운 것은 아닙니다. 기본적으로 2000~3000자를 배우면 웬만큼 쓸 수 있지만 그만큼 배우는 것이 결코 쉬운 일은 아니죠. 그래서 한자가 쉬운 교양이 되지는 않나 봅니다. 그렇지만 외국어를 배우는 일이 그렇듯, 흥미를 느끼기 시작하면 암기의 고통을 딛고서 단기간에 성과를 내기도 합니다. 이 책은 옛날 태동기의 한자를 가지고 한자에 얽힌 본래 뜻을 배우며 흥미를 느끼고 한자를 교양으로 익혔으면 하는 바람을 가지고 썼습니다.

사실 저는 한자의 옛 글자인 갑골문이나 금문을 연구하는 학자는 아닙니다. 대학원에서 미술사를 공부하며 청동기를 주제로 논문을 셨는데, 그때 공덕성孔德成 선생님께서 지도교수를 맡아주시는 조건으로 당신의 금문 관련 강의 두 과목을 2년 동안 들으라고 하신 게 인연의 전부입니다. 학점 이수야 한 학기면 끝나는 것이었지만 청동기를 공부하기로 마음을 먹었으니, 또 매 학기 수업은 같은 내용을 되풀이하는 것이 아니니 제대로 금문을 배워보라는 뜻이었습니다. 지도교수의 말이니 거역할 수도 없었지만, 그런 연유로 금문을 익힌 2년은 청동기 외관에 대한 피상적인 생각을 넘어 청동기 자체를 본격적으로 이해할 수 있게 된 시간이었다는 생각이 듭니다. 청동기에 새겨진 명문銘文은 그 그릇을 만든 사람의 본심이었고, 그 외관은 그 본심을 담기 위한 형식이었던 것입니다.

이 책을 쓰기 전에는 문자학을 전공한 주제도 아닌 사람이 써도 되겠냐는 생각이 들었지만, 문자 공부는 반년만 하면 나름대로 자신의 생각을 가질 수 있다는 말에 용기를 얻었습니다. 사실 글자에 대한 생각은 누구나 가질 수 있는 겁니다. 한자 하면 떠오르는 것은 상형입니다. 모양을 본뜬다는 뜻이니 누구에게나 익숙한 것이지요. 그런데 거기에다 지사指事, 회의會意, 형성形聲, 전주轉注, 가차假借라는 것을 합쳐서 한자를 만드는 원리인 육서六書라고 합니다. 여기서부터는 어렵기도 하고 헷갈리기도 합니다. 그리고 급속히 흥미를 잃어가게 되죠.

그러나 이런 것을 몰라도 한자를 교양으로 삼기에 아무런 부족함이 없습니다. 육서란 것은 대부분이 맞는 주장이기는 하지만 만고의 진리도 아니고, 그저 옛 학자가 문자를 가지고 어떤 철학을 세운 것이라 이해하면 좋습니다. 그 옛 학자란 허신許愼입니다. 동한東漢 때 사람인 이 학자는 1만여 자의 옛 글씨체를 모으고 그 뜻과 형태, 그리고 음을 기술한 『설문해자說文解字』를 썼습니다. 그리고 처음으로 부수를 나눴기 때문에 사전을 편찬했다고 생각하지만, 사실 허신은 문자로 이루어진 만물의 철학 체계를 세운 것이고, 그 원리가 '육서'였던 것입니다.

그렇지만 허신은 갑골문이나 금문을 본 적은 없습니다. 이미 허신의 시대는 한자의 발생기인 갑골문과 금문의 시대와는 2000~3000년이 떨어져 있기 때문에 대전大篆과 같은 옛날 글씨체 정보밖에는 알지 못했다는 겁니다. 그렇기에 허신의 업적이 당시로는 독보적이기는 하지만 그 책의 내용이 전부 옳다고 볼 수는 없으며, 잘못 생각한 것도 많습니다. 따라서 '육서'의 내용 자체가 전부 옳다고 볼 수는 없습니다. 그렇기 때문에 한자를 교양으로 삼고자 한다면 골치 아픈 육서는 잠시 접어두어도 괜찮다는 것이 제 생각입니다.

문자학은 갑골문을 발굴하고, 발견하고, 왕국유王國維가 이를 해독해냄으로써 급격히 발전하기 시작했습니다. 그리고 이전부터 있었던 청동기에 새로이 발굴된 주나라 때의 수많은 청동기가 더해져 금문金文의 원 사료 확보도 급격하게 늘어났습니다. 재료가 많아지자 많은 학자들이 갑골문과 금문의 해독에 뛰어들면서 대부분의 글을 해독하게 되었습니다. 이렇게 갑골문과 금문은 왕국유를 비롯해 용경容庚, 진몽가陳夢家, 당란唐蘭, 동작빈董作賓, 곽말약郭沫若, 마승원馬承源 등의 많은 학자들을 거치면서 초기 문자들의 모습들을 생생하게 드러냅니다.

물론 학자들 사이에는 여러 이견이 있고, 서로 엇갈린 주장도 많습니다. 또 아직 무슨 글자인지 모르는 글자도 꽤 있습니다만, 주로 쓰이는 글자나 문맥들은 거의 해결이 되었습니다. 그렇지만 개별적인 사안에 대해서는 여전히 많은 이견이 있습니다. 그리고 그런 이견들을 판가름하기에는 너무 오래전의 일들이라 증거를 찾기 어렵습니다. 따라서 근본적인 해결을 기대하기는 힘듭니다. 문자학은 사실 개별 문자의 모양에서 출발하지만, 궁극적인 검증은 비슷한 시기나 조금 뒤의 문헌에 나오는 용례를 참조하는 겁니다. 그러나 그 용례가 될 문헌들이란 것이 제한적이기 때문에 검증도 한계가 있을 수밖에 없습니다.

저는 문자학자도 아니고, 더더군다나 이런 문헌을 이용한 검증은 불가능한 사람이라 그저 남들이 검증하는 방식을 조금 엿봤을 뿐입니다. 따라서 이 글에 나오는 갑골문과 금문의 해석은 전적으로 문자학자들의 것을 옮긴 겁니다. 어쩌다 제 의견이 살짝 들어간 경우도 있지만, 그것은 별로 의미가 없습니다. 그렇다고 제 생각이 아예 없지는 않습니다. 왜냐하면 다른 여러 가지 해석에서 취사선택은 제가 했기 때문입니다.

사실 학술이 목적인 책이라면 누가 어떤 해석을 했고, 또 다른 누구는 어떻게 해석했으며, 이 글을 쓰는 사람은 어떤 이유에서 누구의 해석을 지지한다고 써야 옳습니다. 그러나 이 책은 그저 교양으로 한자를 이해하자는 취지로 쓴 것이라 그런 세세한 곡절이나, 낯선 학자들의 논쟁이 교양으로 지식을 즐기는 일에 도움이 되지 않을 것이기에 제 생각처럼 써내려갔습니다. 그러니 회의니 전주니 가차니 하는 용어나 어느 학자의 어떤 해석이나 논쟁은 잠시 접어두고 즐기시면 됩니다. 만일 이 주제에 더 흥미를 느끼신다면 많지는 않지만 다른 여러 전문적인 문자학 책들을 찾아서 읽으시면 됩니다.

그러고 보면 한자는 우리하고 깊은 인연이 있습니다. 서양의 영어나 불어가 라틴어에 영향을 받은 것 이상으로 우리의 말과 글도 한자의 영향을 많이 받았습니다. 세종대왕이 한글을 만들기까지는 이 한자를 문자로 쓸 수밖에 없었습니다. 말은 달랐지만 문자를 한자로 쓰면서 우리말도 변했습니다. 많은 한자어가 우리말에 들어온 것입니다. 어떤 것은 토착화가 심해서 한자어인지 잘 모르는 말도 꽤 있고, 어떤 것은 유래를 확실히 단정할 수 없는 단어도 있습니다.

그렇지만 현재 우리말에 가장 많이 들어와 쓰고 있는 한자 단어에는 번역어가 많습니다. 그 번역어 가운데는 중국에서 번역한 것들도 있지만, 대부분은 일본에서 번역한 용어를 쓰고 있습니다. 그것은 서양 문물을 받아들이고, 그것을 체화하는 일에 일본이 가장 앞섰기 때문이죠. 그런데 그 번역어를 보면 또한 놀라움을 금할 수 없습니다. 너무나 적확한 글자로 멋지게 번역을 했기 때문입니다. 그러고 보면 중국 주위의 나라들은 서로 말은 달라도 한자에 대한 이해도가 상당했고, 특히 한국과 일본의 경우는 지식인 사회의 필수적인 언어 도구였습니다.

그러기에 지금도 한자를 이해하고 익히는 것은 여전히 교양일 수 있습니다. 한자의 시대로 다시 돌아가자는 것은 아니지만, 한자를 이해하는 것은 결코 '알아서 쓸데없는' 지식은 아닙니다. 필수는 아니지만 어느 정도의 교양으로 한자도 자리매김을 할 수 있다는 것이 제 생각입니다. 그래서 이 책에서는 될 수 있는 대로 어렵거나 잘 쓰지 않는 글자들은 빼고 일상적인 범위의 글자들만을 소재로 삼았습니다. 또한 소재가 되는 글자 자체도 우리네 일상하고 가까운 것을 택했습니다.

어느 정도 한자를 알고 있다면 그냥 재미있게 연원들을 살피면 좋습니다. 한자를 전혀 모른다면 쉽지는 않겠지만 한자를 배워가며 읽는 것도 불가능하지 않습니다. 모든 어학이 그렇듯이 한자 역시 꾸준히 배우고 익히면 쉽게 배울 수 있습니다. 한자가 복잡해서 배우기 쉽지 않다는 말은 사실이 아닙니다. 글자의 원리를 알고 익힌다면 한자가 조형적이기 때문에 다른 글자들보다 더 쉽게 배울 수 있다는 의견도 있습니다. 한자를 배우라고 하는 것이 한글 전용을 다시 되돌리려 하는 것은 결코 아닙니다. 그저 재밌고 흥미가 있다면 배우는 게 좋다는 이야기입니다. 이 한자에 대한 이야기들이 재미와 학습에 도움이 되었으면 하는 것이 이 책을 쓴 제 작은 희망입니다.

一…
둥근 하늘에 있는 해와 달과 별

天천 | 하늘을 독점한 큰 사람

天하늘 천 갑골문 天하늘 천 금문

人사람 인 금문 大클 대 금문

사람은 하늘을 중요하게 여길까요, 아니면 땅을 더 중요하게 여길까요? 뜬금없는 질문 같지만 몸은 땅에 매여 있더라도 하늘을 더 우선하는 것 같기도 합니다. '하늘의 뜻'이라고 하기도 하고, 또 많은 사람들은 죽은 다음에는 '하늘'로 간다고 생각합니다. 여하튼 하늘과 땅은 서로 떼려야 뗄 수 없는 이분법의 세상이 아닐 수 없습니다. 사실 하늘에 해와 달과 별이 없다면, 땅에 무엇인가가 있었을까 싶기도 합니다.

어쨌거나 우리는 늘 땅에 붙어살지만 하늘의 영향에서 벗어날 수는 없습니다. 해가 뜨고 짐에 따라 밤과 낮이 바뀌고, 해가 비춰야만 식물들이 자라고, 그 식물들을 먹고 동물들이 살 수 있습니다. 달은 낮에도 뜨고 밤에도 뜨지만 낮보다는 밤에 잘 보입니다. 햇빛이 비추는 동안에는 보이지 않던 별들은 밤이 되면 검은 하늘을 수놓습니다. 그 별들은 왠지 우리의 운명과 관련이 된 것 같고, 그래서 아득한 자신의 존재를 별에 의탁해보기도 합니다.

하늘의 모든 변화는 우리에게는 근본적인 겁니다. 그런데 이 하늘을 나타내는 글자는 좀 의외입니다. 어찌 보면 그저 머리가 큰 사람을 표현한 것이 아닐까 하는 생각이 들 정도입니다. 그렇지만 '사람 인人'과 '클 대大'를 보면 사실 지금 쓰는 뜻과는 조금 다른 것임을 알 수 있습니다. '사람 인人'은 옆모습을 그린 것이기도 하지만 굽은 어깨를 보면 노동을 하는 사람입니다. 그런 반면에 '클 대大'는 '아들 자子'에 대응하는 글자입니다. 어린아이가 다 자랐다는 뜻을 표기한 것이지요. 그저 팔과 다리를 벌려 크다는 것은 아닙니다.

그리고 이 글자들에서 볼 수 있는 것은 이 한자의 시대가 이미 신분제 사회가 되었다는 사실이죠. 이미 노동하는 일반'인人'들과 지배하는 '대인大人'들은 신분이 다른 사람입니다. 그러기에 '아들 자子'조차 일반의 아들을 뜻하는 것이 아닙니다. 높은 사람들의 고귀한 아들을 뜻하는 글자입니다. 그보다 더 뒤에는 그저 고귀한 것이 아니라 제사와 권력을 이어받을 '적자嫡子'만을 뜻하는 글자로 쓰인 적도 있습니다. 그런 큰 사람 위에 하늘이 있는 겁니다.

子 아들 자 금문

'하늘 천天'의 모습을 살펴보면, '대大' 위에 동그라미가 얹혀 있는 모양입니다. 이 동그라미는 바로 하늘을 뜻합니다. 중국의 옛 관념에는 '천원지방天圓地方', 곧 하늘은 둥글고 땅은 네모난 것이었습니다.

그런데 갑골문의 글자는 동그라미가 아닌 네모 같다고요? 그것은 필기구 탓입니다. 갑골문은 뼈에 새긴 글자로, 칼로 새겨 썼습니다. 그렇기에 둥그런 원을 그리기가 쉽지 않습니다. 저것도 최대한 동그랗게 그리려 노력한 것입니다. 그런데 하늘을 왜 동그란 것이라고 생각했을까요? 해와 달이 다 둥글고, 사방이 트인 곳에서 하늘을 둘러보면 둥글게 보여서 그러지 않았을까 생각합니다.

또 하나 궁금한 것은 둥글다는 표시를 왜 위에 했을까 하는 겁니다. 보통 설계도를 그릴 때는 물건의 위와 옆과 정면을 그립니다. 한자에서도 이런 사례들이 있습니다. 바로 둥글다는 뜻으로 쓰이는 '원圓'의 안에 있는 '수효 원員'이 그런 글자입니다. 원래 글자를 보면 '정鼎'이라 부르는 솥이 있고, 그 위의 둥근 원은 입구가 둥글다는 뜻으로 쓴 겁니다. 물론 대개의 '정鼎'이란 솥은 입구가 둥글지만, 네모난 모양의 '정鼎'도 있어서, 그런 '정鼎'은 '방정方鼎'이라 부릅니다. 이 글자는 위와 앞모습을 그린 설계도 같습니다.

員 수효 원 갑골문

여하튼 '클 대大' 위에 붙은 둥근 모습이 하늘을 가리키는 것은 틀림없습니다. 그것도 글자에 정치적 의도가 숨어 있다고 생각합니다. 노동자인 '인人'이 아닌 큰 사람 '대大' 위에 있는 하늘이죠. 하늘도 독점하려 한 겁니다. 실제로 하늘에 제사를 지내는 건 천하를 거머쥔 왕만이 할 수 있는 특권이었죠. '아들 자子'에서 아직 다리도 온전하지 않지만 커다란 둥근 원이 있는 것도 그런 뜻이 숨어 있지 않을까 생각합니다. 한자의 시대는 그만큼 계급과 사회분화가 이미 상당하게 진행된 사회였습니다. 이제 하늘에 떠 있는 것들을 살펴보죠.

日 일, 月 월 | 문자의 상징성

日 해 일 금문

月 달 월 금문

하늘에서 우리와 가장 친근한 게 해와 달이죠. 아니 친근하다 못해 없으면 도저히 살 수 없습니다. 해가 없다면 우리는 아무것도 볼 수 없습니다. 더군다나 햇빛이 없다면 생명이란 것도 있을 수 없습니다. 그러니 인간 자체가 없는 것이겠지요. 그렇게 생각하면 해는 우리의 근원적인 그 무엇입니다. 달은 그보다는 정서적입니다.

해를 그림으로 그린다면 누구나 단 한 가지 방법밖에는 없습니다. 둥근 원을 그리는 것이지요. 그런데 이 '해 일日'의 가운데 굵은 선 은 무엇일까요? 어떤 사람들은 그것이 해에서 나오는 광선을 뜻한다고 합니다. 헌데 햇빛을 그린다면 어떻게 그릴까요? 물론 초등학생들이라면 해 바깥으로 뻗어 나오게 빛을 그릴 겁니다. 고흐라면 이글거리는 빛을 둥글게 퍼져 나오는 선으로 그릴 수도 있겠습니다.

아무래도 광선을 그린다면 어떻게 그리든 원 밖에 그리는 것이 정상일 겁니다. 또는 선이 '한 일一'자 모양이라는 데에 주목하는 사람도 있습니다. 태양은 하나뿐이고, 또한 발음까지 같다는 것이죠. 물론 이 글자가 태어날 때의 음가를 정확히는 알 수 없지만, 아마도 지금의 발음과 완전히 다르지는 않았을 것이라 짐작합니다. 그렇지만 발음을 표기한다는 설이 그리 신뢰가 가지는 않습니다. 상형문자에서 발음을 알려주는 구성요소를 함께 쓰는 경우는 없기 때문입니다.

또한 '달 월月'자도 가운데에 작대기가 있는데, 이것은 ❙처럼 세로로 있습니다. '월月'의 상형이 반달 모양인 것은 충분히 이해할 수 있는 문제입니다. 달은 늘 모양이 변하기 때문에 해처럼 둥근 원일 때도 있고, 아예 보이지 않을 때도 있습니다. 물론 실눈썹처럼 가늘 때도 있고 홀쭉할 때도 있고 배가 나와 있을 때도 있지만, 어쨌거나 반달일 때가 달의 특징을 가장 잘 드러낸다고 할 수 있습니다. 그래서 아이들에게도 달을 그리라고 하면 대개는 반달을 그려 넣습니다. 달도 빛나니까 이것을 빛의 광선이라 해도 할 말은 없습니다. 그러나 나중에 이 막대기가 '두 이二'자가 된 것은 발음 때문은 아닐 겁니다. 사실 '저녁 석夕'자도 반달입니다. 저녁에 걸린 반달을 가지고 시기를 뜻하는 글자가 되었죠. 갑골문이나 금문에서 이 '석夕'과 '월月'을 구분할 방도가 없습니다. 그리고 '석夕'자도 글자 안에 점을 하나 가지고 있습니다.

이 막대기의 정체가 도대체 무엇일까요? 제 생각은 이렇습니다. 갑골문이든 금문이든 모양을 따서 만든 상형의 글자기는 하지만, 그렇다고 그림은 아니기 때문에 엄연한 문자의 상징성은 있습니다. 그렇기 때문에 이것이 그림이 아닌 글자라는 인식은 있어야 합니다. 그런데 글자들 가운데 둥근 원이나 길쭉한 반원이 있으면 이걸 혹시 글자가 아닌 그림으로 인식하지는 않을까요? 물론 주周나라 후기의 글들은 수백 자가 넘는 장문의 글이니 상관은 없지만, 갑골에 쓰인 글자는 그리 많지 않았고, 어떤 때에는 몇 글자 되지 않을 때도 많았습니다. 그럴 경우에는 단순한 도형과 글자를 구분해줄 필요가 있었을 겁니다. 이것이 글자 안의 막대기 용도가 아닐까요? 그렇지만 제 생각이 옳다고 확신할 수는 없습니다.

旦 아침 단 갑골문

旭 아침 해 욱 금문대전

해는 인간의 삶과 직접 관련을 맺고 있기에 '해 일日'이 들어간 글자들이 꽤 많이 있습니다. 이 '일日'이 들어간 글자들을 살펴보겠습니다. '아침 단旦'이란 글자는 그냥 봐도 지평선에 떠오르는 태양이죠. 그런데 갑골문을 보면 그 땅은 네모난 모양을 하고 있습니다. 땅은 네모난 것이라는 당시 관념에 충실했죠. 우리는 새해 첫날 아침을 '원단元旦'이라고 합니다. 그해에 '처음으로 해가 솟아오른다'는 뜻이겠지요.

'원단元旦'에 있는 '원元'은 '으뜸', '근본', '크다', '시작' 등의 뜻을 지니고 있는 글자입니다. 그런데 갑골문을 보면 사람의 위에 '두 이二'가 올라간 형태입니다. 그래서 어떤 이들은 이것이 땅과 하늘이 갈라지지 않은 '태초太初'라 풀이하기도 합니다. 그런데 방금 살펴본 것처럼 땅은 네모나게 그리고 하늘은 둥글게 그려야 하는데, 하늘과 땅이 갈라지지 않았다 하더라도 작대기 둘로 표기할 것 같지는 않습니다. 그리고 이것은 '두 이二'가 아닌 위의 작대기가 작은 '위 상上'의 형태입니다. 예전에는 이것이 '위 상上' 이었습니다. 이때야 진화론은 생각도 못할 시기였으니 인간이 나타난 것이 이 세상의 시초입니다. 시간으로는 인간이 생긴 시점이고, 공간으로는 인간의 머리 위인 하늘입니다. 그러니 '원단元旦'은 태초의 태양이 떠오르는 그 경지를 뜻하는 글자입니다.

元 으뜸 원 갑골문

우리는 한창 기세 좋게 솟아오르는 기운을 '욱일승천旭日昇天'의 기세라고 하죠. 아침에 해가 떠오르는 광경을 보면 '욱일旭日'의 뜻을 느낄 수 있습니다. 해의 왼쪽에 붙어 있는 九은 '아홉 구九'처럼 생겼지만 아홉이란 뜻은 아닙니다. 보면 손을 그린 것과 같은데 팔이 훨씬 깁니다. 그것은 '팔을 쭉 끝까지 밀다'라는 뜻으로, 태양이 수평선이나 지평선에서 뜨는 때를 뜻합니다. 여기의 '구九'는 '궁구한 구究'의 원래 글자로 나중에 '끝까지 추구하다'라는 뜻으로 변형되었습니다. 우리가 쓰는 '연구硏究'도 끝까지 밀어붙이는 일이죠. 여하튼 솟아오른 해가 땅이나 수평선에서 고개를 내밀면 순식간에 하늘로 치솟습니다. 정말 눈 깜짝할 사이죠. 바로 그것이 '욱일旭日'의 처음 뜻입니다.

'조早'는 '풀(T) 위의 태양(⊖)'입니다. 풀은 지상에서 가장 키가 낮은 식물이지요. 그러니 해가 막 뜨기 시작한 아침을 뜻합니다. 그런데 훗날 전문篆文에서는 풀의 주위를 해의 빛으로 감싸는 듯한 모양으로 글자를 변형시켰습니다만, 나중에는 글자의 원래 모습으로 돌아옵니다. 번거로운 것은 글자에도 별로 바람직하지 않은 것 같습니다.

早 이를 조 금문대전　　　　昏 어두울 혼 갑골문

'어두울 혼昏'의 갑골문을 보면 해 위에 축 처진 가지가 있고 그 가지의 하나에는 매듭 같은 것이 있죠. 위의 것이 '각시 씨氏'입니다. 바로 처진 가지와 매듭은 열매가 떨어지는 것을 뜻합니다. 나무에서 열매가 맺히면 그 열매가 떨어지고 씨앗에서 싹이 터야 후대를 볼 수 있습니다. 그 자연의 원리를 인간의 생활에 연장한 개념이 바로 이 글씨입니다.

우리가 '성씨姓氏'라고 할 때 '씨氏'가 바로 이런 뜻에서 나온 글자입니다. 둘 가운데는 '성姓'이 보다 큰 개념입니다. 우리 사회가 원래 모계사회였음이 드러나죠. 그러니까 크게 봐서 같은 성을 쓰는 가족이란 한 어머니 밑에서 나서 자라는 겁니다. '씨氏'는 같은 '성姓' 가운데 열매가 따로 떨어지듯 갈라진 것을 뜻합니다. 따로 떨어져 자식을 낳고 살려면 일단 각시를 얻어 결혼을 해야 합니다.

'혼昏'에서는 태양이 열매에 해당하네요. 태양이 땅 밑으로 뚝 떨어지는 시간이 되었으니 이때가 바로 저녁입니다. 남자나 여자나 결혼을 하고 자식을 낳아야 가족을 이어갈 수 있습니다. 그런 관념 때문에 결혼을 해가 떨어지는 저녁 무렵에 한 것일 수도 있습니다. '결혼하다' 할 적에 '혼인 혼婚'에도 '어두울 혼昏'이 있는데 결혼 예식은 해가 진 뒤에 하는 것이라 이 '혼'자를 쓴 거라고도 합니다.

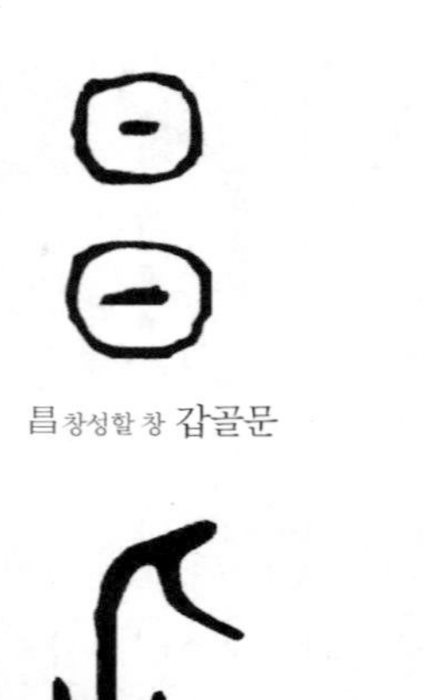

昌 창성할 창 갑골문

是 옳을 시 금문

旨 뜻 지 금문대전

晝 낮 주 갑골문

'창성할 창昌'은 본래 해가 둘입니다. 해가 둘이면 얼마나 덥고 식물들이 잘 자라겠습니까. 기운이 성하다는 뜻으로 쓰인 것이지요. 그런데 지금 해서楷書의 모양으로는 아래에 있는 것은 '가로 왈曰'의 형태로 옆으로 넓적합니다. 한자를 배울 때 '해 일日'과 '가로 왈曰'은 종종 헷갈리는 글자입니다. 모양은 같은데 하나는 홀쭉하고 하나는 넓적한 차이밖에 없으니까요. 그런데 사실은 이렇게 다른 모양의 글자였습니다. '왈'은 입에서 혀가 움직이며 말하는 것을 그린 겁니다. 물론 다른 종류의 해석도 있습니다. 이 입의 형태를 제사를 지낼 때 자연신이나 조상에게 기원하는 글을 써서 그릇에 넣은 축문을 뜻하는 것이라 해석하기도 합니다. 그러나 그 해석에도 무리수가 있습니다. 이것도 나중에 '입 구口'를 언급할 때 다시 이야기하겠습니다. 여하튼 대개의 해석은 위에 달려 있는 것이 움직이는 혀입니다. 그

曰 가로 왈 금문

래서 '창昌'에 '날마다 이야기하다'는 뜻도 생겨나게 되었고, '입 구口'를 덧붙여 '노래 창唱'으로 만들어 다른 뜻으로 사용하기도 합니다. '앞장서서 부르짖어 이끌다'는 뜻으로 '창도唱導하다'가 그런 뜻입니다.

'옳을 시是'는 태양(日) 아래 있는 손(十)과 발(止)입니다. 금문에서는 손이 손가락 없이 단순화되었습니다. '발 지止'는 '그치다'란 뜻도 있지만 '발걸음을 멈추다'는 나중에 생긴 뜻이죠. 태양 아래 손과 발이 다 있습니다. 결국은 해가 내리쬐이는 가운데 손과 발로 열심히 농사를 짓는 겁니다. 열심히 일하는 건 옳은 일이죠. '옳다'는 뜻이 나중에 생긴 뜻이라는 건 금세 짐작할 수 있죠. 이렇게 한자는 나중에 덧붙인 뜻이 많습니다. 사실 나중에 원래와는 다른 뜻들이 생기는 건 모든 언어의 숙명이기도 합니다.

'뜻 지旨'는 '해 일日'변으로 분류되어 있지만 사실 해와는 상관이 없습니다. 갑골문이나 금문의 형태를 보면 아래 모양은 입(口)입니다. 위의 ㄏ에는 두 가지 해석이 있습니다. 금문을 보면 마치 위엄이 있는 사람이 높은 곳에서 아랫사람에게 지시를 내리고 있는 모양입니다. 그 밑에 입까지 있으니 말로 지시를 내리는 것일지도 모르죠. 여기서 윗분의 '뜻'이라는 의미가 생겨난 것이죠. 헌데 '지旨'에는 '맛' 또는 '맛있는 음식'이라는 뜻도 있습니다. 이것은 입 위의 형태를 '숟가락 비匕'로 해석한 글자입니다. 그러니까 숟가락을 떠서 입에 넣는 겁니다. 이것은 원래는 다른 글자로 쓰인 두 글자가 모양의 유사함 때문에 한 글자로 합쳐진 사례일 겁니다. 세상에는 별난 일도 많듯이 문자의 세계도 그러합니다.

'낮 주晝'자는 '그림 화畫'와 비슷해서 헷갈리는 글자죠. 가운데 획 하나만 더 있습니다. 그런데 이렇게 비슷하게 생긴 데에는 이유가 있습니다. 먼저 '주晝'의 '해 일日' 위에 있는 것은 필기구를 잡고 있는 손입니다. 그러니까 새로운 날이 왔다는 걸 기록한 겁니다. 거의 매일을 기록했을 겁니다. 그래야 시간이 얼마나 흐르고, 계절이 어떻게 바뀌었는지를 알 수 있으니까요. 왕의 중요한 임무 가운데 하나는 책력, 곧 달력을 만드는 것입니다. 이 일은 해가 뜨면 했기에 '낮'이라는 뜻이 생겼습니다. 그림은 필기구를 가지고 하는 것이지요.

'그림 화畫'는 해가 아닌 '밭 전田'이 있습니다. 그러고 보면 최초의 그림은 밭의 경계를 그린 것이 아니었나 하는 생각도 듭니다. 어쨌거나 이 한자의 시대의 그림은 지금과 같은 그림은 아닙니다. 일단은 붓도 다르고 종이도 없을 때의 일입니다. 그러기에 그림을 그린다면 나무판자나 비단, 베에 그리는 수밖에 없습니다. 그때의 그림이 남아 있지 않으니 무엇을 그렸는지는 알 수 없습니다. 아니면 평평한 흙이나 모래 위에 그리는 것이겠지요. '그림 화畫'의 맨 아래 있는 '한 일一'은 '글씨 쓸 서書'와 구분하기 위해 나중에 붙은 겁니다.

낮이 있다면 밤이 있는 것은 당연하지요. 밤을 뜻하는 '야夜' 또한 우리가 많이 쓰는 글자입니다. 밤이란 것도 낮과 마찬가지로 우리에

夜밤 야 금문

亦또 역 금문

게는 없어서는 안 될 시간이죠. 밤에 편안한 휴식이 없다면 낮에 활동도 하지 못하기 때문입니다. 헌데 이 '밤 야夜'는 정말 수수께끼 같은 글자입니다. 밤의 상징이면 당연히 달이나 별일 터인데 가운데에 사람이 떡하니 그려져 있고, 왼쪽에 줄이 하나, 오른쪽에 달이 그려져 있습니다. 이게 도대체 무슨 뜻일까요? 사람 옆구리에 낀 달이라니.

이 글자와 유사한 모습의 글자가 또 있습니다. 우리가 '역시亦是' 할 때의 '또 역亦'이 바로 그 글자입니다. 다른 것은 '또 역亦'에는 양쪽 다 빗금으로 되어 있다는 겁니다. 그 글자의 원래 뜻은 지금 글자의 '겨드랑이 액腋'이라 합니다. 이 글자 또한 '육달 월月'과 '밤 야夜'로 이루어져 있습니다. 결국 '또 역亦'은 겨드랑이란 뜻이었는데 전혀 다른 방향으로 뜻이 변하고, 겨드랑이란 뜻은 '액腋'이 대신했다고 볼 수 있을 겁니다. 이 세 글자의 발음이 유사하다는 것도 이들 사이에는 어떤 유사점이 있다는 뜻이겠지요.

그런데 도무지 모를 것은 왜 '겨드랑이에 낀 달'이 밤이냐는 겁니다. 이 질문에 대한 답변이 궁하다 보니까 '역亦'에서 발음을 따오고 달이 밤을 뜻한다고 해석하기도 합니다. 그런데 나중의 한자라면 몰라도 갑골문이나 금문에는 발음 때문에 다른 글자 모양을 본체로 빌려 쓴 글자는 없습니다. 그러니 그 해석은 억지 같은 느낌이 듭니다. 저도 이에 대한 명쾌한 해석은 없습니다. 다만 겨드랑이가 상징하는 것은 '숨어 있다'가 아닐까 생각합니다. 겨드랑이는 좀처럼 남에게 보이지 않는 몸의 부위입니다. 그래서 '역亦'이 숨어 있다 또 나오고, 숨어 있다 또 나오는 뜻으로 표기되지 않았을까 상상해봅니다. 밤도 대인大人이 숨겨둔 것이기에 이렇게 표기하지 않았을까요? 전등불

없는 밤이란 모든 것이 숨어 있고, 그저 달만 요란스럽지 않게 얼굴을 드러낼 뿐이라 이렇게 표시하지 않았을까 생각해봅니다. 이제 그 밤을 상징하는 달과 별을 보겠습니다.

밤을 대표하는 것은 뭐라 해도 달과 별입니다. 달이 낮에 뜨지 않는 것도 아니고 심심치 않게 낮달을 볼 수 있지만, 낮달은 왠지 모르게 처량하고 잘못 나온 느낌을 줍니다. 아마도 햇빛 때문에 두각을 나타낼 수 없는 처지 때문일 겁니다. 그렇지만 그 달도 해가 없는 밤이라면 사정이 달라집니다. 달은 뭇별을 압도하는 밝기로 밤하늘을 지배합니다. 그래서 달은 밤의 상징일 수밖에 없습니다.

'달 월月'을 글자 안에 가지고 있는 글자는 무척 많습니다. 자전을 찾아보면 500자는 훨씬 넘지요. 그러나 정작 '달'이라는 뜻으로 쓰인 글자는 무척 적습니다. 왜냐하면 대부분의 글자는 '고기 육肉'이 변한 '육달 월月'이기 때문이죠. 그러기에 '달 월月'이 들어간 글자를 보면 '고기'인지 '달'인지를 구분해야 합니다.

달은 대략 29~30일을 주기로 모양이 변합니다. 아무것도 없는 어두운 밤이었다가 실눈썹처럼 가는 달이 점점 살이 붙고, 반달이 되었다가 보름달이 되고, 또다시 점점 이울어 결국은 그믐달이 됩니다. 그래서 달의 모양으로 날짜를 알 수 있는 음력을 많이 썼습니다.

朔초하루 삭 금문

望보름 망 갑골문

望보름 망 금문

음력에서도 달의 첫날과 보름이 중요합니다. 달이 사라졌을 때와 가장 커졌을 때가 기준이 되는 겁니다. 초하루를 '삭朔'이라 하고 보름을 '망望'이라 합니다. 보름과 그믐이 태양과 달과 지구가 일직선에 있는 때라서 밀물과 썰물의 차이가 가장 큽니다. 실제로 인간 생활에도 영향을 미치는 것이지요. '삭朔'이란 글자의 왼쪽에 있는 것은 많이 본 모양입니다. '거스를 역逆'에서 책받침(辶)을 없앤 형태지요. 책받침이 없는 글자도 '거스를 역屰'입니다. 이 모습은 머리를 땅에 두고 다리가 하늘로 솟은 사람의 형태로 '클 대大'를 거꾸로 쓴 형태입니다. 책받침(辶)은 간다는 뜻이니 거꾸로 간다는 것이 '거스를 역逆'의 뜻입니다.

逆 거스를 역
갑골문

어쨌거나 이 글자가 '역屰'을 썼다는 것은 달이 커져서 보름달이 되었다가 거꾸로 작아져 아무것도 보이지 않는 상태가 된 겁니다. 그래서 초하루는 어둠으로부터 시작합니다. 일 년의 시작도 마찬가지입니다. 해가 가장 짧아지는 동지로부터 새해가 시작됩니다. 물론 역법에 따라 차이가 생겨서 동짓날이 설은 아니지만 대체로 동지가 지나 새해가 시작됩니다. 반면 보름의 달은 환합니다. 보름의 환한 달은 그 빛에 이끌려 저절로 바라보게 됩니다. 그래서 '바라보다'라는 뜻이 생겼고, '기대하다'라는 뜻도 생겼습니다. 갑골문의 '망望'에는 달이 없고 금문에는 달이 있습니다. 본래는 달과 상관없는 글자였다가 보름달의 밝은 빛이 글자를 사로잡은 것일 테지요.

'조선朝鮮' 할 때 쓰는 '아침 조朝'자는 해와 달이 같이 있는 글자죠. 왼쪽은 '새벽 조早'의 해 위에 풀이 하나 더 있죠. 이것은 그냥 '조

朝아침 조 갑골문

期기약할 기 금문

早'의 다른 형식의 글자라 생각하면 됩니다. 갑골문과 금문의 시대에는 한 글자를 다른 방식으로 표현하는 경우가 많았습니다. 곧 지역마다 글자가 다르고, 또 나라가 다르면 글자도 다른 경우가 많았습니다. 뭐 풀이 하나 더 있는 것은 많이 다른 건 아니죠. 그리고 그 아침에 또 달이 있습니다. 우리가 새벽에 일찍 일어났을 때 해가 뜨기 전에 달이 있는 경우도 많죠. 일출이 되었어도 햇빛이 강하지 않으면 달이 보입니다. 낮달도 보이는데요. 결국은 달이 아직 남아 있는 아침이란 뜻입니다. 그러니 '조선'은 '아침(朝)이 곱다(鮮)'는 뜻입니다. '고요한 아침의 나라' 같은 말들은 다 이런 뜻의 변형일 뿐입니다.

달이 날을 상징하게 된 뒤로 날짜 또는 세월이란 뜻으로 쓰이기도 합니다. 우리가 자주 쓰는 '세월歲月'이란 말에도 달이 있네요. '세歲'란 말은 나중에 말할 기회가 있겠지만 1년이란 뜻이고 나이란 뜻으로 쓰이죠. 달도 시간이란 관념으로 쓰입니다. 달을 보고 시간이 가는 것을 느꼈으니까요. 우리가 어느 정도의 시간을 이야기할 때 '기약할 기期'를 씁니다. '기간期間'과 같은 단어가 대표적이죠. 왼쪽의 '그 기其'자는 원래 대나무로 짠 망태기의 상형입니다. 이 망태기를 운반하거나 집을 짓는 데 물건 나르는 공구로 썼습니다. 오른쪽 옆에 있는 달(月)은 시간을 뜻합니다. 집을 짓거나 일을 하는 데는 시간이 걸릴 것이고, 어느 정도의 시간이 가야 일을 마치죠. 그래서 일정한 시간을 이르는 글자가 되었습니다. '그 기其'자가 '그것'이라는 의미가 된 연유는 잘 모릅니다. 아마 망태기를 '그것, 그것' 하고 부르다 그렇게 되지 않았을까 합니다. 전국시대 맹자가 활약할 때가 되어서 이런 뜻이 나타났습니다.

星성, 晶정 | 쏟아져 내린다, 별들이

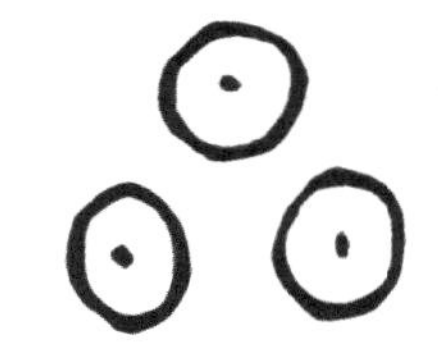

晶밝을 정 갑골문

星별 성 갑골문　　星별 성 금문

하늘에는 해와 달만 있는 건 아니죠. 우리에게는 가까이 있기에 가장 중요한 것이 해와 달이지만, 밤하늘을 수놓는 뭇별들을 결코 외면

할 수 없습니다. 지금 도시에는 인간이 만든 불빛이 별들을 가리기에 별을 보기 쉽지 않지만, 전등이 없는 산이나 들에 있다면 머리 위로 쏟아질 것 같은 뭇별들을 만날 수 있습니다. 여하튼 이 별들은 우리에게는 언제나 경이로운 대상이었습니다.

지금은 별을 표기하는 글자가 '별 성星'이지만 본래 별을 표기하던 글자는 '해 일日'이 셋이나 붙어 있는 '밝을 정晶'입니다. 셋이라 해도 하늘을 무수히 수놓으며 반짝이는 뭇별을 표시하는 글자임을 금세 알 수 있습니다. 별들이 반짝거리는 것은 별빛이 대기를 통과하면서 흔들리기 때문이라고 합니다. 그래서 이 글자는 '반짝이다' '밝다'란 뜻으로 변해가며 별이란 원래 뜻은 잃어버리게 되었습니다. 우리가 '수정水晶' 구슬이 밝다 할 때 이 글자를 쓰죠. 별은 하늘에 그대로 남아 있는데 글자가 없어질 수는 없는 것이죠.

그래서 별을 표시하는 글자로 둥근 원만 다섯 개쯤 그려서 표시하기도 했지만, 어느 순간 나무가 한 그루 들어왔습니다. 그리고 그 나무 주위로 세 개쯤 별을 그리다가, 나중에는 한 개만 남았습니다. 그것이 요즘에 쓰는 '별 성星'입니다. 저는 나무에 걸린 별은 못내 아쉽습니다. 차라리 '밝을 정晶'처럼 주위에 아무것도 없이 빛이 쏟아져 내리는 모습이 더욱 별의 정체성에 가까울 것 같습니다.

그런데 대단한 건 '밝을 정晶'이나 '별 성星'이나 할 것 없이 '해 일日'로 표기한 것이죠. 그러니까 크기나 위력의 차이가 있을지는 몰라도 태양과 별은 똑같은 발광하는 항성임을 알고 있었다는 것 아니겠습니까? 물론 항성과 행성까지는 구분하지 못했을지라도 갑골문이나 금문을 보면 그 시대 사람들의 천문학적 지식도 대단한 것 같습니다.

辰별 신 갑골문

별과 같은 모양이 전혀 아닌데도 별이란 뜻으로 쓰이는 글자가 있습니다. '진' 또는 '신'으로 읽는 '辰'이란 글자가 바로 그 글자입니다. 해서로 쓴 글씨에서도 별과 관련된 실마리를 찾기는 어렵습니다. 이 글자의 갑골문을 보면 별과는 전혀 관계없는 글자임을 금세 알아차릴 수 있습니다. 언뜻 보아도 어떤 도구입니다. 글자의 왼쪽 위는 바위의 모습이고, 그 오른쪽 아래는 어떤 공구임이 확연합니다. 모양새로 보아서는 자루에 돌멩이나 조개껍질이 달린 호미 비슷한 농기구가 아니었나 생각합니다. 농사일이란 본디 잡초 제거와 뿌리 북돋기가 중요하니 그런 일에 쓰는 도구인 듯싶습니다. 바위 밑에서 짓는 농사니 곡식을 재배하는 것은 아닐 겁니다. 채소나 삼 농사가 아닐까 하고 짐작해봅니다.

이 글자의 본래 뜻은 '부르르 떨리다'의 '진振'이라고 합니다. 우리가 '진동振動'이라 표현하는 그 움직임 말이죠. 호미로 땅을 파면 미세하지만 움직임이 발생합니다. '북돋다'란 뜻도 거기서 나왔을 겁니다. 그리고 벼락의 '진震'도 마찬가지로 그와 유사한 진동입니다. 하늘의 구름 사이에서 번개가 치고 벼락이 떨어지면 땅이 진동을 합니다. '지진地震'도 거기서 파생된 단어라 볼 수 있겠지요.

그런데 어떻게 이런 진동을 표시하던 글자가 별을 뜻하는 글자가 되었을까요? 이 글자가 수성을 표기한다, 또는 북극성을 뜻한다는 이야기도 있지만 그것은 모두 훗날의 이야기입니다. 사실 '별 신辰'은 꼭 별만을 뜻하는 건 아닙니다. 해와 달과 별을 총칭하는 의미로 쓰입니다. 그렇다면 이 농기구 또는 농사일을 뜻하는 글자, 또한 '진동'이란 뜻으로 쓰던 글자가 왜 하늘에 있는 모든 것을 뜻하게 되었을까요.

이에 대한 해석이 쉽지는 않지만 농사라는 것과 천체의 움직임이 밀접한 데서 찾아야 하지 않을까 생각합니다. 농사에서 천체의 움직임이 가장 중요한 것은 계절과 관련이 있기 때문입니다. 한자의 시대는 바로 농업이 시작된 시대였습니다. 그래서 하늘의 움직임을 면밀하게 관찰하며 주시하던 시대였습니다. 그랬기에 농사를 뜻하던 글자가 하늘에 떠 있는 해와 달과 별을 뜻하는 글자로 변모하지 않았을까 추측해봅니다. 정말 글자와 말의 운명도 어떤 때는 예측할 수 없을 정도로 변화무쌍합니다.

二…

땅은 네모나다

地지 | 죽은 사람 장사를 치르다

地땅 지 금문

하늘에 해와 달과 별이 있다면 땅은 우리가 사는 터전입니다. 하늘이 없다면 땅이 존재하지 않을지 모르겠지만, 하늘만 있고 땅이 없다는 가정도 할 수 없습니다. 거기에서 먹을 것을 얻어 굶주림을 면하고, 집을 짓고 잠을 자며, 옷을 구하여 체온을 지켜 이 세상에서 연명해 갑니다. 하늘은 공허한지 몰라도 땅이 없이는 우리도 이 세상에 있을 수 없습니다.

인간이 이 세상에 나타났을 때부터 땅에는 강물이 흐르고, 호수가 있고, 산이 있고, 드넓은 평야도 있었습니다. 거기에 비가 내리고, 햇빛이 비치고, 바람이 불고, 밤과 낮이 교차하면서 수많은 식물과 동물들이 자라고 있었습니다. 우리 인간도 다른 생물들처럼 땅 위를 살아가는 생명체이기는 했으나, 어느 순간부터 사냥과 채취라는 생존 방식을 버리고 흙에 씨앗을 심어 곡식을 수확해 먹는 존재가 되었습니다. 그렇게 해서 농업사회로 진입한 다음에 문명을 갖춘 한자의 시대가 도래한 것이지요. 앞서 말했다시피 한자를 만든 사람들은 하늘은 둥글고 땅은 네모나다고 말했습니다. 그들의 세계관에서 땅은 방위가 있는 것이므로 네모나다고 생각한 겁니다.

그러면 한자의 시대에 '땅 지地'는 어떤 글자였을까요? 땅은 대부분이 흙으로 되어 있으니 '흙 토土'가 있을 거라는 건 쉽게 짐작할 수 있습니다. 그런데 '지地'의 금문을 보면 요즘 글자와는 다르게 생소한 모습입니다. 여기에는 '거꾸로 뒤집힌 사람(ㄱ)'도 있고, '손으로 밀어내다(Ұ)'는 뜻도 있고, 그리고 맨 마지막에 '흙 토'가 그리 크지 않은 비중을 차지하고 있습니다. 왼쪽의 긴 막대기에 선 세 개가 그려진 것(⊧)은 절벽을 뜻합니다. 복잡한 모양이지만, 여기 있는 요소들의 뜻을 모으면 '절벽 밑에 죽은 사람을 버리고 그 위에 흙을 덮다'란 뜻입니다. 결국 '죽은 사람 장사를 치르다'는 뜻이죠. 그렇다면 땅이란 인간이 다시 돌아가야 할 곳을 뜻하는 걸까요? 지금 한자의 '지地'의 모습이 나오는 건 거의 전국시대 들어서의 일이니까 뜻과 모양의 변혁이 있었던 겁니다. 왜 글자가 바뀌었으며, 어떤 뜻의 변화가 일어난 것일까요?

우선 나중에 썼다는 '땅 지地'에서 흙 옆에 있는 '야也'부터 살펴보겠습니다. 그런데 '야也'는 '뱀 사蛇'와 관련이 있습니다. 그래서 '뱀 사蛇'를 먼저 보겠습니다. 이 글자에는 두 가지 요소가 있습니다. '벌레 훼虫'와 '다를 타它'인데, '타它'에서 '다르다'나 '그것'이라는 대명사로의 뜻은 나중에 생긴 것이고, 본래는 뱀을 뜻하는 글자입니다. '타它'의 갑골문을 보면 꼬랑지를 둥글게 말은 것이 자신의 머리 위의 벌레를 탐하고 있습니다. 그리고 앞발이 둘 달린 걸 봐서는 도마뱀입니다.

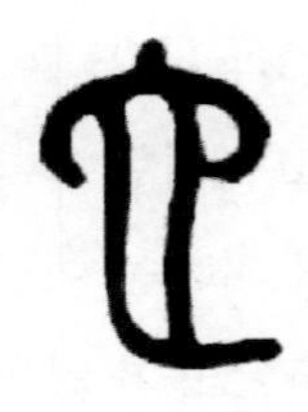

也잇기 야 금문대전

虫벌레 훼 갑골문

它다를 타 갑골문

'훼虫'자에는 다리가 없고 대가리가 크게 그려져 있습니다. 그래서 이것은 몸통을 그리기에 따라서는 벌레도 되고 뱀도 되는 겁니다. 그런데 이것이 자꾸 헷갈리기 때문에, 작은 벌레들은 보통 여러 마리가 함께 있으니, 세 마리를 모아 '벌레 충蟲'으로 만들었습니다. '뱀 사蛇'는 같은 출발에서 온 훼虫와 타它 두 글자를 합쳐서 만들었습니다. 이것이 중국의 통일왕조 진秦나라 때의 전서篆書로 오면 뱀 같기도 하고 벌레 같기도 하고 자라 같기도 한 '야也'의 모습으로 변합니다.

'야也'는 요즘에는 그 뜻을 잃고 문장을 끝내는 조사의 역할밖에는 못합니다. 헌데 이 벌레도 아니고 뱀도 아닌 동물은 '흙 토土'나 '물 수氵'와 결합을 하면서 단단한 뜻을 지니게 됩니다. 흙에 사는 이들 뱀과 벌레들은 겨울잠을 자기 위해 흙에다 구멍을 뚫습니다. 정형적이지 않은 흙에 이들이 구멍을 뚫음으로써 어떤 구체적인 개념으로 변합니다. 그것이 바로 '땅 지地'입니다. 땅은 뱀들의 고향이자 집입니다. 그렇다면 물에 이들 벌레와 자라나 물뱀들이 몰려 있다면 어떤 상태일까요. 흐름이 없는 잔잔한 연못이 되지 않겠습니까? 그래서 '못 지池'란 글자가 생겨났습니다.

池 못 지
금문대전

신화나 전설의 시대에는 땅이란 인간이 돌아가야 할 곳이었습니다. 그래서 장례를 치르는 모습을 가지고 땅을 표현한 겁니다. 그러나 차츰 문명화되면서 인간의 장례는 단순히 흙에 귀의하는 데에 그치지 않게 되었습니다. 인간이 죽은 다음에 시신은 땅에 묻지만 조상들은 영혼이 되어 다른 곳에 살고 있습니다. 그래서 조상의 영혼은 후손이 드리는 제사에 나타나기도 하고, 후손이 올리는 제사 음식을 흠향하기도 하고, 후손을 보우하며 여러 부탁을 들어줍니다. 그래서 전통적으로 인간이 흙으로 돌아간다는 개념이 옮어지게 되었습니다.

죽은 다음의 세계가 이렇듯 산 자의 그것과 다르지 않다면 장례의 풍속도 달라집니다. 벼랑에서 떨어뜨려 짐승이 시신을 먹지 못하게 흙을 뿌려주는 대신 지하에 죽은 사람들이 거주할 공간을 마련합니다. 그들이 명계에서 지내면서 필요한 것은 무덤 안에 같이 넣어줍니다. 여기에는 말과 음식은 물론 산 사람으로 시종들과 호위병까지 함께 순장합니다. 물론 이것은 지배계층에만 해당하는 이야기이고 노예나 하층민들은 그렇지 않을 겁니다. 여하튼 지배계층의 사람들은 단순히 흙으로 돌아가는 것이 결코 아닙니다.

아마도 한자의 시대 처음에는 예전대로 사람이 돌아가야 하는 '땅 지地'의 뜻이 담긴 글자를 계속해서 썼겠지만, 달라진 풍습 때문에 그 글자의 모양을 쓰는 것이 무척 불편했을 겁니다. 자신을 보호하고 도

와주는 조상신들은 자신들이 올리는 제사에서 만나고 있는 셈이니 결코 땅으로 돌아간 것이 아니니까요. 그래서 땅을 인간의 귀향처가 아닌 뱀들의 거주지로 탈바꿈시키지 않았을까 하고 저는 짐작합니다. 말이 시대에 따라서 달라지는 것처럼 글자도 변화를 수용하는 사례가 이것인 듯합니다.

土토 | 하늘과 땅 사이에

인간이 이 세상에 오기 전에도 이미 땅에는 산과 들이 있었습니다. 흙은 바위가 부서지고 거기에 동식물의 유기물이 더한 것이지만, 인간이 생겨났을 시초부터 이미 그렇게 있었던 것이기 때문에 바위와 흙을 명확히 가릴 수밖에 없었습니다. 기실 바위는 일정한 모양을 갖추고 있는 것이기에 문자로 상형하기 어렵지 않지만, 특정한 모양이 없어 주위에 따라 달리 존재하는 '흙 토土'는 상형하기가 쉽지 않은 대상입니다. 사실 천지가 흙인데 흙을 어떤 모습이라고 할 수 있나요? 더군다나 이 한자가 태어난 곳은 황토가 수백 미터 이상 쌓인 황토층이니 우리나라보다 흙이 많고 돌은 적습니다. 그렇게 흙이 흔한 곳에서 흙이란 글자의 상형은 더 어려운 것인지도 모르겠습니다.

물도 흙처럼 형체가 없습니다. 자신의 형체가 담긴 그릇의 모양이거나, 아니면 자유분방한 자연 그대로의 모습입니다. 그렇지만 물은 비로 내리고 끊임없이 흘러내리기에 형체는 없지만 움직임으로 표시할 수 있습니다. 그렇지만 흙은 먼지가 일 때 말고는 움직이지도 않

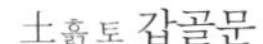

土흙토 갑골문

土흙토 금문

으니 정말로 묘사하기 힘든 게 사실입니다.

갑골문이나 금문의 '흙 토土' 글자를 보면 이것을 어떻게 흙이라고 생각할 수 있을까 하는 의문이 들 정도입니다. 수평면을 그리고 기다랗게 쌓아올린 비정상적인 모습입니다. 그렇지만 다른 한편으로는 흙을 어떻게 글자로 만들 수 있을까 하는 생각도 듭니다. 하지만 이것은 중국의 신화가 담긴 글자입니다. 처음의 세상은 하늘과 땅이 구분되지 않는 혼돈의 상태였다고 중국인들은 생각했습니다. 서양의 종교 유대교의 창세기에도 그렇고 중국도 그렇습니다. 그것이 어느 순간 떨어져 땅과 하늘이 생겼다는 것이죠. 중국 신화에서 그렇게 땅과 하늘을 갈라놓은 게 '반고盤古'라는 신이 한 일이었습니다. 그리고 그의 몸은 천지에 흩어져 해와 달과 별과 지상의 만물이 되었습니다. 우리에게 농사를 짓게 하고 빚어서 그릇을 만들 수 있게 하는 귀중한 흙도 하늘과 땅 사이에 한 무더기가 생겼습니다. 그래서 지상에 그 한 무더기의 흙이 놓인 것을 묘사한 그림이 바로 이 글자입니다. 거기에 어떤 글자는 한 무더기 흙의 주위에 먼지와 같은 점들을 묘사한 도 있었고, 이 점들이 나중에 위의 가로획이 되었습니다. 이렇게 이야기하면 '흙 토土'자의 글자 형태를 이해할 수 있을 겁니다.

'돌 석石'은 적당한 크기의 것입니다. 글자를 보면 그것을 알 수 있습니다. 돌덩이 모양의 것 왼편이나 오른편에 있는 것은 높이 솟아오른 절벽을 뜻합니다. 그 절벽 밑에 놓인 돌덩이가 '석石'입니다. 그러니 아주 큰 것은 '석石'이 아니며, 적당한 크기의 것만이 '석'입니다.

이제 '흙 토土'가 들어 있는 글자들을 살펴보겠습니다.

場마당 장 금문대전

'마당 장場'은 흙에 햇살이 비치는 모습을 그린 글자입니다. 오른쪽 위는 해이고, 그 아래는 햇살입니다. 햇살이 들기 위해서는 햇빛을 가릴 장애물이 없어야 합니다. 나무도 없고 산도 멀리 있고, 집도 없는 넓은 공터라야 햇볕이 들겠죠. 큰 집이면 해가 잘 드는 앞마당일 터이고 커다란 읍내면 '광장廣場'이 될 듯싶습니다.

이렇게 어딘가에 넓은 곳이 있으면 더러 만나는 장소가 됩니다. 그래서 누구를 만나려면 기별을 전해 이런 넓은 곳에서 만날 수 있겠지요. 그러면서 '마당 장場'은 '곳'이라는 뜻으로도 쓰이게 됩니다. 이를테면 저잣거리인 '시장市場'이 있으려면 너른 공터가 필요하겠지요. 그래야 물건을 늘어놓고 사람들이 많아도 다 수용할 수 있을 테니까요.

어떤 건물이나 인공물을 만들려면 기반을 다져야 합니다. 그래야 지은 건물이나 인공물이 안전하게 오래 견딜 수 있습니다. 예전에는 건물을 짓기 위해서는 땅을 잘 고르고 다져야 했습니다. 그리고 거기에 주춧돌을 놓고 나무를 짜서 건물을 올렸지요. 그런 작업을 터 닦기 작업이라 합니다. 그러려면 대개는 흙을 져 날라다가 다져야 합니다. 이런 작업을 '기초基礎'를 다진다고 합니다. 터 닦기가 바로 '기基'이고 주춧돌을 놓는 작업이 '초礎'입니다. 터 닦기를 뜻하는 글자는 공구로 설명했습니다. 위에 있는 '그 기其'는 대나무 광주리입니다. 흙을 나르는 도구로 씁니다.

基터 기 금문

'그 기其'의 아래 삐죽 나온 것은 받침대(丌)입니다. 광주리로 무거운 것을 들 때는 받침대가 있어야 일할 때 조금이라도 힘을 덜 수 있습니다. 그런데 이 '기其'로 흙만 나르는 것은 아니었을 겁니다. 무거운 물건들은 모두 이 광주리에 넣어서 등짐을 지었을 겁니다. 그래서 대나무 광주리란 뜻은 차츰 '그것'이라는 대명사로 변하고 맙니다. 그렇게 한 글자가 다른 뜻으로 변하고 나면 본래 물건은 표시할 글자를 빼앗기게 됩니다. 물건은 그대로 있으니 표기할 글자가 없으면 안 되겠지요. 그래서 이 광주리의 재료를 더해 만든 글자가 '키 기箕'입니다. 우리는 곡식을 키질하는 도구를 생각하지만 이때는 대나무 광주리였습니다.

이 글자 아래 '흙 토土'는 사실 이 당시 '토土'의 형태와는 조금 다릅니다. 그래서 흙의 다른 형태를 뜻하는지도 모릅니다. 대개 금문의 '흙 토土'는 선 두 개가 아닌 불룩한 모양(土)이거나 둥근 점을 찍은 형태(土)입니다. 아마도 '터 기基' 아래의 土에서 가로선 둘과 세로선은 여러 겹 흙을 쌓는다는 뜻인지도 모르겠습니다. '흙 토土'가 요즘과 같은 모양이 된 것은 대개 서주西周 말에서 춘추시대에 이르러서

圭홀 규 금문

입니다. 앞서 '마당 장場'은 서주 말의 글자이므로 자형이 변한 뒤의 글자입니다. '흙 토土'처럼 생겼다 해서 모든 것이 같은 글자가 아니라는 예가 있습니다.

요즘도 이름자에 많이 쓰는 글자인 '홀 규圭'가 바로 그런 글자입니다. 규는 옛날 관리들이 조회할 때 앞에 들고 있는 긴 막대처럼 생긴 물건입니다. 이것은 관직의 상징이기에 아이가 벼슬에 올라 출세하기를 바라는 마음에서 이 글자를 이름에 쓰는 경우가 많았습니다. 이름에 많이 쓰는 또 다른 '규'자는 '별 이름 규奎'입니다. 이 글자도 천체를 28개로 나누어서 그 열다섯 번째 구역의 별들을 이르는 글자입니다. 이 별들이 '문운文運'과 관련이 있고 태평성대를 가져온다는 뜻이 있기 때문에 '규圭'와 마찬가지로 많이 씁니다.

또 이름에 이 글자를 많이 쓴 이유는 글자에 '흙 토土'가 들어 있기 때문입니다. 우리 한자 이름에는 돌림자를 많이 씁니다. 그런데 이 돌림자는 대개 5행을 기준으로 짜여 있습니다. 오행은 우주의 만물이 다섯 가지로 이루어져 이것들이 순환된다는 관념이고, 그 다섯 가지는 물(水)·나무(木)·불(火)·흙(土)·쇠(金)입니다. 그래서 이름의 돌림자를 대개 이 순서에 따라 그 다섯 가지 변이 들어간 글자로 구성합니다. 이 돌림자를 생각해낸 것은 중국 송宋나라의 성리학자인 주

희朱熹이고, 자신의 자손부터 이 원칙에 따라 이름을 짓도록 했습니다. 성리학을 중시하던 우리 유학자들이 이를 본받아 오행의 돌림자를 쓰기 시작한 것이 약 300년 정도 됐습니다. 헌데 다른 변들은 글자들이 꽤 풍부하지만, '흙 토土'는 글자가 적지 않으나 이름에 쓰기 좋은 글자는 그리 많지 않습니다. 그래서 이 두 글자가 집중적으로 쓰입니다.

여하튼 '홀 규圭'가 훗날 권력과 관리의 상징으로 쓰이게 되지만, 그 재질은 흙이 아니고 돌입니다. 또 나중에는 그냥 돌이 아닌 아름다운 돌인 옥으로 만듭니다. 그렇다면 이것과 흙은 전혀 상관이 없는 글자입니다. 또 조금 전에 밝혔다시피 금문 시대의 '흙 토土'의 자형은 이렇지 않았습니다. 그렇다면 '홀 규圭'는 원래 어떤 글자였을까요? 확실한 용도는 모르지만 긴 막대에 가로로 눈금을 새겨서 세운 어떤 물건일 겁니다. 이를 시계라 해석하기도 하고, 눈금이라 한다면 강에서 물이 불어나는 정도를 재는 수표水標로 볼 수도 있을 겁니다. 시간을 구획해 천체의 움직임을 아는 것이나 물의 높이를 측정하는 것이나 일반 백성이 하는 일은 아닐 겁니다. 하늘로부터 통치를 위임받은 위정자들이 하는 일이겠죠.

관리의 상징인 규의 원형으로는 옥종이란 물건을 들 수 있습니다. 옥으로 깎은 정교한 물건인데 네모와 원통의 모습, 곧 땅과 하늘의 모습을 동시에 갖춘 기물입니다. 물론 이는 하늘과 땅을 다스릴 수 있는 권한을 상징하는 것이죠. 직사각형이지만 원이 뚫려 있는 규도 역시 임금만이 지니던 것이었습니다. 그것이 나중에 권력을 나누던 신하에게까지 내려간 것이죠. 물론 그래도 임금의 것과 신하의 것은 차이가 있었습니다. 이 역시 자신이 세상을 지배하고 영도할 권력

고대의 옥기로 만든 종琮(왼쪽)과 규圭(오른쪽)는 하늘과 땅과 규칙을 상징하는 통치자의 물건이었다.

이 있음을 상징한 것이죠. 어찌되었든 이 '규圭'의 모습 또한 땅의 모습이 아닐까 하는 생각이 듭니다.

우리가 중국의 태평성대를 이야기할 때는 '요순堯舜시대'란 말을 씁니다. 요임금과 순임금이 다스리던 먼 옛날의 이상국을 뜻합니다. 이것이 중국의 전설시대이자 문명의 시작을 신화로 표현한 것이라는 의견도 있습니다. 불을 쓰기 시작한 염제炎帝나 활과 화살을 발명한 황제黃帝처럼 요임금도 대단한 발명이 있습니다. 바로 도기陶器입니다. 흙을 빚어 불에 구워 도기를 만들기 시작한 것이 바로 요임금이라는 전설입니다. 역사의 단계에서 도기의 발명은 신석기시대이고, 이때부터 농업과 문명이 탄생했다고 합니다. 한자가 생성된 시기도 이때부터겠지요.

'요임금 요堯'의 금문대전을 보면 위에 '흙 토土' 셋이 있고 그 아래 '우뚝할 올兀'이 있지만, 원래 갑골문에는 앉아 있는 사람 위에 무슨 물건이 올라가 있습니다. 바로 이것이 요임금이 만든 도기라는 것이죠. 자신의 발명품이 요임금의 글자 위에 새겨져 있는 셈이죠. 이 도기의 발견은 인류 역사에 있어서 중요한 사건입니다. 이 도기에 물

堯요임금 요 갑골문　　堯요임금 요 금문대전

과 식량을 저장하고 요리를 해먹을 수 있었습니다. 이는 신석기시대의 혁명이라 부를 만큼 커다란 사건이었습니다. 흙을 이용해서 돌을 만들 수 있었던 것이니 지금의 눈으로 봐도 정말로 중요한 진전이었습니다.

우리가 일상적으로 길을 닦고 다리를 놓고 하는 것을 '토목土木'이라 합니다. 물론 이것은 나중에 서양의 언어를 번역하면서 새로이 조합한 단어이기는 하지만, 그런 공사의 기초는 '흙 다스리기'라고 할 수 있습니다. 그런 다음에 돌을 깔거나 주춧돌을 놓고 나무를 이용해서 집을 짓거나, 성벽을 쌓거나, 길을 닦아야지요. 그런 흙의 역할이 들어간 글자를 살펴보겠습니다.

학교에 다닐 때 조회를 하면 교장선생님이 있는 곳은 높아서 운동장에 있는 학생들이 모두 볼 수 있습니다. 이렇게 공식적인 행사는 그 자체 행사 내용도 중요하겠지만, 장소의 특성이나 높이도 중요합니다. 가령 이 한자의 시대에 중요한 일이라면 제사와 여러 나라의 수장들이 모이는 회맹會盟과 같은 일이었겠지요. 또 제사 가운데 조상신을 모시는 제사는 조상들의 사당 앞에 제사를 지내는 공간이 있었을 겁니다. 그러나 천신天神이나 지신地神에 대한 제사라면 조상들의 사당 앞에서 할 수는 없었겠지요. 그래서 야외에 따로 제사드릴

壇단 단 금문대전 堂집 당 금문대전

공간을 마련해야 했을 것이고, 또한 그 공간은 그런 제사의 의미에 맞는 곳을 찾아야 했습니다. 여러 나라의 수장들이 모이는 회맹도 마찬가지입니다. 이들을 대표하는 사람들이 신에게 제사를 올리고, 나머지 정사를 논했겠지요. 그런 의식적인 일은 일회성일지라도 중요한 의미가 있기에 장소의 선택도 신중했을 것이고, 또한 임시 시설이라도 갖추었으리라 짐작할 수 있습니다.

'단 단壇'은 바로 그런 제사나 행사를 하는 장소입니다. 비록 후대의 글자지만 이를 보면 어떤 장소였는지를 알 수 있는 단서도 있습니다. 맨 위는 지붕이겠지요. 내리는 비로 신성한 행사가 영향을 받으면 안 되니까 대개는 지붕을 씌웠을 겁니다. 또한 그 아래를 보면 둥근 원이 동심원을 그리며 이중으로 있습니다. 이는 단을 흙으로 주위보다 높게 쌓았다는 뜻이겠지요. 우러러보아야 하고 공개적으로 알리는 행사였기 때문일 겁니다. 그리고 그 바로 아래에는 '아침 단旦'이 있습니다. 이 글자를 음을 나타내는 거라고도 하는데, 저는 대개 이런 행사들이 해가 뜨는 아침에 행해졌다고 생각합니다. 어둠이 걷히고 해가 뜨는 순간은 신성하고 무언가 다른 분위기로 다가옵니다. 그러기에 천신에 대한 제사나, 회맹이니 하는 행사는 해 뜨는 시간에 맞추어 하지 않았을까 짐작합니다. 조회朝會라는 것도 그런 유습의 하나이지 않을까요?

'강당講堂'은 누군가가 많은 사람들을 모아놓고 무슨 이야기를 하기 위한 곳입니다. 이처럼 당은 큰 건물을 뜻합니다. 큰 건물을 짓기 위해서는 일단 너른 땅을 다져야 합니다. 그리고 큰 건물에는 창이 여럿 있습니다. '집 당堂'에서 흙 위에 올라간 '오히려 상尙'이 그런 여러 창문을 뜻하는 것일 겁니다. '향할 향向'은 집에 뚫린 창문을 상형하는 글자입니다. 창문은 대개 북반구에서는 햇빛을 향해 남쪽으로 뚫기에 '향하다'라는 뜻이 생겼습니다. '오히려 상尙'도 이와 비슷한 모양입니다. 글자 위쪽의 '여덟 팔八'을 창문을 열어젖히는 것으로 해석하기도 하는데, 저는 맞배지붕의 큰 건물이 더 맞지 않을까 생각합니다. 어쨌든 단순한 '향向'보다는 무언가 더 있어 보입니다. 큰 건물에서 '고상하다'는 뜻이 나왔고, 나중에 여러 단계를 거쳐 부사로 '오히려', '이미'와 같은 뜻도 지니게 되었습니다.

向 향할 향 금문

尙 오히려 상 금문

우리는 '최후의 보루堡壘'라는 말을 자주 사용합니다. 여기서 '보루堡壘'는 군사용어입니다. 두 글자 다 흙더미 위에 올라앉았습니다. '작은 성 보堡'의 위에 있는 '지킬 보保'는 어른이 어린아이를 지키고 있는 모습이고, '진 루壘'의 금문에는 밭 세 개의 아래에 '흙 토土'가 있습니다. 물론 대개는 성에서 방어를 하지만, 성에서 멀리 떨어진 곳은 작은 토성을 쌓아 방어합니다. 주된 성을 적에게 빼앗겼

保 지킬 보 금문

壘진 루 금문　　壘진 루 금문대전

塞변방 새 갑골문

는데, 이 마지막 '보루'까지 빼앗기면 적에게 지는 겁니다.

'흙 토土'가 달린 글자로 마지막 살펴볼 글자는 '변방 새塞'입니다. 우리에겐 '새옹지마塞翁之馬'의 이야기로 많이 알려진 글자죠. 헌데 변방하고 흙은 무슨 상관이 있을까요? 이 글자의 갑골문을 보면 '흙 토土'는 보이지 않습니다. 글자의 구성은 단순해서 집 안(宀)에 모루(工工)처럼 생긴 도구가 있고 아래 있는 것은 손 둘(廾)입니다. 모루처럼 생긴 것은 '공구工具', '공업工業'에 쓰는 '장인 공工'입니다. 그러니 예전에는 정교한 물건을 만드는 것은 모두 이 '공工'을 썼습니다. 추측을 하자면 대장간과 같은 곳입니다. 한자의 시대에 청동기시대가 되었으니 대장간은 있을 법합니다. 그렇지만 대장간과 흙은 또 무슨 상관일까요?

사실 청동기는 철과는 달라서 단조鍛造와 같은 과정보다는 구리와 주석을 녹이고 거푸집을 이용해 대체의 모양을 만들어냅니다. 그러고서 자잘한 것은 단조를 하거나 해서 가공하겠지요. 거푸집의 주요 재료는 모래, 곧 고운 흙입니다. 그러니 대장간은 흙 위에 직접 지어야 합니다. 철을 취급하는 대장간도 마찬가지입니다. 그래서 '흙 토土'가 붙었겠지요.

결국 제사에 쓰이는 예기나 전쟁에 쓰이는 무기를 만들어내는 곳은 바로 이런 대장간입니다. 한자의 시대의 전쟁은 성읍을 중심으로 한 공방전이었지만 나중의 전쟁터는 국경이 있는 변방으로 옮겨갑니다. 그러면서 무기를 보수하고 다시 만드는 대장간도 변방으로 옮겨갔을 겁니다. 변방 군대 지휘부의 중심에 이런 큰 대장간이 있었겠지요. 아마도 그렇게 이 글자에 변방이란 뜻이 옮아가지 않았을까 짐작합니다.

石 석 | 돌에는 돌로

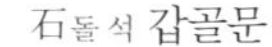

石 돌 석 갑골문

石 돌 석 금문

흙이 돌이 부서져 된 것인지는 몰랐어도 모래가 돌이 잘게 부서져 된 것임은 알았습니다. 시냇가에 나가면 상류일수록 큰 돌멩이가, 하류일수록 가는 모래가 쌓이는 건 조금만 관찰력이 있으면 쉽게 알 수 있습니다. '모래 사砂'는 그래서 시냇물 가의 돌멩이 옆에 잘게 부서진 모래를 보여줍니다. 원래 모래는 '물 수氵'를 써서 '사沙'로 썼는데 요즘은 돌이 부서진 것이라는 뜻에서 '돌 석石'변을 써서 '사砂'로 표기하는 경우가 더 많죠.

砂 모래 사 금문대전

碩 클 석 금문

'클 석碩'은 커다란 돌멩이(ㅂ)에다 커다란 머리(頁)의 형태를 만든 것이죠. 그래서 '크다'는 뜻으로 썼고, 예전에는 '크다'는 의미로 '석대碩大하다'란 표현을 쓰기도 했습니다. 또한 벼슬은 하지 않았어도 학식이 많은 선비를 '석사碩士'라 하기도 했는데, 요즘은 대학원을 졸업하면 '석사' 학위를 줍니다.

'푸를 벽碧'이란 글자에도 돌이 있습니다. 이 글자에는 돌 이외에 두 가지 요소가 더 있습니다. 하나는 '왕王'이고, 다른 하나는 '백白'입니다. '왕王'은 본디 영도자가 가지고 있던 도끼(王)를 상형한 글자입니다. '백白'은 이견이 많은 글자로 '말하다', '명료하다', '희다'란 세

碧 푸를 벽 금문대전

碑 비석 비 금문대전

가지 서로 다른 뜻이 있는 글자입니다. 이 '백白'자에 관해서는 다음에 이야기할 기회가 있을 겁니다. 이 시절의 도끼는 왕의 무기였고, 돌 가운데 가장 귀하고 단단한 경옥을 가지고 그 도끼의 날을 만들었으니 이 글자 전체가 그 사실을 말해주고 있습니다. 그러니 결국 이것은 왕이 지닌 푸른 옥을 말합니다. 이 옥이 옥 가운데 가장 귀한 옥임은 말할 것도 없겠죠. 그리고 흰 옥은 멀리서 보면 푸르뎅뎅해 보입니다. 그래서 이 글자가 '푸르다'는 뜻으로 변해간 것 같습니다.

마지막으로 '비석 비碑'자입니다. 이때 사람들은 돌(특히 옥)과 쇠는 영원한 것이라 믿었습니다. 그래서 돌과 쇠에 글씨를 새기며 이것이 영원하다고 생각했습니다. 돌에 새기는 것은 '석문石文'이고, 쇠 그러니까 청동기에 새기는 건 '금문金文'입니다. 이 둘을 합쳐 '금석문金石文'이라 합니다. 그러니 무덤 앞에 남기는 비석에 글을 새기는 것은 죽었어도 영원히 전해지기를 바라는 겁니다. 무덤이 아니라도 길이 남기고 싶은 것들은 네모난 비석을 만들어 거기에 글씨를 새겼습니다. '비석 비碑'에서 돌 옆의 '비卑'는 천하다는 뜻으로 쓰인 것이 아니라, 네모나고 넓적한 것을 뜻하는 '패牌'에서 왼쪽의 '편片'을 없앤 것입니다. 결국은 네모나고 넓적한 돌을 뜻합니다. 그렇지만 '비석'을 세우거나 청동기에 '금문'을 새긴다 해서 모든 것이 영원하지는 않았습니다.

돌은 농업혁명시기에 중요한 재료의 하나입니다. 돌을 가공해서 무기와 농기구를 만들었습니다. 타제석기의 시대인 구석기시대는 돌과 나무로 주로 사냥용 도구를 만들었다면, 마제석기의 시대에는 농업의 시대라 농기구와 전쟁을 위한 인명살상용 무기를 만든 것이 다른 점이겠죠. 문명은 많은 사람들의 희생을 딛고 발생한 듯합니다.

신석기시대에 정교한 마제석기를 만들기 위해서는 돌을 가공하는 기술이 있어야 합니다. 요즘이야 동력을 장착한 특수기구들이 돌을 무 자르듯 자르지만, 이때는 단단한 돌을 한번 만들면 편히 쓰지만 가공하기가 무척 힘들었습니다. 돌보다 강한 공구가 없기 때문이죠. 단단한 돌을 가공하기 위해서는 단단한 돌을 도구로 써야 합니다. 다이아몬드의 가공은 다이아몬드로 하고, 단단한 경옥의 가공은 경옥으로 하는 것과 같은 이치입니다.

그리고 타제석기를 만들 때는 돌끼리 부딪쳐 결따라 잘라내지만, 마제석기는 돌에 구멍을 뚫는 작업이 우선입니다. 그래야 돌을 자를 수 있고, 자루나 손잡이를 달아 돌의 효용을 높일 수 있습니다. 그러려면 나무막대기 끝에 돌을 붙이고 돌려서 구멍을 뚫는 힘든 작업이 요구됩니다. 그러기에 회전물레의 발명이 신석기시대의 최대 발명입니다. 그래야 도기도 빚고 돌도 가공할 수 있으니까요.

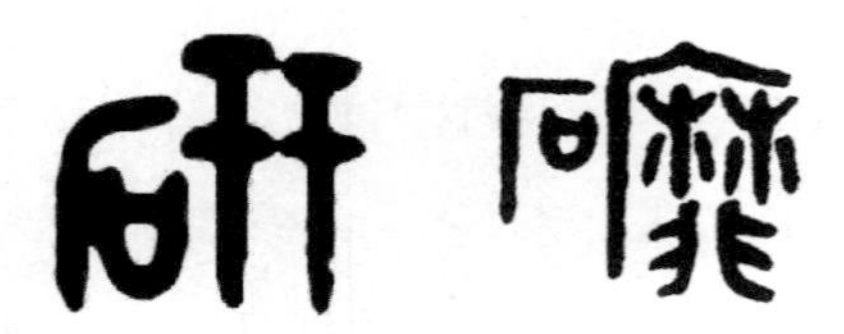

硏 갈 연 금문대전 磨 갈 마 금문대전

'갈 연硏'자를 보면 이 험난한 작업을 엿볼 수 있습니다. '돌 석石' 옆에 손잡이가 달린 막대가 두 개(幵) 달려 있습니다. 어떤 이들은 이를 절구의 공이로 생각하기도 하는데, 그러자면 절구에서 빻는 일을 '갈 연硏'으로 해석해야 합니다. 그렇게 해석할 수도 있지만, 그렇다면 그리 힘든 일은 아니지요. 우리가 '연마硏磨하다'나 '연구硏究하다'라고 쓰는 것을 저는 돌의 구멍을 뚫는 것처럼 힘든 일이라고 여깁니다.

돌 가운데 더 단단하고 아름다운 돌을 옥이라고 합니다. '연옥軟玉'이나 '경옥硬玉'이나 차이는 있지만 보통 돌보다는 훨씬 단단합니다. 이 '옥玉'의 갑골문을 보면 손잡이가 셋 달린 막대깁니다. 가공이 돌보다 힘들기 때문에 손잡이가 하나 더 많습니다, 이 글자가 금문에 오면 '임금 왕王'처럼 변합니다. 임금의 도끼가 다른 사람들과는 다르게 '옥'도끼였던 탓도 있지만, 옥 또한 임금의 거창한 도끼처럼 높으신 임금의 상징이 된 겁니다. 두 글자를 구분하기 힘들어서 나중에 옥은 점 하나를 더 찍습니다.

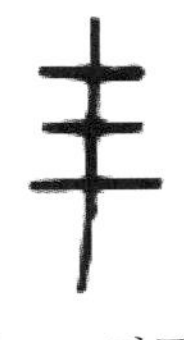
玉구슬 옥 갑골문

玉구슬 옥 금문

석기의 모양을 잡고 난 다음에는 갈아서 다듬어야 합니다. 간다는 것은 윤기 있고 반짝이게 하는 것이기도 하지만, 날을 세우는 것이기도 합니다. 도끼나 창과 같은 무기에는 날카로운 날이 중요합니다. '갈 마磨'는 돌 위에 '마麻'가 올라와 있습니다. '마麻'는 삼이고 베를 짜는 풀입니다. 이 글자가 음으로 쓰였다고 할 수 있지만 꼭 그것 때문에 쓰인 건 아닐 겁니다. 돌을 가는 일에는 마찰력이 필요합니다. 삼의 껄끄러운 마찰력을 돌을 가는 공정에 비유한 뜻도 있을 겁니다. 옥돌을 가공하는 힘든 일을 자르고, 쓸고, 쪼고, 가는 '절차탁마切磋琢磨'의 과정을 인간의 노력하는 모습에 비유하기도 합니다. '갈 마磨'는 최후에 빛을 내는 과정입니다.

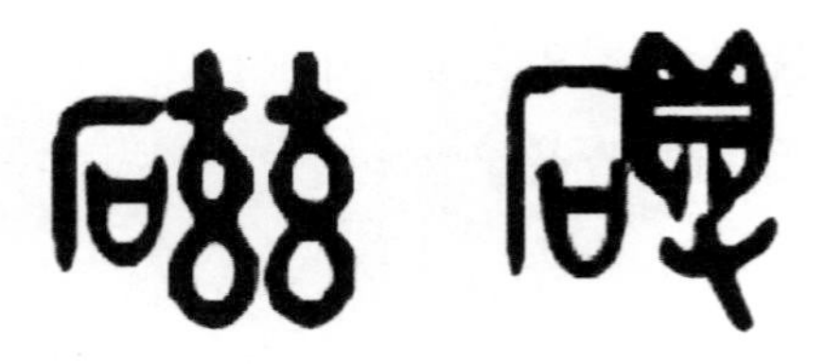

磁 자석 자 금문대전　　　礙 거리낄 애 금문대전

돌에 실 꾸러미가 붙은 글자가 있습니다. 이건 과연 어떤 돌일까요? 돌 가운데는 자철석이 포함된 돌은 '자성磁性'을 띱니다. 중국에서는 일찍이 자연에는 이렇게 자성을 지닌 돌이 있다는 것을 알아 이를 나침반으로 만들기도 했습니다. 돌 옆에 실타래를 붙인 것은 자성이 있는 돌은 철분이 있는 모래들을 끌어당기는 것을 알았기 때문일 겁니다. 이 '전자기電磁氣'는 이제 우리 생활에서 가장 중요한 것 가운데 하나가 되었고, 우리는 현대 과학의 '자기장磁氣場'이란 단어를 5000년도 더 지난 글자로 만들어 쓰는 데 아무런 불편도 없습니다. 한자는 아직도 죽은 글자가 아니라는 것이겠지요.

마지막으로 '거리낄 애碍'를 알아보고 이 장을 마치겠습니다. 우리가 '장애물障碍物'이라 할 때 바로 그 '애碍'입니다. 이 글자는 '애礙'라고 쓰기도 합니다. 길을 가다가 한가운데 커다란 돌이 있으면 그걸 넘어가지 않습니다. 보통은 돌아서 가야 다치지도 않고 힘도 덜 듭니다. 그런데 만일 강이나 호수, 바다 근처를 가다가 그런 바위를 만난다면 돌아가다 조개를 발견하고 줍는 경우가 있겠죠. '애碍'는 손(又)으로 큰 바위 옆(石)에서 조개(貝)를 얻었다는 걸 상형한 글자입니다.

三…

물이 있어
우리도 있었다

하늘에는 해와 달과 별이 있고, 땅 위에는 산과 바위와 흙이 있어 우리가 살지만, 지구의 3분의 2는 드넓은 바다입니다. 그래서 어떤 이들은 지구가 아닌 '수구水球'라 불러야 한다고 주장합니다. 사실 우리는 땅에 살고 있어 드넓은 바다에 대해 별로 생각하지 않지만, 이 지상에 있는 모든 것의 시작은 바다였습니다. 최초의 생명이 태어난 것도 바다였으며, 생명이 지상으로 올라온 것은 생명 전체의 역사에 비해도 아주 짧은 시간입니다. 그렇게 바다가 고향이었기 때문에 우리도 물과 소금이 없으면 살지 못하고, 바다를 보면 무언지 모를 그리움을 느끼는지 모르겠습니다.

우리가 살고 있는 땅에는 물이 흘러갑니다. 땅 위의 물은 바다에서 증발한 수증기가 하늘에 올라가 구름이 되어 하늘을 떠다니다가 비나 눈이 되어 지상에 내린 겁니다. 그렇게 내린 비는 땅을 적시고, 남은 물은 지표면을 따라 흐르거나 땅속으로 스며들어 갑니다. 땅속에 들어간 물은 샘(천泉)이 되어 지표면으로 올라와 졸졸 흐르는 실개천은 시내(계溪)가 되고, 작은 연못(지池)도 만들다가, 이 시내들이 모여 강(강江)이 되고, 호수(호湖)에 머물렀다가 바다(해海)로 흘러갑니다. 사람들은 땅 위의 물을 이용해 밭에 곡식을 심어 기르며, 우물을 파고 물을 마시며 살았죠. 이렇듯 물은 우리 삶에서 잠시도 떨어질 수 없는 생명의 상징입니다.

더군다나 물은 아주 귀중합니다. 물을 마음대로 쓸 수 있는 곳에 사는 사람은 이 말을 실감하지 못할 것이나, 우리가 사막에 간다면 물 한 모금은 목숨이라는 사실을 쉽게 깨달을 수 있습니다. 이 지구상의 모든 생물들은 물이 없이는 살아갈 수 없습니다. 그러기에 농사를 짓든 가축을 기르든 물은 필수입니다. 그러나 농사를 짓는 일이 물에 대해 더욱 절실합니다. 그래서 농사를 짓는 사람들은 보통 물을 쉽게 구할 수 있는 곳에 자리를 잡았습니다. 그러나 휘몰아치는 '홍수洪水'는 모든 것을 쓸어가기에 큰 강보다는 비교적 수량이 많지 않은 '지류支流'에 자리를 잡는 것이 안전했습니다.

水수 | 낮은 곳으로 향하다

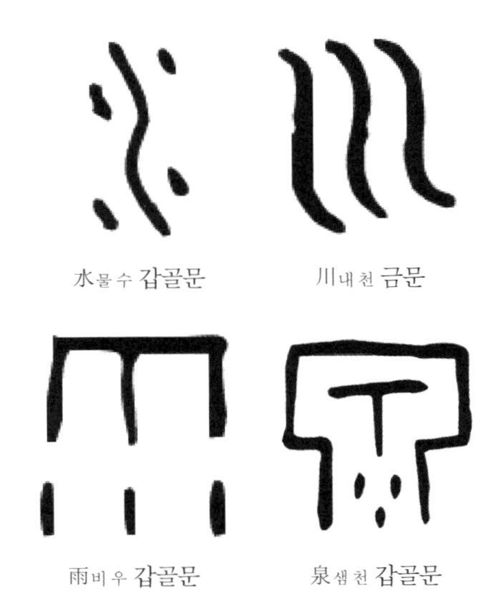

水물 수 갑골문 川내 천 금문

雨비 우 갑골문 泉샘 천 갑골문

'물 수水'는 '내 천川'과 비슷해 보이지만, 사실은 산의 절벽을 따라 흘러내리는 물을 묘사한 상형이었습니다. 그래서 물방울과 같은 것이 그 경사면의 우측에 전부 있는 글자도 있었습니다. 사실 물의 형태는 여러 가지입니다. 우선 비(우雨)가 와야 하고, 그렇게 물방울(적滴)들이 모이면 물줄기가 됩니다. 물은 땅속에 숨어들기도 하고 다시 샘(천泉)으로 땅에서 솟아나기도 합니다. 그렇게 모인 물은 내(천川)를 이뤄 흐르는데, 이런 내 가운데는 물이 별로 없을 때에는 땅속을 흐르는 내도 있습니다. 우리가 흔히 '모래내(사천沙川)'라고 하는 것이 이렇게 물이 많지 않을 때 땅속을 흐르는 개울입니다.

이렇게 잠깐만 이야기했는데도 '물 수水'가 들어가는 글자가 정말 많습니다. '수水'가 홀로 쓰이지 않고 다른 글자에 함께 쓰일 때는 보통 세 점으로 표시한 '물 수氵'변이라 합니다. 점이 셋이라 '삼수'변이라고도 합니다. 그렇지만 원래 모양에 가깝게 쓰인 '수氺'가 글자 안에 쓰이지 않은 것은 아닙니다. 이런 모양의 것은 '아래 물 수氺'라고 부릅니다.

江강 강 금문

河강 이름 하 금문

땅 위의 물 가운데 가장 위용이 있는 것은 도도히 흘러가는 '강江'과 드넓은 '호湖'일 겁니다. 우리나라에는 그렇게 큰 호수가 없지만 중국에 이름난 '동정호洞庭湖' 같은 호수는 바다처럼 수평선이 보이고 파도가 몰아치는 거대한 호수입니다. 그런데 한자에는 사실 '강'과 '호'를 이르는 글자가 둘씩 있었습니다. 왜 그런지 차례로 살펴보죠. 강을 이르는 글자는 '강江 '과 '하河' 두 글자가 있습니다. 왜 그럴까요?

사실 이 두 글자는 고유명사로 불리던 이름입니다. 중국의 커다란 대륙을 서쪽에서 동쪽으로 가로지르는 길고 커다란 강이 둘 있습니다. 위에 있는 것이 '강 이름 하河'를 쓰는 '황하黃河'이고, 아래에 있는 것이 '강江'이란 이름의 '장강長江'입니다. '하河'에 '누를 황黃'자를 덧붙인 이유는, 봄이 되면 우리나라에 누런 모래바람 '황사黃砂'를 몰고 오는 황토지대를 통과하기에 강물의 색깔이 누렇기 때문입니다. 우리나라 서쪽 바다 '서해西海'를 '황해黃海'라고 부르는 것은 이 강물 때문에 바닷물도 맑지 않기 때문이죠.

이 '황하'는 중국이란 문명이 태어난 곳입니다. 최초의 왕조인 하夏나라, 그리고 상商나라, 주周나라 모두 이 '황하' 유역에서 생겨난 나라입니다. 그러니까 중국의 모태가 된 곳이죠. '강 이름 하河'의 금문 형상을 강물이 흘러가는 데에 높은 언덕이 있고 거기에 입이 그려져 있는 것으로 해석하기도 합니다. 그러니까 강을 건너려면 나루터에서 높은 언덕에 올라 건너편에 있는 사공을 불러야 합니다. 서로 이야기를 하려 해도 큰 소리로 오가야 합니다. 물론 이것도 상류의 폭이 좁은 곳에서나 가능한 이야기입니다.

남쪽에 있는 것은 '하河'가 아닌 '강江'입니다. 지금은 '강'이란 말이 그냥 일반명사로 쓰이지만 예전에는 이 강만이 그 이름을 쓸 수 있었죠. 그것도 그냥 강이 아닌 '길 장長' 자를 앞에 붙여 '장강長江'입니다. 우선 '강江'은 물 옆에 '장인 공工'이 붙어 있지만, 여기서는 사실 '클 거巨'의 원형으로 쓰인 겁니다. '클 거巨'는 도구인 '공工'을

巨클 거 금문

손으로 움켜잡은 모습이니 큰 모루를 잡고 일하는 힘센 커다란 사람을 뜻합니다. 금문에 와서 손이 동그라미로 간단하게 표시되었습니다. 그러니까 '장강' 전체를 다시 풀이하자면 '길고 큰 강'입니다. 정말로 그렇습니다. 세계에서 나일강과 아마존강에 이어 세 번째로 긴 강이긴 하지만 유라시아 대륙으로 보면 가장 긴 강입니다. 거기다가 수많은 호수를 지닌 정말로 크고 긴 강입니다.

그런데 이 강을 종종 '양쯔강'이라 부르는 경우가 있습니다. '양쯔'란 '양자揚子'의 중국 발음으로 원래는 상해 부근의 하구부터 양주揚洲까지의 하류 구간만을 부르던 이름이었습니다. 중국 사람들은 거대한 강들은 이렇게 구간별로 다른 이름으로 부르기를 좋아합니다. 그러던 것이 이곳에 처음 왔던 서양 선교사들이 이 하구의 이름이 전체의 이름인 줄 알아 서양에 '양쯔'로 전해진 것을 우리가 다시 전해받은 겁니다. 너무 관습적으로 이 이름을 쓰고 있어서 중국에서도 외국어로 표기할 때에는 이 이름을 쓰기는 하지만, 지금도 중국 안에서 부를 때에는 '장강長江'으로 부르며, 이 이름이라야 이 강의 고유성과 정체성이 모두 드러납니다.

'강江'과 '하河'가 고유명사면 중국 안의 다른 강들은 어떻게 불렀을까요. 가령 '황하'와 '장강' 가운데를 흐르는 강은 '회수淮水'라고 합니다. 대체로 '물 수水'를 붙여서 이름을 지었습니다. 또한 큰 강의 지류도 '물 수水'라 불렀습니다. '황하'의 지류인 '낙수洛水', '위수渭水'와 같은 이름이 그것입니다. 그러니 '물 수水'에는 '강'이란 뜻도 있는 겁니다. 그렇지만 지금은 이런 '강江'과 '하河'를 고유명사로 여기지는 않는 시대가 되었습니다.

湖 호수 호 금문대전

海 바다 해 금문

육지에 물이 가득 고인 넓은 '호수湖水'가 있지요. 물론 이 가운데 가장 큰 카스피해는 '바다 해海'를 붙였지만, 미국과 캐나다 사이의 '오대호'는 '호湖'라 합니다. 그런데 이 두 글자의 어원을 놓고 보자면 비슷합니다. 바다랑 호수가 글자가 비슷한 데에는 그럴 만한 이유가 있습니다.

한자를 만든 사람들이 살던 곳은 '황하黃河'의 중류였습니다. 내륙 지방이니 한자를 만들 당시에는 동쪽의 바다로 나가기도 쉽지 않고, 그래서 바다의 존재를 모르지는 않았겠지만 한 번도 보지 않았을 가능성이 큽니다. 그런데도 '바다 해海'와 '대양 양洋'자가 있었다는 사실이 신기합니다. 그렇지만 원래부터 그 글자가 바다를 뜻하는 글자는 아니었죠. '양洋'자는 나중에 동물에 관한 글자를 이야기하면서 나올 겁니다.

'호수 호湖'에서 '호胡'는 원래 턱 아래 성대가 있는 튀어나온 목젖을 가리키는 말입니다. '고古'는 '그렁그렁'과 같은 의성어이고, 옆은 '육달 월月'이죠. 그런데 이 글자는 동물들의 짖는 소리를 묘사하는 의성어로 쓰이기도 했죠. 어떻게 보면 이 '그렁그렁' 하는 소리는 동물의 울음소리 같지 않나요? 그래서 유목민족이 많이 사는 서쪽을 '호방胡方'이라 불렀습니다. 우리가 보통 서쪽에서 전래된 것에 '호胡'

자를 많이 붙이는 것은 다 이 덕분입니다. '후추(호초胡椒가 음이 변한 것이죠)'나 '호두(호도胡桃가 호두로 변했죠)'와 같은 것들이 이런 뜻에서 생긴 것이죠. 그러니 '호湖'는 곧 서쪽에 있는 물이고, 그것은 황하의 발원지와 가까운 곳에 있는 물이란 뜻입니다. 옛날 사람들은 끝없이 흘러내리는 강물을 보면 이 물이 어디서 온 것인가 하는 의문이 들었겠죠. 그래서 큰 강의 상류에는 물을 끊임없이 공급하는 거대한 호수 같은 것이 있으리라고 상상했습니다. 그것의 하나가 '호湖'가 된 것이죠.

'바다 해海'는 더 근원적인 것입니다. 이 글자를 보면 물( )과 손( )과 젖( )으로 이루어져 있습니다. 젖은 '어미 모母'를 상징하는 글자입니다. 우리 모두는 어머니의 뱃속에서 나와 젖을 먹고 자랐죠. 그러니 황하도 그런 젖줄처럼 어딘가 풍성한 물이 고인 곳이 있어서 아기가 손으로 젖을 짜듯이 강이 흐르기 시작한다는 겁니다. 그렇기에 '해海'는 '호湖'보다도 더 근원적이고 큰 것입니다. 그러니 나중에도 호수보다 바다가 더 크기에 '호湖'와 '해海'의 순서가 되었습니다. 사실 강물의 기원이 바다에서 증발된 수증기에서 비롯된 것임을 생각하면 모든 것은 순환하는 것이고, 무엇이 더 근원적인 것인가는 의미가 없을지도 모르겠습니다.

물은 우리와 너무 밀접한 것이기에 물이 들어간 글자가 정말 많습니다. 사실 우리 삶에서 먹고 씻고 하는 것은 모두 물과 관련이 되니까요. 먼저 우리가 자주 이용하는 장소로 '목욕탕'이 있죠. 물론 목욕탕에는 물이 없을 수 없습니다. 그래서 이 세 글자에는 모두 물이 새겨져 있습니다. 과연 그 뜻이 무엇인지 알아보겠습니다.

沐 머리 감을 목 갑골문

浴 목욕할 욕 금문

湯 끓일 탕 금문

먼저 '머리 감을 목沐'은 어떻게 '머리 감다'는 뜻을 전할까요? 이 글자의 가운데는 그야말로 나무입니다. 그리고 거기에 빗방울들이 그려져 있습니다. 나무와 사람을 비교하자면 이파리는 머리카락이고 가지는 손이며, 줄기는 몸이고 뿌리는 발이라 할 수 있습니다. 비가 와서 나뭇잎을 적시는 것은 우리가 머리를 풀어헤치고 머리를 감는 것을 연상시키죠. 그래서 이 글자는 머리를 감는 것을 상형하게 되었습니다.

'목욕할 욕浴'은 이렇게 훈을 달 일이 아니라 '몸 씻을 욕'이라 해야 정확한 뜻이 됩니다. 목욕의 '목'은 머리를 감는 행위를 뜻하니까요. 이 글자의 갑골문이 재미있습니다. 받침이 있는 큰 그릇 안에 사람이 들어가 있고, 사람 주변으로 물방울들이 뿌려지는 모습을 그렸습니다. 요즘과 마찬가지로 욕조에 들어가 목욕을 한 겁니다. 이 갑골문들이 주로 은상殷商 시기의 문자라면, 그때 지배층인 은상 사람들은 당시로는 호사를 한 겁니다. 사람이 들어갈 큰 그릇에 물을 데워 목욕을 하기란 쉽지 않았을 테니까요. 그런데 주周나라 시절의 금문에는 글자가 많이 바뀌었습니다. 물은 있지만 그 옆에는 '골짜기 곡谷'이 있습니다. 산에서 골짜기는 물이 모이는 곳이니 개울이 흐릅니다. 거기서 몸을 씻는다는 것이지요. 금문은 주로 주나라의 문자입니다. 그러니 주나라 지배계층은 은상 사람들보다는 몸 씻을 물을 데우려고 아랫사람들을 고생시키지 않았나봅니다.

'끓일 탕湯'은 뜨거운 물이 되어가는 과정을 표현한 겁니다. 물 옆의 글자는 어디서 많이 보던 글자죠. '태양太陽' 할 때나 '양지陽地'의 '볕 양陽'자와 옆이 같습니다. 글자는 상형 그대로 해가 있고 볕이 내리쪼이는 모습입니다. 그러니 물이 볕을 받으면 따뜻해집니다. 그래서 '따뜻한 물' 또는 '뜨거운 물'이란 뜻이 만들어진 것이죠. 그래서 밥과 함께 먹는 국도 한자로는 '탕'이라 부르며, '설렁탕' '갈비탕' '매운탕'과 같이 음식 이름에서 쓰입니다. 자, 이제 '목욕탕'은 뜨거운 물로 머리 감고, 몸을 씻는 곳이란 것이 확실해졌죠?

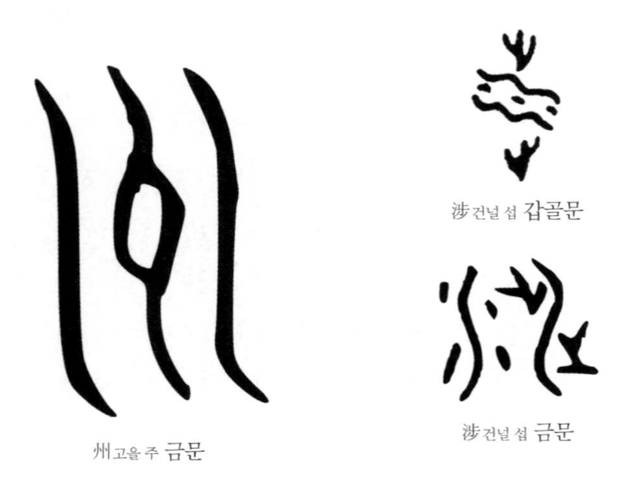
州 고을 주 금문

涉 건널 섭 갑골문

涉 건널 섭 금문

'고을 주州'에는 물은 안 들어 있지만 어딘가 모르게 물 냄새가 나죠. '내 천川'자에다 점만 세 개를 더한 모습입니다. 이것도 당연히 흘러가는 물을 뜻하는 것이죠. 그러나 가운데에 섬이 하나 있습니다. 한

강의 밤섬이나 노들섬, 여의도처럼 유속이 느려지는 곳에 흙이 쌓여 섬이 만들어지는 것이 바로 이 글자입니다. 그런데 흐르는 강 가운데에 있는 섬은 적이 침략을 했을 때 방어하기가 쉽고, 또 충적토라 거름이 없어도 농사가 잘됩니다. 그래서 이런 곳에 사람들이 모여살기 시작해 이 글자의 뜻이 차츰 '고을', '큰 고을'로 뜻이 바뀌어갑니다. 그러자 정작 물에 둘러싸인 섬을 표현할 글자가 필요하게 되고, 이 '주州'에다 다시 물을 더해 '섬 주洲'란 글자를 만들어 해결합니다. 한자에서 한 글자가 다른 뜻을 갖게 되면, 원래 뜻의 새로운 글자를 만드는 것은 너무도 흔한 일입니다.

'건널 섭涉'의 갑골문을 보면 물이 흐르고 있고 개울 옆에다 사람 발을 그려놓았습니다. 이 발이 금문에 와서는 손의 모양 비슷하게 변한 것이 있지만 발이 맞습니다. 그러니까 작은 개울을 첨벙거리며 건너가는 모습을 그린 겁니다. 그렇게 물을 건너가면 어쨌거나 한 고비는 넘어간 것이겠죠. 이 당시 조그만 성읍을 중심으로 한 나라들의 경계는 대개 개울이거나 산입니다. 개울을 건너는 것은 다른 영역에 들어선 것이죠. 이래서 나중에 '이르다', '미치다'란 뜻까지 지니게 됩니다. 우리는 '간섭干涉하다'란 말을 씁니다. 남의 일에 참견하는 걸 말하죠. '간干'은 본래 '방패'란 뜻이지만 이 단어에서는 '남의 영역을 범하다'란 뜻으로 쓴 겁니다. 물에 들어가 텀벙대며 남의 영역에서 이 참견 저 참견 하는 걸 말합니다.

'근원 원源'은 '샘 천泉'과 같은 글자에서 시작했습니다. 사실 글자 위의 벼랑(厂)을 빼면 같은 바위틈에서 흘러나오는 샘물을 묘사하고 있습니다. 그러던 것이 하나는 '샘물'이란 뜻으로 고착되고, 또 다른

源근원 원 금문대전

流흐를 류 금문

하나는 '근원'이란 뜻으로 변모합니다. 모든 물의 흐름은 그렇게 샘물에서 시작하는 것이니 개울과 강의 근원은 '샘물'이기 때문입니다. 그런데 이 '원原'이란 글자가 너무 추상적인 뜻으로 변모해가서 물이 아닌 다른 '근원'도 묘사하기에 이릅니다. '고원高原'이나 '평원平原'처럼 땅에 이르기까지 묘사하게 되면서 물에 대한 것은 따로 글자를 만들어야 할 때가 온 겁니다. 그래서 '물 수水'를 하나 더한 '근원 원源'이 등장합니다. 강원도는 '한강의 근원'이라 뜻한다면 '江源道'가 맞겠지만, 큰 고을인 강릉江陵과 원주原州에서 앞글자를 따온 이름이기에 '江原道'가 맞습니다.

사람은 엄마 뱃속의 물속에서 자랍니다. 태아는 양수에 떠 있는 상태로 자라니까요. '흐를 류流'는 생각과는 달리 이 양수가 터지면서 아이가 태어나는 것을 뜻하는 글자입니다. 자식을 낳는다는 것은 오랜 시간 돌봐서 키워야 한다는 뜻입니다. 흔히 쓰는 글자는 아니지만 '기를 육毓'의 왼쪽 편방만 빼고 글자가 같은 것은 그런 이유입니다. '기를 육毓'에서 왼쪽의 '매每'는 젖을 먹여 키운다는 뜻입니다. 이 글자가 자주 쓰이지 않게 된 것은 또 다른 '육育'이 '기르다'는 뜻을 독점했기 때문입니다.

물이 위에서 아래로 흐르는 것은 지구의 중력 때문이란 사실을 지금이야 알고 있지만 한자의 시대에는 물의 고유한 속성이라고 믿고 있었습니다. 그래서 물은 자연의 법칙을 가장 잘 따르는 물질이라 여기고 있었죠. 도가道家에서 말하는 "가장 뛰어난 선은 물과 같다(上善若水)"는 바로 늘 낮은 곳으로 향하는 물의 속성을 가장 자연적인 것으로 본 겁니다. 그런데 이 물(氵)이 가는(去) 글자가 있습니다. 바로 '법 법法'입니다. 물이 가는 것과 법은 별로 잘 어울리는 것 같지는 않지만 무슨 까닭이 있는지 살펴보겠습니다.

法 법 법 금문대전

治 다스릴 치 금문

治 다스릴 치 금문대전

금문의 '법法'이란 글자를 보면 세 요소가 들어 있습니다. 하나는 '갈 거去'이고 또 하나는 '물 수水'고 다른 하나는 이상한 동물입니다. '갈 거去'는 두 가지 요소로 된 글자입니다. 갑골문을 보면 大는 사람이고 아래의 口는 '읍邑'입니다. 자신의 나라를 떠나서 다른 나라, 다른 읍으로 가는 겁니다. 오른쪽의 廌는 '치廌'라는 동물로, 선악을 구별할 줄 아는 전설상의 신성한 동물입니다. 이 셋을 뭉뚱그려놓으면 '선과 악을 구분하는 동물이 못된 것은 물이 흘러가는 곳으로 쫓아버리다'로 해석할 수 있습니다. 어찌 보면 진화론의 자연선택과 유사한 것 같기도 합니다. 그러다가 복잡하고 현실에 없어 잘 납득이 되지 않는 동물은 사라지고, '물 수水'와 '갈 거去'만 남았습니다. 어쨌든 이 '법法'이란 글자는 지금 세상에도 살아남아 세상을 지키는 데 쓰이고 있습니다.

去갈 거
갑골문

우리는 '법으로 다스리다'는 뜻으로 '법치法治'라는 말을 사용합니다. 이 '다스릴 치治'에도 '물 수水'가 들어 있습니다. 헌데 금문 시절의 '치治'에는 물이 없습니다. 오른쪽에는 어떤 도구(ㄱ)가 있고 왼쪽 위에는 거꾸로 선 '아들 자子( )'가, 그리고 가운데를 구분하고 아래쪽에는 바로선 '아들 자子( )'가 있습니다. 그것은 계승이 잘못된 것을 바로 세운다는 뜻이 분명하지 않겠습니까. 왕이든 제후이든 후계가 잘못되어 반란이 일어났을 때 이를 바로세우는 것이 '치治'의 뜻인 겁니다.

그런데 이 글자가 점차 변하기 시작했습니다. '물 수水'를 변으로 쓰고, 구불구불한 물줄기와 읍을 표기하는 글자로 바뀝니다. 왕조의 연속이 순탄하자 홍수로부터 물을 다스리는 일이 더 중요해진 겁니다. 홍수가 심하면 나라를 쓸어갈 수도 있으니까요. 그래서 둑을 쌓고 물길을 정비해서 홍수의 피해를 막는 것을 '치治'로 삼았습니다. 그렇다면 임금도 절대자도 사라진 요즘의 '치治'는 무엇일까요? 물보다는 민심의 흐름이 막히지 않게 하는 것이 현대의 '치治'가 아닐까요.

물이 우리에게 너무 중요한 것이라 '물 수水'가 들어간 글자는 대단히 많습니다. 모든 글자를 다 풀이할 수는 없기에 몇 글자만 더 살펴보겠습니다.

沈 가라앉을 침 갑골문 沈 가라앉을 침 갑골문

沈 가라앉을 침 금문

배가 물에 가라앉는 것을 '침몰沈沒'이라 합니다. 이런 일들이 가끔 발생해서 우리를 안타깝게 합니다. 그러면 이 '가라앉을 침沈'의 원래 뜻은 무엇일까요. 갑골문을 보면 물에 빠지는 것은 소와 양입니다. 소와 양이 일부러 물에 빠질 일은 없으니 사람들이 빠뜨린 겁니다. 소와 양은 강의 신인 '하신河神'에게 바친 제물입니다. 그런데 금문에 보면 이제 양과 소가 아닌 것 같습니다. 금문에서 가로로 쓴 ⊢⊣은 경계를 표시하는 겁니다. 여기서 경계는 물이겠지요. 빠뜨리는 것은 사람(亻)으로 변했습니다. 전쟁에서 잡은 포로들을 제물로 쓴 겁니다.

'몰沒' 또한 가라앉는다는 뜻입니다. '물 수水' 옆의 '수殳'는 창이나 몽둥이 비슷한 무기를 잡고 있는 손을 묘사한 겁니다. 물이 옆에 있으니 무기로 위협해서 적을 물에 빠뜨리는 것이지요. 이것도 전쟁으로 사람을 빠뜨리는 행위입니다. 사람이 물에 빠지면 죽거나 사라지는 것이니 '몰沒'에는 '다하다', '사라지다', '아니다'라는 뜻이 생겼습니다. 지금은 인간의 욕심 때문에 사람들이 물에 빠지는 경우가 자주 생겨납니다.

殳 몽둥이 수
갑골문

津 나루 진 갑골문

'나루 진津'은 배로 물을 건너는 곳입니다. 갑골문을 보면 삿대로 뗏목 비슷한 배를 움직이는 사공의 모습이 뚜렷합니다. '물 수水' 옆의 '붓 율聿'은 여러 가지 용도로 쓰입니다. 때로는 바늘이나 침이 되기도 하고, 때로는 붓이 되기도 하고, 또 여기서처럼 길쭉한 막대를 가지고 하는 일이 될 수도 있습니다. 물론 처음의 시작은 달랐지만 글자로 정형화되다 보니까 자연스럽게 비슷한 요소들을 하나로 통일시켰기 때문입니다. 한자의 시대에도 물과 강과 호수는 가장 중요한 자연환경 가운데 하나였습니다. 그러기에 수많은 물과 관련된 한자들이 나타난 것이지요.

春夏秋冬 춘하추동 | 사계절이 돌고돌아

하늘과 땅, 그리고 물이 만들어내는 조화로는 사시사철 변하는 계절이 있습니다. 땅인 지구가 하늘인 태양을 공전하고, 지구의 자전축이 기울어져 생기는 현상이지만, 아마도 땅 위에 물이 없었다면 그런 계절감은 아마 혹독한 온도의 변화에 그치지 않을까 생각합니다. 지구의 3분의 2는 바다이기에 이 바닷물이 열을 저장하여 급격한 온도의 변화를 누그러뜨립니다. 게다가 모든 생물은 물을 필요로 하기에 계절에 따른 생물의 순환주기도 이 물의 영향을 받습니다.

그래서 추위가 가시고 얼음이 녹는 봄이 되면 나무에는 물이 오르고, 씨앗은 싹이 돋아나며, 풀들도 꽃을 피우고 잎이 돋습니다. 곤충과 동물들도 이때부터 활발한 활동을 개시합니다. 봄날의 아지랑이가 지나고 나면 여름 또한 물과 무관하지 않습니다. 공기는 더위에 증발한 물로 습기가 가득하고, 갑자기 거센 소나기가 내립니다. 물을 한층 빨아들인 나무들은 진녹색 잎으로 무성합니다. 그렇게 여름이 지나고 나면 쓸쓸한 가을이 찾아옵니다. 가끔은 가을비가 들이치지만 씨앗과 열매가 영글어가고 나뭇잎은 떨어져 바싹 말라갑니다. 물이 어는 겨울은 모든 것의 휴지기입니다. 식물도 동물도 추위 속에서는 제대로 활동을 할 수 없습니다. 비축한 것을 소모하며 다시 봄을 기다립니다.

먼저 꽃 피는 봄입니다. 꽃이야 봄에만 피겠습니까? 꽃은 여름에도 피고 가을에도 피지만, 기나긴 겨울의 추위를 끝내고 다시 봄이 왔을 때 따스한 햇살에 꽃이 피니 너무 반가워 '꽃 피는 봄'이라 했겠

春봄 춘 금문

지요. 여하튼 음력으로 설이 지나면 봄이라고 합니다. 아직도 바람은 춥고 대지는 얼어 있지만 햇빛은 따사롭습니다. 여전히 겨울 언저리에 있는 것 같지만 자연은 무언가 활기찬 것 같습니다.

봄을 표시하는 것이 무엇이겠습니까. 따스한 햇볕과 돋아나는 풀잎이겠지요. '봄 춘春'의 옛 글자를 보면 이 두 가지가 다 있습니다. 그러면 풀과 해 사이에 있는 것은 무엇일까요? 이것을 보통은 '진 칠 둔屯'이라고 합니다. 본디 이 '둔屯'의 상형은 씨가 발아하여 뿌리가 내리는 거라고 합니다. 또 어떤 경우는 이것이 실의 매듭이라고 하기도 합니다. 그리고 이 글자가 나중에 '군대가 머무르며 진을 친다'는 뜻으로 바뀌었다고 하지요.

屯진 칠 둔 갑골문

이런 해석이 오래전부터 있었지만 별로 수긍이 가지 않습니다. 이미 풀잎이 자라고 있는데 싹이 트는 씨앗이 또 필요할까 의문이기도 하고, '둔屯'의 갑골문을 보면 씨앗이라 치더라도 그 밑에 있는 두 선은 해석할 수 없습니다. 떡잎이라면 씨앗 위에 있어야 하고 뿌리라면 땅을 향해 뻗어야 합니다. 어렵게 씨앗이 싹을 틔운다 해도 중력의 법칙을 배반하는 건 아닌가 싶습니다. 실의 매듭이란 것도 봄과 관련해서는 아무런 설명이 되지 않습니다.

이렇게 설명과 자형이 서로 맞지 않는다는 건 아직 무엇인지 잘 모른다는 겁니다. 제 추측은 이렇습니다. 어느 날 이 '봄 춘春'의 금문 글자를 보는 순간, 가운데의 屮은 새가 아닐까 하는 생각이 문득 들었습니다. 물론 새라는 글자는 따로 있습니다. 그렇지만 주변에 살고 있는 텃새와 계절마다 찾아오는 철새는 다릅니다. 봄을 맞아 돌아오는 하늘의 새를 관찰하면 저 모양이 아닐까요? 봄이 와서 해는 따사롭게 비치고 강남 갔던 제비가 돌아오고 들에 풀이 돋아납니다. 그렇게 철새라고 생각하면 '진 칠 둔屯'의 뜻도 유추할 수 있습니다. 텃새들은 제각기 움직이거나 짝과 행동하지만, 철새들은 긴 여행을 위해 집단으로 행동합니다. 철새도래지에는 수많은 철새들이 집단으로 행동합니다. 그 모습이 군대가 이동하여 진을 치는 것과 너무나 닮지 않았습니까?

물론 이 추측은 틀릴 가능성이 높습니다. 사실 그 옛날의 글자를 추측하는 것은 많은 고리들이 끊어져 쉽지 않은 일입니다. 금문의 '새 조鳥'는 부리와 눈, 그리고 날개와 발을 자세히 묘사했습니다. 하지만 어딘지 모르게 닭처럼 생긴 모습이 아닙니까? 이제는 봄이 되어도 제비들이 돌아오지 않는 도시의 봄이지만 살랑거리는 봄바람은 정말 좋습니다.

鳥새 조 금문

여름의 모습은 사뭇 괴상합니다. 위에 있는 부분은 지금의 글씨체와 별로 다르지 않지만, 그 아래의 모습은 이것저것이 얼기설기 얽혀 있습니다. 윗부분은 비례로 보면 너무 크기는 하지만 머리 모양입니다. 그 아래의 선들을 보면 몸통과 팔다리를 그린 것임을 알 수 있

夏 여름 하 금문

습니다. 그러면 팔다리 옆에 있는 것은 또 뭘까요? 호미나 쟁기, 갈퀴 같은 온갖 농기구가 모인 것 같습니다. 그렇다면 여름은 얼굴 큰 사람이 밭에서 죽어라 하고 일을 해야 하는 계절입니다. 그렇게 농사를 지어야 하는 계절이 여름인가 봅니다.

그런데 얼굴 큰 사람은 어떤 의미가 있습니다. 이 윗부분이 남아 있는 글자가 '머리 혈頁'입니다. 지금은 보통 머리를 말할 때 '머리 수首'를 쓰지만 고대에는 '혈頁'을 더 많이 썼습니다. 이 '혈頁'자의 앉는 방법은 꿇어앉는 자세이죠. 그렇습니다. 이때는 가부좌나 의자에 걸터앉는 방법을 몰랐습니다. 가부좌는 나중에 불교와 함께 들어온 앉는 방법입니다.

頁 머리 혈 갑골문

여하튼 이 글자에서 주목할 것은 머리 모양입니다. 눈의 모양이 선 두 개로 간단히 바뀐 것은 흔한 현상입니다. 아마도 특별히 상투를 트는 방법이 있었기에 그 특징을 잡아 머리 모양을 표현했을 겁니다. '하夏'는 여름을 뜻하기도 하지만 중국 최초의 왕조가 '하夏'나라였습니다. 이들은 중국 중원에서 농사를 지으며 최초의 왕조를 일구었습니다. 이들의 머리 모양이 그 씨족의 특징이 아니었을까 상상해봅니다. 또한 그들은 농경민족이었기 때문에 여름철 부지런히 일하는 모습에서 여름과 어떤 민족의 이름이 동시에 출현한 것이 아닐까 추측해봅니다.

'가을 추秋'는 봄 여름 두 계절의 글자와는 확연하게 다른 글자입니다. 지금은 '벼 화禾'와 '불 화火'를 보고 황금빛으로 불타는 논을 상상하는 사람도 있을 겁니다. 그러나 이 한자가 쓰이던 곳의 주요 농업은 벼가 아닌 조와 기장이었습니다. 혹시 '불 화火'를 보고 '붉은 수수밭'을 상상할지 모르는데 수수는 아프리카 원산으로 이때는 중국에 들어오지 않았습니다.

秋 가을 추 갑골문

秋 가을 추 갑골문

秋 가을 추 금문대전

이 '가을 추秋'의 갑골문에서 분명히 보여주는 것은 어떤 곤충의 모습입니다. 가을을 상징하는 곤충은 무엇일까요. 예나 지금이나 변함없이 귀뚜라미(또는 메뚜기)입니다. 다만 그 모습을 자세하게 묘사한 것과 간략한 선으로 특징을 잡아낸 것, 두 가지가 있었습니다. 이것이 나중에 잘못 전해져서 더듬이가 이삭으로 바뀌고 다리가 '불 화火'가 된 것이 요즘 '가을 추秋'의 모습입니다. 어쨌든 귀뚜라미를 계절의 글자로 썼다는 거 자체가 재밌지 않나요?

冬겨울 동 갑골문

冬겨울 동 금문

冬겨울 동 금문

이제 마지막 계절인 겨울이 남았습니다. 우리는 누구나 봄, 여름, 가을, 겨울 하지 겨울, 봄, 여름, 가을이라고 부르지 않습니다. 이것은 동양만이 아니라 서양도 마찬가지입니다. 결국 겨울은 마지막 계절이죠. '겨울 동冬'의 갑골문을 보면 끈의 양쪽 끝에 매듭이 맺어져 있습니다. 이것을 가지 끝에 달린 열매라고 볼 수도 있는데, 그렇다면 그 계절은 여름이나 가을이 되어야 합니다. 그리고 금문에서의 글자는 매듭이 맺힌 다음에 끈이 이어지기도 하고, 매듭 가운데 해가 있기도 합니다. 매듭이라는 건 어떤 이어지는 흐름을 정리하고 귀결하며, 또 새로운 흐름을 시작한다는 뜻입니다. 결국 이 글자의 상형은 한 해가 끝나고 새로운 한 해가 되었다는 이야기입니다. 겨울은 마지막 계절이라는 거지요.

마지막이고 끝이라니 '끝날 종終'자도 결국 '동冬'이 들어 있습니다. 오히려 '실 사糸'까지 있어서 더 어울리는 것 같네요. 사실 이 둘은 같은 글자였습니다. 결국 글자는 사람의 생각을 반영하는 것이고, 계절들 가운데 겨울을 끝에 두고 싶은 것은 모두가 마찬가지인 것 같습니다. 그래서 '동冬'과 '종終'은 같은 글자이고, 추위가 끝난 다음 봄의 희망을 바라봅니다.

四…

불과 산

山 산 | 불길처럼 넘실거리는 산봉우리

山 메 산 갑골문　　山 메 산 금문　　火 불 화 갑골문　　火 불 화 금문

서울의 광화문 양옆에는 해태가 있습니다. 그것에 대한 해석의 하나로 서울 남쪽에 있는 관악산의 불의 기운을 막기 위해 이 상상 속 동물의 석조를 만들었다는 이야기가 있습니다. 그러나 근정전 앞에도 이 동물이 있는데, 그것은 정치의 '공평무사公平無私'에 대한 염원으로 만들었다는 겁니다. 그 해태가 3장에서 '법法'을 다룰 때 나왔던 상상의 동물 '치廌'입니다. 그러니 선악을 구분하여 공평무사함을 추구했다는 게 더 옳을 겁니다. 불을 제어하기 위해 물에서 사는 해치를 세웠다는 것은 '오행五行'의 법칙을 따랐음을 의미하는데, 이 오행은 대개 전국시대에서 한나라에 이르는 시기에 구체화되기 시작했습니다. 그러니 한자의 시대에는 오행의 관념은 없었다고 보아야 합니다.

어쨌거나 광화문에서 멀리 관악산을 바라보면 여러 봉우리가 뭉쳐 있는 모습이 넘실거리는 불길처럼 보이는 것도 사실입니다. 그런데 한자의 태동기에는 '산山'과 '불 화火', 두 글자가 너무도 닮았습니다. 산은 봉우리들이 연이어 있는 모습을 상형한 것이고 불은 넘실거리는 불꽃을 그린 것인데, 이 둘은 아주 비슷하게 보입니다. 더욱이 금문에 오면 거의 구분이 가지 않을 정도로 닮았습니다. 물론 글의 문맥에서는 산이 올 곳과 불이 올 곳이 확연한 차이가 있었기에 혼돈스럽지는 않았을지 모릅니다. 그래도 글자가 너무 닮은 것은 문제가 있으니 후대의 해서에서는 아예 다른 형태로 바꿉니다. 그 결과 불은 독립된 불꽃들이 생겼고, 산은 대체로 자신의 형태를 유지했습니다.

사실 산과 불은 상당히 일상적인 대상입니다. 불은 음식을 익히고 요리를 하는 데 필수적이기도 하고, 추운 겨울에는 불을 피워 추위를 막습니다. 산은 불을 피우는 데 필요한 땔나무와 집을 지을 건축자재를 제공하는 곳이기도 하고, 사람의 발길이 닿지 않아 야생 짐승들도 살고, 식물들은 산소를 뿜어내며, 전쟁 때는 전략적인 요충지가 되기도 합니다. 우리나라는 산이 많아서 농사나 주거에 필요한 면적이 얼마 되지 않는다고 불평하기도 하지만, 사실 산이 없으면 우리들의 삶은 너무 단조로울지도 모릅니다.

이제 우리는 산에서 나무를 해서 땔감으로 쓰지도 않고, 산에 가서 야생동물을 사냥하지도 않지만, 그래도 산을 오릅니다. 산을 오르는 것으로 운동도 하고 맑은 공기도 마시고, 높이 올라서 아래를 굽어보며 호연지기浩然之氣를 기릅니다. 더운 여름에는 시원한 계곡물에 발을 담그며 서늘함을 즐기기도 합니다. 그래서 주말에는 산마다 등산객이 많습니다.

산이 언제나 우리와 가까이 있는 것처럼 '메 산山'이 들어간 글자도 상당히 많습니다. 그 가운데 몇 글자를 살펴보겠습니다. 우선 산이 숨어 있는 글자가 있습니다. '섬 도島'는 바다 위에 떠 있는 듯한 육지

島섬 도 금문대전　　　嶼섬 서 금문대전

를 뜻하죠. 사실 제주도 같은 섬은 무척 커서 한라산 기슭에 깊숙이 있으면 섬이라는 사실도 잊을 정도입니다. 이 '섬 도島'는 갑골문이나 금문에는 없는 글자입니다. 그것은 그때 한자가 쓰이던 곳이 내륙이라서 바다에 있는 섬을 글로 표현할 필요가 없었기 때문입니다. 비록 강 가운데 있는 모래톱에 섬을 뜻하는 '주州'자를 썼습니다만, '도島'는 나중에 영역이 넓어지고 바다에도 섬들이 있다는 걸 알게 된 이후에 생긴 글자입니다.

'섬 도島'는 단순하게 '새 조鳥'에다 '메 산山'을 더한 글자입니다. '새 조鳥'의 밑에 있는 '화灬'는 절대 불이 아닙니다. 새의 발을 묘사한 것이 어쩌다 그렇게 변했을 뿐입니다. 그리고 이 '화灬'가 '산'과 겹치니 하나를 생략한 것입니다. 그러니 결국 '도島'는 산 위에 앉은 새입니다. 이걸 보면 한자를 만든 사람들의 관찰력을 알 수 있습니다. 바다를 건너다 지친 새는 쉴 곳이 필요합니다.

다행히 넓은 바다에도 섬들이 있습니다. 새들은 텃새와 철새가 있어 텃새는 사시사철 같은 곳에서 살지만, 철새는 아주 먼 거리를 이동합니다. 바다도 건너고 대륙도 횡단합니다. 육지를 이동하는 새들이라면 강이나 호수의 갈대 우거진 곳에서 쉽니다. 그래야 천적을 피하고 물에서 고기들을 잡아먹으며 체력을 회복할 수 있습니다. 바다

위로 먼 거리를 이동하는 철새들은 기착지에서 휴식도 취하고 섭식도 하면서 이동할 기력을 보충합니다. 그래서 바다 위의 섬들에는 새들이 가득할 때가 있습니다.

이 한자를 만든 사람들은 그런 사실을 관찰한 겁니다. 그렇지 않고 물이나 바다, 그리고 땅이나 산을 이 글자의 모티브로 삼았으면 글자가 얼마나 심심했겠습니까. '바다 위의 새들이 내려앉는 산'이라는 풍광이 주는 이 글자는 이미 바다와 섬과 새가 주는 정감이 있습니다.

우리가 보통 외딴 바다의 섬들을 말할 때 '도서島嶼'란 말을 씁니다. 여기서 '도'는 바로 이 '섬 도島'입니다. 그런데 그 옆에 있는 '섬 서嶼'자는 무엇일까요? 우선 옆의 '산山'은 빼놓고 '줄 여與'부터 살펴야 하겠습니다. 이 '여與'자는 속자로 '여与'로 쓰기도 하는데, 일단은 굽은 선을 중심으로 아래위 다른 방향으로 수평선이 그어져 있으니 무언가를 주고받는 것 같은 느낌이 듭니다. 실제로 이것을 숟가락 '비匕'가 오가는 것으로 이야기하기도 합니다. 상 위에서라면 숟가락이라기보다는 국자 정도는 되겠지요. 지금도 친한 사람들끼리 밥을 먹으면서 흔히 볼 수 있는 광경입니다. 글자 '여與'에서 '여与'의 양옆은 손입니다. 그 밑의 받침은 상입니다.

그래서 '여與'에는 '주다'는 뜻도 있고 '함께하다'는 뜻도 있습니다. 정부와 '함께하는' 정당은 '여당與黨'이 되는 것이고, 우등상은 '수여授與'하는 것이죠. 그런데 여기 '서嶼'에서 왼쪽의 '산山'은 그냥 산이 아닌 '섬 도島'입니다. '도島'를 만들 때는 겹치는 요소 가운데 '새의 발'을 없앴는데, 여기서는 '새'를 뺐습니다. '새'가 들어가면 뜻이 바뀔 수 있고 쓰기도 번거롭기 때문입니다. 그러니까 전체의 뜻은 '섬과 같이 있는 것', 결국 섬 주위의 작은 섬입니다. 그러니 '도서島嶼'는 결국 '큰 섬과 작은 섬'이란 뜻이고, 배를 타고 다녀야 하니 교통이 나쁜 곳이지요. 그런데 섬 옆의 '여與'는 꼭 뜻만 표기한 것은 아니라서 '서嶼'의 'ㅓ'라는 발음은 '여'에서 온 것입니다.

巖(岩, 嵒)바위 암 갑골문

巖엄할 엄 금문

우리가 지금 보통 보는 '바위 암岩'은 산과 돌이 있어 뜻과 딱 들어맞는 듯한 글자로 생각하기 쉽지만, 실제로는 본래 글자가 쓰기 어려워 편한 글자로 바꾸어서 쓰는 '속자俗字'일 뿐입니다. 실제 이 글자의 갑골문을 보면 커다란 바윗덩어리 셋과 골짜기를 그린 글자입니다. 일반적으로 큰 바윗덩어리 밑에 표시한 골짜기를 '산山'으로 해석하기도 하지만, 이 형태와 갑골문의 '산山'은 모양에서 거리가 있습니다. 이런 갑골문 모양도 잘 쓰지 않기는 하지만 '암嵒'이란 글자로 사전에 기재되어 있습니다.

그렇다면 '암岩'의 정자正字는 어떤 모양일까요? 이 글자도 그리 보기 어려운 글자는 결코 아니어서 '암巖'이란 글자로 남아 있습니다. 사실은 '암巖'과 '암岩'은 대개 혼용하기 때문에 '낙화암落花巖'이라 써도 되고, '낙화암落花岩'이라 써도 됩니다. 헌데 보통 사람들은 글자 모양이 너무나 다르기 때문에 같은 글자라 생각하지 못하고 '왜 다른 글자를 쓰나' 하고 의문을 갖기도 합니다.

그런데 어떻게 '암嵒'이 '암巖'이란 글자로 바뀌었을까요? 사실 중간에 다른 글자가 하나 더 있었습니다. 그것은 '엄격하다' 할 적의 '엄할 엄嚴'입니다. 글자 모양은 비슷하지만 쓰임새는 다릅니다. 이 글자를 들여다보면 바위 세 덩이가 둘로 줄어들었지요. 셋을 쓰기 귀찮아 둘로 줄인 것으로 볼 수 있습니다. 그리고 그 밑에 있는 골짜기의 모양도 약간 바뀌었죠. 헌데 그 안에 있는 '감히 감敢'은 또 무엇입니까? 그것은 잘 알기 쉽지 않지만 손과 발이 마구 어질러져 있고 함정도 있습니다. 산에 있는 바위들은 대개가 험준합니다. 이 바위에 손과 발이 있다는 건 험준한 바위를 기어오르고 도처에 함정도 있기에 함부로 행동하면 안 됩니다. 엄격한 마음을 품고 조심조심 손과 발을 움직여 바위를 오르고 내려와야 합니다. 술에 취해 갈지자로 대충 걷거나 춤을 춘다면 떨어져 목숨을 부지하기 힘듭니다. 그래서 이런 뜻에서 '엄하다'란 뜻이 생겼습니다. 엄격이라 함은 제 마음대로 하면 안 된다는 것입니다.

敢감히 감 금문

그러데 한 글자로 '바위'와 '엄하다'라는 두 가지 뜻으로 쓰니까 불편합니다. 무언가 구분을 지어줘야 편합니다. 그래서 바위라는 뜻으로 쓸 때는 위에다 '메 산山'을 갓처럼 씌워줍니다. 바위는 보통 산에 있는 것이니 그런 뜻을 덧입혀 '암巖'이란 글자가 탄생했습니다. 그런데 이렇게 되자 글자가 획수도 많고 너무 복잡해졌습니다. 그래서 '산山' 아래 복잡한 '엄嚴'자를 들어내고 '돌 석石'을 들이밀어 '암岩'자를 만들어냅니다. 결국 억울한 건 본디 원형에 가장 가깝던 '암嵒'

이란 글자입니다. 모양이 미운 것도 아니고 복잡한 것도 아닌데 밀려나 거의 쓰지 않는 글자가 되었습니다. 세상에 때로는 이렇게 억울한 일들이 사람 아닌 글자나 말에도 일어납니다.

峰 봉우리 봉 금문대전

우리는 산에서 가장 높은 곳을 '봉우리'라고 합니다. 이 '봉우리'의 '봉'은 한자에서 온 '봉峰'일 것이라는 의견이 가장 우세합니다. 뜻이 같기 때문에 그런 것이죠. 이 '봉'이 산에서 솟아오른 곳을 표시하기에 '메 산山'이 들어간 것은 이상하지 않습니다. 이 '산山'은 글자의 왼쪽에 쓰기도 하고 모자로 씌우기도 합니다. '봉峰'이나 '봉峯' 둘 다 모양이 어색하지 않아 좀처럼 하나로 통일되지 않습니다. 헌데 '산山' 옆이나 아래의 글자는 독립된 글자로 쓰이는 '끌 봉夆'입니다. 이 글자는 '끌다' '이끌다' '만나다'란 뜻을 가지고 있고, '봉峰'의 음도 여기서 비롯된 것임을 알 수 있습니다. '벌 봉蜂'은 꽃의 꿀에 '이끌려' 오는 벌레입니다.

夆 끌 봉 갑골문

헌데 이 글자의 상형은 이해하기가 쉽지 않습니다. 일단 밑에 있는 것은 얼핏 봐도 나무인 것은 확실해 보입니다. 그런데 가지가 더 많습니다. 이렇게 가지를 더 그리는 것은 갑골문과 금문의 시대에는 나무가 많음을 뜻합니다. 그 뒤에는 '수풀 림林'이나 '나무 빽빽할 삼森'과 같이 글자를 중첩시키는 방법을 쓰지요. 일단 봉우리를 올라가려면 수풀이 우거진 지역을 지나야 합니다. 그런데 그 수풀이 우거진 곳 위에는 방금 전 '감敢'에서 보았던 발이 있습니다.

뭐, 봉우리를 발을 더 이상 디딜 데가 없는 곳이라 해석하기도 합니다. 그리고 당시에는 산의 봉우리를 만남의 장소로 이용하기도 했습니다. 왜냐하면 당시의 나라나 부락들은 대개 산과 내를 경계로 하고 있었고, 평지의 농사짓기 좋은 곳에 마을을 이루고 사는 형태입니다. 그러니 이웃 부족이나 나라의 수장들을 만나는 장소로 곧잘 산의 봉우리가 이용되기도 합니다. 그 봉우리의 경계는 이 나라나 저 나라가 아닌 중립지대인 셈입니다. 그래서 이런 도시국가들의 모임인 '회맹會盟'은 배를 타고 모일 수 있는 강의 주변 지역에서도 했지만 산꼭대기에서 열리기도 했습니다.

그런데 여기서 이 夂을 발로 보지 않는 해석도 있습니다. 그냥 무기의 날카로운 끝의 모양을 뜻한다고 해석하기도 합니다. 그렇게 보면 '감敢'과 '봉夆'의 두 요소는 방향이 좀 다릅니다. '봉夆'의 것은 무기처럼 보이기도 합니다. 이렇게 예리하고 날카롭다는 뜻으로 쓰인 사례로는 '칼끝 봉鋒'이 있습니다. 물론 갑골문과 금문의 시대에는 '검劍'이란 무기는 없었습니다. 이런 무기는 나중 전국시대나 되어야 나타납니다. 그러나 그렇더라도 무기의 끝이 날카로운 것은 다름이 없었습니다. 이 시대의 주된 무기인 '과戈'도 창에 칼이 달린 것과 같은 무기였습니다. 그래서 이 무기를 가지고 베고 찌르고 할 수 있었습니다. 그 뾰족한 끝은 산의 봉우리 모양과 같은 것이었겠죠. 그래서

岸 언덕 안 금문대전

崖 벼랑 애 금문대전

峽 골짜기 협 금문

'봉夆'은 날카로운 칼끝 모양의 '봉鋒'의 뜻도 가지고 있었습니다. 그래서 산에서 날카로운 끝은 '봉우리 봉峰'이 된 것입니다.

'언덕 안岸'은 '기슭'이라는 뜻도 지니고 있습니다. 그런데 이 글자에서도 '메 산山'은 나중에 들어간 것입니다. 원래의 글자는 '굴바위 엄厈'입니다. 우리가 민엄호라 부르는 '엄厂' 하나만 있어도 '벼랑' '낭떠러지'란 뜻이 성립합니다. 그렇다면 그 안에 있는 '간干'이 의미든 음이든 글자를 결정하겠지요. 그냥 벼랑이 아닌 것은 이 '간干'이 방패를 뜻하는 말이긴 하지만 어떤 영역의 뜻을 포함하고 있기에, 강이 흐르고 있는 곳의 절벽을 뜻하는 글자입니다. 대개 절벽 근처에는 시냇물이나 강이 흐르게 되어 있습니다. 그리고 그곳은 나라나 부족 사이의 경계이기가 쉽습니다.

그런데 이 '간干'의 금문(Ұ)과 갑골문(¥)을 보면, 이 방패는 요즘에 생각하는 둥그런 모습의 것과는 다릅니다. 끝이 갈라지고 그 가운데는 돌멩이처럼 단단한 것을 묶어놓은 겁니다. 왜냐하면 당시의 가장 보편적인 무기는 '과戈'였고, 이는 긴 막대 끝에 도끼나 짧은 칼이 매달린 무기라 생각하면 됩니다. 이런 무기를 가지고 두 마리 말이 끄는 수레에 서서 다른 마주 오는 수레를 탄 적의 '과戈'를 방어하며 자신의 '과戈'로 적을 공격합니다. 그러기에 그 긴 '과戈'를 방어하기 위해서는 이런 두 갈래로 갈라진 막대기 같은 방패가 유용하며, 그 분기점은 쇠와 같은 단단한 무기에 손상을 받을 수 있으니 돌이나 쇠 같은 단단한 물건으로 보강하는 겁니다.

방패가 요즘 생각하는 둥글거나 네모나게 된 것은 활을 이용한 '궁병弓兵'의 화살 공격이 일반화되어 그 방비를 위해 고안되고부터입니다. 어쨌거나 예전에도 무력의 총집합은 이 방패와 '과戈'라는 창이었습니다. 그래서 '간과干戈'란 말로 무력, 또는 군사력을 총칭했습니다.

그리고 이 '간干'에는 '침범하다'란 뜻이 있습니다. 우리가 '간섭干涉'하다는 표현을 할 때 이 글자를 쓰는데, 이런 뜻이 후한後漢의 학자인 허신許愼의 『설문해자說文解字』에 나와 있으나 언제부터 생긴 것인지는 알 수 없습니다. 다만 이 '방패 간干'이 일종의 영역 표시로 쓰였을 수 있고, 여기서 '침범'이란 뜻이 파생될 수 있습니다. '엄厂'에도 이런 영역 표시의 뜻이 있기에 이 글자를 '엄厂' 안에 썼을 가능성이 있다고 생각합니다. 그때에 강 건너편이란 대개 다른 나라의 땅이었을 테니까요.

어쨌거나 이 '안岸'이란 글자는 처음의 '강에 있던 벼랑'이라는 뜻에서 차츰 '건너편'이란 뜻으로 옮겨가고, 그러다 보니 강 건너의 언덕을 뜻하기도 하고, 강과는 상관없는 언덕을 뜻하는 말로 바뀌어갑니다. 그러면서 벼랑이란 뜻은 '애崖'라는 글자가 대신하게 됩니다. 물론 '애崖' 역시 처음부터 벼랑이란 뜻을 지닌 글자입니다. '안岸'과 다른 것은 '엄厂' 안에 '규圭'가 있는 것만이 다릅니다. 위의 '메 산山' 또한 나중에 씌운 겁니다.

깎아지른 높은 절벽으로 이루어진 산 사이의 골짜기를 '협곡峽谷'이라 하죠. 골짜기가 산에 끼어 있다는 뜻입니다. '골짜기 협峽'에 산이 붙어 있는 것은 높은 산을 끼고 있어야 '협곡'이 되기 때문이겠죠. 그런데 '메 산山' 옆의 '낄 협夾'을 보면 제법 재미가 있습니다. 이 글자에는 사람이 셋 있는데 한 사람은 가운데 크게 그렸고, 나머지 두 사람은 작습니다. 여기서 의미하는 바는 양옆의 두 사람이 가운데에 있는 큰 사람을 끌고 가는 게 아닙니다. 주인공은 가운데 큰 사람이고 나머지 두 사람은 그저 곁에 가며 부축하는 겁니다.

가운데 사람이 주인공인지 어떻게 아느냐 한다면, 이는 한자를 발명한 중국과 아시아의 전통이라 말할 수밖에 없습니다. 주인공은 다른 사람보다 크게 그리고, 될 수 있는 대로 가운데 그리는 게 원칙입니다. 가령 절에 가서 법당에 불상이 셋 있으면, 주인공인 가운데 불상이 크고 웅대합니다. 그리고 그 불상을 보좌하는 불상 둘은 '협시挾侍'한다 합니다. 옆에서 모시고 있다는 뜻이지요. 이런 사실을 보면 가운데가 주인공임은 의문이 없는 겁니다.

崇높을 숭 금문대전

산과 관련된 글자야 너무나 많지만 마지막으로 '높을 숭崇'자를 살펴보겠습니다. 이 글자는 '종宗'자 위에 '산山'이 올라가 있습니다. '종

宗'을 '마루 종'이라 하지만 이 글자 뜻은 그렇게 간단하지 않습니다. '종宗'의 윗부분은 '집 면宀'입니다. 그러니까 일단 집이라는 건물이 있으며, 꼭지가 있는 걸 봐서 용골이 있는 제대로 된 것이죠. 그 안에 있는 '시示'는 요즘은 '보인다'는 뜻으로 쓰이지만, 근본적으로는 제사를 지낸다는 뜻입니다. 제사를 지낼 때 뼈나 거북껍질에 구멍을 뚫고 불에 태워 조상의 계시를 받는다는 것에서 '보인다'는 뜻이 나온 겁니다. 또는 이를 제사상으로 해석하는 경우도 있습니다.

그러니 '종宗'은 집에서 제사를 지내는 것입니다. 임금이 제사를 지내는 집은 '종묘宗廟'이고, 가문의 제사를 지내는 집은 '종가宗家'가 되고, 최초로 무언가를 시작한 집도 이렇게 부릅니다. 그렇기 때문에 근본적인 것을 일컫는 말이 되기도 합니다. 그런데 여기에 '산山'이 붙었다면 여러 산들 가운데 가장 높고 우뚝한 산을 이르는 것이겠지요. 산들은 보통 외따로 있지 않고 대개는 몰려서 여러 산들이 줄기를 이루며 있으니까요.

火화 | 모닥불 위의 개고기

'불 화火'는 그 모습 그대로 변으로도 쓰이고, 또 간단하게 발이 네 개 달린 모습의 '화灬'로도 쓰입니다. 불이 인간에게는 필수적인 것인 만큼 이 '불 화火, 灬'가 들어간 글자도 많습니다. 그 가운데 몇 글자만 보도록 하겠습니다.

첫 번째가 '재 회灰'자입니다. 불이 타고 나면 재가 남습니다. 이 글

灰재 회 금문대전	炭숯 탄 금문대전	炙고기 구울 자 금문대전	滅멸망할 멸 금문대전

자는 꺼져가는 불가에서 막대기를 들고 재를 뒤적거리는 모습을 그린 글자입니다. 조금 쓸쓸한 풍경 같지만 일정한 형태가 없는 잿더미를 어떤 행동이나 모습으로 이보다 잘 표현할 수는 없을 것 같습니다. 요즘 글자의 불 위의 두 획은 결국 손과 막대기가 변한 모습입니다.

'숯 탄炭'은 이와 비슷한 듯 다른 글자입니다. 우리 주변에 보면 '탄현炭峴'이란 이름이 붙은 지명이 많습니다. 이 지명은 대개 '숯 고개'란 지명을 일제시대에 한자로 고친 겁니다. 그래서 이 '숯 고개'란 지명이 있던 곳은 예전에 나무, 특히 숯 만들기 좋은 참나무가 울창한 숲이었다고 보면 됩니다. 이런 곳이라면 농사짓는 땅은 아니었으니 대개 산이었겠지요. 사실 나중에는 이런 곳이 꼭 산일 필요는 없었습니다. 왜냐하면 불이 번지지 않도록, 또한 숯을 만드는 효율이 좋도록 벽돌로 가마를 만들어 숯을 구웠으니까요.

헌데 예전에는 그렇지 않았던 것 같습니다. '탄炭'을 보면 산과 벼랑 밑에 불이 놓여 있습니다. 산의 벼랑에서 나무를 태워 숯을 만든 겁니다. 이렇게 숯을 만들면 불을 제때 끄지 못해 효율이 낮았을 겁니다. 그리고 나무를 구하기에는 산보다 평지의 숲이 좋았겠지만 숯가마 없이 숯을 구울 때이기에 불이 번질까 두려웠겠죠. 그래서 산에서 지형을 이용해 나무를 베어 숯을 만들었을 겁니다.

구운 고기를 뜻하는 '자炙'는 '회자膾炙하다'에 쓰인 한자인데, 이 말은 '입에 자주 오르내리다'는 뜻으로 쓰입니다. 우리는 통상 날고기와 구운 고기를 늘 먹기에 이런 뜻으로 전용된 겁니다. 보통 생선살을 날것으로 얇게 저민 것을 '회'라고 하는데, 이 말은 한자어입니다. 지금은 '회'가 주로 생선을 지칭하고 소고기의 날것은 '육회'라고 다른 말로 부르는데, 이 한자가 만들어질 때에는 주로 양, 소, 돼지와 같은 고기의 날것을 뜻하는 말이었습니다.

고기는 날것도 맛있지만 숯불에 구운 고기는 나무 향이 배어 더 맛있죠. 이 '고기 구울 자炙'는 원래 불 위에서 바비큐하는 것처럼 꼬치에 꿴 고기가 두 덩이 매달려 있었습니다만, 차츰 간략하게 '육달 월月'로 대체하게 됐습니다. 같은 음의 '삶을 자煮'는 끓는 물로 익히는 것을 뜻합니다. 여기서 불 위에 있는 '놈 자者'는 원래 뚜껑 있는 솥이고 불을 위에서 때서 음식을 익히는 구조였습니다. 불을 위에서 땐다는 것은 화덕을 만들 수 없는 일종의 야외 취사를 뜻하지 않나 싶습니다. 곧 들에서 험한 일을 하는 사람들의 식사법이 그들의 대명사로 쓰였을 가능성이 있습니다.

者놈 자 금문

'멸망할 멸滅'에도 불이 하나 들어 있습니다. 이 글자는 원래 '물 수水'변이 없는 형태였습니다. 전쟁의 참화를 글자로 표시한 것이죠. 그 당시 가장 흔한 무기인 '과戈'가 있고, 불이 있습니다. 그리고 불 위의 피를 표시한 흔적들이 나중에 선으로 남게 되었습니다. 전쟁의 참혹함을 드러낸 글자입니다. 무기로 적을 피 흘리게 하고, 그 근거지를 파괴하기 위해 불을 지릅니다. 그런 다음 남은 사람들은 포로로 잡아 노예로 만듭니다. 예나 지금이나 전쟁은 참혹하고, 전쟁에 진 나라와 백성들은 말도 안 되는 고통을 받습니다.

훗날 물(氵)이 하나 더 들어간 것은 전쟁이 아닌 홍수의 피해도 못지않았기 때문입니다. 한자의 고향인 중국 중원의 황하는 홍수가 잦은 지역이었습니다. 때로는 엄청난 홍수가 강의 줄기를 바꾼 적도 많습니다. 살 곳을 정할 때 가능한 홍수의 피해가 없는 곳으로 터전을 잡지만, 어떤 때는 이런 예측을 뛰어넘을 때도 있습니다. 그런 경우에도 홍수가 할퀴고 간 자리는 전쟁의 참혹함 못지않고, 그런 곳에 터전을 잡은 마을이나 나라는 멸망하고 맙니다.

無없을 무 금문

然그럴 연 금문

'불 화灬'라 해서 모두가 불은 아닙니다. 모양은 '화灬'지만 불과는 아무런 상관이 없는 경우도 있습니다. 우리가 잘 아는 글자 가운데 '없을 무無'가 바로 그런 글자입니다. 이 글자는 사실 원래는 '춤출 무舞'와 연원이 같은 글자입니다. 그런데 하나는 '춤을 추다'는 뜻이 되었고, 다른 하나는 '화灬'를 지니고 '없다'는 뜻이 되었습니다.

이 글자는 갑골문에서는 사람이 양손에 꽃이 핀 나뭇가지를 들고 춤을 추는 모습입니다. 금문에서는 이것이 약간 바뀌어 마치 곁에 두 사람이 같이 춤을 추고, 또 머리가 '입 구口'로 되어 있는 걸 봐서 노래도 부르는 듯합니다. 그러던 것이 통일된 진秦나라에 와서 하나는 '천舛'이 붙어 짝발로 춤을 추는 운동감을 강조한 '춤출 무舞'가 되었고, 다른 하나는 춤을 추는데 '없다'는 뜻의 '망할 망亡'이 아래쪽에 덧붙었습니다. 그것이 나중에 '화灬'로 변해서 '없을 무無'가 됩니다.

헌데 춤이 '없다'는 것하고 무슨 관련이 있을까요? 왜냐하면 이 꽃가지를 들고 추는 춤이 전쟁에서 '망자亡者'를 위로하는 춤이었다는 겁니다. 전쟁에서 죽은 이들은 이미 이 세상에 없고, 그래서 '없다'는 뜻이 이 글자의 뜻으로 정착되었다는 겁니다. 이 이야기는 약간 억지 같다는 생각은 듭니다. 그렇지만 또한 이 '무無'가 '없다'는 뜻으로 변해간 다른 이유를 찾을 수가 없네요. 지나간 많은 일들은 여전히 이유를 모르는 것들이 많지요.

뜻의 근원적인 이유를 모르는 글자는 상당히 많습니다. 우리가 많이 쓰는 글자 가운데 '그렇다'란 뜻으로 쓰는 '연然'자도 그렇습니다. 이 글자를 우리가 많이 접하는 까닭은 '자연自然'이란 단어 때문인데, 이 두 글자의 조합을 이전에 쓰지 않은 것은 아니지만, 이 단어를 영어의 '네이처nature'의 번역어로 쓰기 시작한 다음부터 지금과 같은 뜻으로 쓰였습니다. 그전에는 '스스로 그러하다' 정도를 뜻하는 단어였습니다.

헌데 이 글자의 구성요소를 보면 '그렇다'와 상응한다고 할 요소가 하나도 없습니다. 이 글자의 요소는 '육달 월月', '개 견犬', '불 화灬' 셋입니다. 그러니 모닥불 위에서 익고 있는 개고기이고, 이 글자의 태동기인 금문에서도 똑같습니다. 그러니 이 글자가 말하는 '그렇다'라는 것이 무엇인지 모릅니다. 그저 상상은 할 수 있습니다. 모닥

불 위에서 개고기가 익고 있으면 무척 만족스럽고 편안한 저녁일 것입니다. 상태로는 좋은 상태이고, 머지않아 이런 좋은 분위기가 또 있었으면 하는 마음이 들겠지요.

어쨌거나 이 글자는 편안한 상태를 지칭하는 말이 되었고, 또 명사보다는 '그러나'라는 접속사로 더 많이 쓰이게 되었습니다. 그러면서 차츰 원래의 뜻을 표시할 때에는 다시 중첩해서 '불 화火'를 하나 덧붙여서 '사를 연燃'으로 되어 '연소燃燒하다'와 같은 단어에서 쓰이게 되었습니다. 우리가 우리 인생에서 자신의 운명을 잘 모르는 것처럼, 글자도 자신의 운명이 어디로 흐를지 전혀 알 수 없는 때가 많습니다.

煎지질 전 금문대전

우리 음식 가운에 '전'을 빼놓을 수 없습니다. 녹두빈대떡도 있고, 밀전병도 있고, 부추부침, 김치전 등등 이름은 달라도 번철에 지져 먹는 여러 '전'들이 있어 일상에서도 즐기지만, 명절에 호박전, 완자, 생선전 등은 거의 필수입니다. 이 전은 한자의 '전煎'이고 번철에 기름을 두르고 얇게 부쳐내는 것을 뜻합니다. 또 마음을 '졸이다', '애를 태우다'의 뜻도 있습니다. 밑에 '불 화灬'가 있으니 '태우다'나 '졸이다'와 같은 뜻이 자연스럽게 느껴집니다. 위의 '앞 전前'은 음을 표기하는 것 같지만 어떻게 이 글자가 앞이라는 뜻을 지니게 되는지 먼저 살펴보죠.

이 글자의 갑골문은 여러 글씨체가 있는데 대체로 발도 있고, 아직은 육달 월이 나오지 않을 시기라서 고기라 보기에는 어려운 그 무엇하고, '갈 행行' 같은 기호 또는 솥 같은 그릇이 눈에 띕니다. 금문에서는 위의 뿔 같은 모양과 아래 사다리 같은 모양으로 단순화되었습니다.

前앞 전
갑골문

이런 여러 형태 때문에, 그리고 '앞'이라는 뜻 때문에 이 글자와 관련하여서는 여러 이야기가 있습니다. 그중 하나는 아래 있는 것은 왕 앞에 나가기 위해 신발 위에 신는 덧신이며, 이 덧신을 신고서야 왕 앞에 나갈 수 있었기 때문에 '앞'이라는 뜻이 생겼다는 겁니다. 왕 앞에 나가기 위해서 덧신을 신었다는 것도 이상하지만, 솥같이 생긴 손잡이 비슷한 덧신이 있었을까 생각하면 더욱 이해가 되지 않습니다. 금문에서는 발이 '그칠 지止'의 형태로 되었지만, 그래도 그 아래의 것은 아무래도 덧신 같지는 않습니다.

前앞 전
금문

이 글자에 대한 제 해석은 이렇습니다. 소나 양이나 돼지를 삶기 위해서는 목숨을 끊은 다음에 뿔이나 발굽을 떼어내야 합니다. 이들은 삶아도 딱딱해서 먹기 쉽지 않고 맛도 없습니다. 그러니 제사에 쓰였어도 도살을 한 다음 발굽이나 뿔의 정리 작업을 먼저 해야 했을 겁니다. 갑골문의 솥 위의 발 주변에 있는 부스러기는 그 정리 작업을 뜻하는 것 같습니다. 그때 칼로 작업을 했기에 나중에는 '육달 월月' 옆의 칼(刂)로 자리를 잡지 않았을까 짐작합니다. 고기를 요리하기 위한 사전 작업이었기에 '앞선' 작업이란 뜻에서 '앞'이라는 뜻이 정착되지 않았을까 하는 생각이 듭니다.

어쨌거나 전을 부치는 일도 사전 작업이 많이 필요합니다. 채소는 다듬고, 곡식은 가루를 내고, 고기나 생선은 얇게 저며야 합니다. 그래서 이렇게 '앞 전前'을 불 위에 올려 이런 종류의 음식 요리법을 설명하지 않았을까 합니다. 어찌되었든 전이라는 음식은 요리 발달 가운데 나중에 나온 겁니다. 적어도 쇠로 만든 번철이 나오기 전에는 '전'이라는 음식은 존재하지 않았습니다.

熱더울 열 갑골문

불은 따뜻하기도 뜨겁기도 합니다. 또한 어둠 속에서 빛을 냅니다. 그래서 촛불도 켜고 횃불도 켭니다. 우리가 자주 쓰는 글자인 '더울 열熱'이 바로 횃불을 든 사람 형상의 글자입니다. 횃불은 보통은 야외에서 어둠을 밝히는 용도지만, 이것을 들고 있는 사람은 덥습니다. 겨울이라면 따뜻하겠지요. 그래서 따스함이나 뜨거움을 모두 이 글자가 담당하게 되었습니다. 갑골문의 '열熱'은 횃불의 불꽃을 정확하게 묘사하고 있습니다. 그 옆에 꿇어앉은 사람은 두 손으로 횃불을 잡고 있습니다. 이 모습이 '열熱'의 상부구조를 만들고, 나중에 뜻을 더하기 위해 '불 화灬'를 덧붙였습니다.

五…

동물들하고 놀자

牛 우 | 소의 신이 만든 세상

이번엔 동물과 관련된 한자를 살펴보겠습니다. 인간과 동물은 무척 친하거나 적대적인 관계를 유지했습니다. 사람을 해치는 맹수들과는 적대자가 되었으며, 그들과 사냥감을 다투거나 때로는 생사의 갈림길에서 대결을 하기도 했습니다. 또 사냥을 해서 온순한 야생동물을 잡아먹는 것으로 식량을 해결하기도 했습니다. 농경과 목축을 하면서부터 식량을 공급하는 사냥의 의미는 희미해지고, 순한 동물들을 길들여 기르면서 고기와 젖, 노동력과 가죽과 털을 얻기도 했습니다. 여하튼 구석기시대에 사람들이 가장 먼저 그린 그림은 식물이 아닌 동물입니다. 수렵시대에 사람들에게는 식량원인 동물이 중요했으며, 이 동물의 세계에 대해 무언가 심정적으로 이끌리고 있었음을 알 수 있습니다.

인간은 어느 동물하고 가장 친할까요. 지금 이런 질문을 한다면 강아지나 고양이라고 답할 겁니다. 틀린 말은 아니지만 지금이 반려동물의 시대이기 때문에 그렇습니다. 개는 아마 가장 오래전에 가축화된 동물일 겁니다. 고고학적 발굴에 따르면 개와 함께 양과 돼지가 가장 먼저 가축화된 동물에 속합니다. 소는 역시 크기가 커서 훨씬 나중에 가축화가 돼서 약 기원전 5000년경에나 기르기 시작했다고 합니다.

그렇지만 유순한 소를 이용해 밭을 갈기 시작하면서부터는 소가 농경시대에 가장 소중한 동물의 자리를 차지했습니다. 농사를 짓는 데에는 소가 가장 유용했으니까요. 물론 소가 밭을 갈기 전인 한자의

牛소 우 갑골문

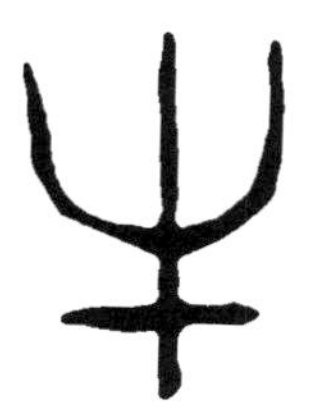

牛소 우 금문

시대에는 사람이 직접 밭을 갈았습니다. 대개 두 사람이 한 조가 되었고, 마을의 모든 사람들이 참여해 여럿이서 집단으로 밭을 간 것으로 보입니다.

소는 농촌에서는 가장 친근한 동물입니다. 시골에서 어린 시절을 보낸 사람이라면 소와 얽힌 이야기 하나쯤은 지니고 있을 겁니다. '소 우牛'는 뿔의 모양을 상형한 것입니다. 갑골문과 금문을 보면 확실하게 알 수 있습니다. 지금의 해서 글자는 소의 옆모습 같기도 하죠. '양 양羊'과 비교해보면 그 뿔의 차이를 확실하게 알 수 있습니다. 소의 뿔은 하늘을 향해 솟아 있지만, 양의 뿔은 둥글게 땅을 향해 굽었습니다.

소에도 여러 품종이 있습니다. 유전적인 특질에 따라 여러 종으로 구분할 수도 있겠지만, 한자가 탄생한 중국에서는 보통 소를 물소와 황소로 구분합니다. 북쪽의 황하 유역은 황소를 주로 기르고, 남쪽 장강 유역은 물소의 세상입니다. 그러기에 노자가 타던 소는 물소이고, 공자가 타던 소는 황소입니다. 두 문화가 확연히 다른 것은 짐승의 세계에서도 마찬가지입니다. 하지만 황소의 뿔은 작고 물소의 뿔은 큽니다. 소의 글자를 만든 사람은 소뿔의 특징을 정확하게 포착했지만, 왠지 남쪽 물소의 뿔의 모습이 아닌가 싶습니다.

소는 귀중한 동물이기에 편방 부수로도 쓰입니다. 또 암소는 '빈牝', 수컷은 '모牡'란 글자로 구분을 합니다. 그리고 어린 송아지는 '독犢'이란 글자로 표기하죠. 심지어는 두 마리 소가 다정하게 함께 있는 '언牪'이란 글자까지 있습니다. 이렇게 특정한 소까지 이르는 글자가 있다는 사실은 소가 그만큼 중요했다는 뜻입니다. 자신들에게 가장 친근하고 소중한 것에는 상황에 따라 여러 표현법이 있게 마련이니까요.

勿말 물 금문

湯끓일 탕 금문

陽볕 양 금문

'소 우牛'변이 들어간 글자로 현재 가장 많이 쓰이는 글자는 '만물 물物'을 들 수 있습니다. '물건', '사물'처럼 모든 '물체'를 포함하는 아주 광범위하게 쓰이는 글자입니다. 헌데 이 '물'자에 도대체 왜 '소'가 들어 있을까요? 어떤 사람들은 오른쪽에 있는 '말 물勿'은 그저 음만 표시하는 거라고 설명하기도 합니다.

왼쪽의 변은 뜻이 명확하니 오른쪽의 '말 물勿'부터 알아봐야 하겠죠. 앞서 '마당 장場'이나 '끓일 탕湯'의 글자를 설명할 때에는 햇빛이 비치는 모습이라고 했습니다. 그렇지만 모든 글자의 요소가 다 똑같은 뜻으로 쓰이는 것은 아닙니다. 그것은 예전에 쓰이던 글자들이 형식화되면서 다른 뜻의 글자들이 한 형태로 합쳐지는 일이 다반사이기 때문입니다. 가령 손의 모습은 여러 군데서 쓰였지만 어떤 경우는 '사厶'와 같은 형태로, 또 어떤 경우는 '우又'와 같은 형태로, 또는 '손수手'와 같은 형태로 바뀔 수도 있기 때문입니다. 또 앞에 '불 화灬'의 경우에도 어떤 경우는 불과는 아무런 상관도 없는 경우가 있다는 걸 잘 보았을 겁니다.

어쨌거나 '물物'에서는 '탕湯'이나 '양陽'처럼 해가 비치는 모습이라고는 할 수 없을 것 같습니다. 왜냐하면 일단은 위에 해가 있지도 않거니와, 소 잔등에 비치는 햇살이 무슨 의미가 있을까요. 그리고 실제로 글자들의 금문을 보면 다른 점을 발견할 수 있습니다. 위의 수평의 획이 없기도 하거니와 위에서 아래로 향한 획 가운데 한 획이 줄기에서 나와 빗살 쪽으로 삐친 것을 볼 수 있습니다. 글자가 다른 것이죠. 그리고 이 '물勿'이 햇살이 아니라고 생각하고 보면 섬뜩한 기운이 느껴집니다. 왜냐하면 ㅓ처럼 위에서 아래로 기울어진 선이 무슨 도구처럼 보이고, 따로 떨어진 세 선은 무언가가 흩뿌려지는 느낌이 들기 때문일 겁니다.

이 '물勿'에 대해서는 도살용 칼과 거기에 묻은 피를 묘사한 글자라고 해석합니다. 피가 아니라 독이라는 이야기도 있지만, 소를 도살할 때 독으로 하는 것보다는 피가 묻는 것이 더 신뢰가 갑니다. 소 옆에 피 묻은 칼이 있다면 '물物'은 제사에 쓰일 제물일 수밖에 없습니다. 그렇습니다. '물物'은 제사에 바치는 물건, 곧 '희생물犧牲物'이었습니다. 제사에는 인간이 가진 물건 가운데 가장 뛰어난 것을 바칩니다. 그 글자가 변하여 신의 물건만이 아닌 모든 물체를 뜻하는 것으로 범위를 확대해나간 것이죠.

그런데 중국의 전설에서 지상의 모든 것은 '소의 신이 만든 것'이라 합니다. 중국 청동기 씨족의 상징들이 많이 나오는데, 소의 부족도 상당한 부족이었던 것 같습니다. 은상에 이르러서도 족징族徵으로 소의 문양이 쓰이기도 합니다. 게다가 가장 많은 괴수의 문양인 '도철문饕餮紋'에서 뿔은 이 소의 것입니다. 그러니 그들의 신화에 세상의 모든 것은 이들의 신이 만든 것이라는 겁니다. 결국 소를 제물로 올린다는 것은 아주 중요한 제사였을 겁니다.

犧 희생 희 금문대전

牲 희생 생 금문

이 한자의 시대에는 국가와 씨족에게 가장 중요한 일이 제사였습니다. 자신의 조상들에게 현실에서의 어려움을 돌봐주기를 부탁하며, 미래의 불확실함에도 계시를 내려주기 원했기 때문에 제사가 끝나면 점을 칩니다. 갑골문은 그 점에 대한 기록이 주요 내용입니다. 갑골문의 기록이 보여주듯 제사도 잦았으며, 모든 제사는 제사상에 올릴 희생물이 필요했습니다. '희생犧牲'은 바로 제물을 뜻하는 것이고, 무엇을 위해 '희생하다'와 같은 지금의 표현도 이 제물에서 비롯된 겁니다. '희犧'에서 왼쪽 편방을 떼어내면 '양을 죽여 음악을 연주하며 제사를 올리다'라는 뜻의 글자가 됩니다. 사실 제사가 빈번하면 제사용 희생물의 조달도 쉽지 않습니다. 그래서 보통은 양이나 돼지처럼 작은 동물을 쓰다가, 크고 중요한 제사에만 커다란 소를 잡아 제물로 올립니다. '생牲'은 '싱싱한 제물'이란 뜻이니, 제물을 제사를 치르기 바로 전에 잡아서 올립니다.

特특별할 특 금문

特특별할 특 금문대전

이 소를 제물로 할 때에는 보통 수컷을 씁니다. 암컷은 다시 새끼를 낳아 증식할 수 있지만, 수컷은 새끼도 낳지 못하고 몸집이 크기 때문에 가장 튼실한 놈 하나면 충분하니 그랬을 겁니다. 그래서 나온 글자가 '특特'입니다. 이 글자의 금문을 보면 풀이 있는 곳으로 소의 고삐를 잡고 가는 모양입니다. 제사 장소로 데려가는 것이지요. 제사용 소니까 건장하고 늠름한 모습일 겁니다. 다른 소들과 다른 모습을 하고 있지요. 그래서 '특特'이란 글자가 '다른 거보다 우월한' 것을 뜻하게 되었습니다. '특별'하거나 '특수'한 것들은 모두 이 건장한 수컷 소에 그 뜻을 기대고 있는 겁니다.

도살을 뜻하던 '물勿'은 지금은 '하지 마라' 또는 '없다'의 뜻으로 쓰입니다. 『논어』에 "자신이 하기 싫은 것을 남에게 하려 하지 마라(己所不欲, 勿施於人)"와 같은 구절의 쓰임새입니다. 이것이 '하지 마라' 또는 '없다'의 뜻이 된 것은 죽이거나 생명을 빼앗는 것에 대한 금기로 인해 그리되었다고 여길 수 있습니다. 어쨌거나 글자의 뜻의 변화는 때로는 예측할 수 없는 곳으로 흘러가기도 합니다.

羊양 | 아름답고 착한 양

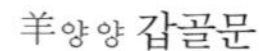

羊양 양 갑골문

羊양 양 금문

'양羊'은 땅을 향하고 있는 수컷의 장엄한 뿔의 상형이란 것을 갑골문이나 금문 모양에서 쉽게 알 수 있습니다. 앞에서 소를 말했지만 양이 제사에서 가장 많이 희생되는 동물이었습니다. 일단은 소처럼 크지도 않고 적당한 크기입니다. 또한 고기 맛도 좋습니다. '양두구육羊頭狗肉'이란 고사성어는 원래 고기 맛에서 나온 말이지요. 중국인은 이 양고기를 으뜸으로 칩니다. 그다음이 돼지, 소, 말, 개 순으로 맛을 품평하여 서열을 정했습니다. 그래서 제사에는 양을 희생물로 삼는 것이 흔하고 또 즐거운 일이었습니다. 제사가 끝난 뒤 맛있는 고기를 먹을 수 있으니까요.

그런데 우리나라에서는 요즘에야 양고기가 유행하지만 예전에는 거의 먹지 않던 고기였습니다. 우리나라에서는 양이 잘 자라지 않기 때문입니다. 이는 계절풍의 영향으로 여름의 고온다습한 기후에 양이 적응하지 못하기 때문인데, 애써 기르다가도 한여름에 죽는 경우가 허다했습니다. 그래서 양 대신 염소를 먹기도 했죠. 옛 임금님들도 양고기가 맛있는 것은 알아서 궁궐에서는 중국에서 양을 수입하여 먹기도 했습니다. 그리고 돼지는 기름기가 많아 한여름에 자주 식중독 사건을 일으키니 자연스럽게 소고기를 먹게 된 것이죠.

群 무리 군 갑골문

群 무리 군 금문

양은 대체로 순하고 풀만 있다면 잘 큽니다. 그러니 곡식을 심을 수 없는 유목민들은 이 양 떼를 끌고 풀을 찾아다닙니다. 그렇게 해서 고기도 얻고, 양젖도 얻고, 또 털과 가죽도 얻습니다. 그렇지만 양들이 순하기는 하지만 늘 말을 잘 듣는 건 아니죠. 그래서 이들을 몰고 다니기 위해서는 기술이 필요합니다. 양 떼를 몰고 다니는 형상에서 나온 것이 '무리'라는 뜻으로 쓰는 '군群'이라는 글자입니다.

이 글자의 갑골문을 보면, ㅁ은 읍邑, 곧 나라나 도시라 할 수 있고 세 마리 양 ⺶은 떼로 있는 많은 양을 표시한 것입니다. 그 옆에는 '아버지 부父(⺕)'가 있습니다. 이분이 바로 양을 몰고 다니는 것이지요. 보통 양은 '목동牧童'이나 '목양견牧羊犬'이 몰고 다닌다 생각하지만, 원래는 경험 있는 나이 든 사람이 몰고 다녔습니다. 여기서는 가장家長의 노련함을 지닌 사람이지요. 그래서 금문에서는 이보다 한 걸음 더 나아갑니다. 밑에 있는 양 한 마리를 빼고 나면 위에 있는 '군君'이라는 글자입니다. '군君'이란 글자는 나중에 '임금'이나 '집권자'를 뜻하지만 여기서는 거느리는 사람을 뜻합니다. 양을 거느리고 다니는 것이지요. '군君'에 나중에는 '그대'란 뜻도 생겼지만 어쨌거나 기본적으로는 권력자를 뜻합니다. 위의 尹은 붓을 들고 있는 손으로 해석하기도 합니다. 글로 세상일을 정돈하여 기록한다는 것이죠.

헌데 '군群'의 금문을 자세히 보면 위의 것은 붓을 잡고 있는 손을 그린 것이라 할 수 없습니다. 저는 이 둥근 원과 늘어진 끈을 채찍이라 짐작하고 있습니다. 그리니 채찍으로 부리고 소리를 질러 양 떼를 모는 모습이지요. 그런데 양은 한 마리뿐이라고요? 그 많은 양들을 다 그리기 어려워 한 마리만 그리고, 가로획을 하나 더해 여러 마리임을 표시했습니다. 어쨌든 '군君'은 양이든 사람이든 이끌고 나아가는 것을 뜻하겠지요.

洋 큰 바다 양 갑골문

또 '양 양羊'과 '물 수水'가 합쳐진, 요즘은 큰 바다를 뜻하는 '양洋'이란 글자가 있습니다. 보통은 물이 뜻 성분이고, 양은 소리라고 말합니다. 이 의견에 토를 달고 싶은 생각은 없지만, 저는 뜻 성분도 분명히 있을 거라 생각합니다. 사실 많은 글자들의 음 성분이란 것도 뜻과 완전히 무관한 경우는 극히 적습니다. 본디 뜻이 먼저였고, 음은 그 가운데 대표적인 것을 취하기도 했기 마련입니다. 다만 과거의 뜻의 변화를 추적하기 어렵고, 그래서 원래 뜻을 짐작하기 어렵기에 음 때문이라고 지레 규정하는 경우가 많을 뿐입니다. 현대 중국어도 외래어를 번역할 때 음의 유사성을 추구하지만, 뜻까지 자연스럽게 연결되도록 고려하는 것은 마찬가지입니다. 이 글자도 갑골문을 보면 양 두 마리와 물이 그려져 있습니다. 양이 냇물을 만난 것인지 비를 만난 것인지의 뜻이 우선인 겁니다. 물론 이때까지는 '드넓은 바다'라는 뜻은 없었을 겁니다.

하지만 물과 양을 같이 그렸다는 것은 물을 찾는 양 떼들이 넓은 곳을 가득 메우고 있는 광경일 겁니다. 이 글자에 대한 해석도 여의치 않아 양은 물과 같이 '이롭고 고요한' 품성이라서 나중에 바닷물처럼 잔잔한 큰 바다에 이 글자를 썼다는 해석을 하기도 합니다. 그러나 제 생각에는 드넓은 바다라면 조용하고 잔잔한 때보다는 험한 물결이 일렁이는 모습이 먼저 들어올 것 같습니다. 일단 파도가 넘실거리는 큰 바다를 생각하면 초원의 수많은 양 떼 무리와 비슷하지 않나요? 여하튼 이 '양洋'이 '아주 큰 바다'를 뜻하게 된 것은 먼 훗날의 이야기입니다.

양은 온순한 동물로 이런 품성이 배어들어간 추상적인 글자들이 있습니다. '아름다울 미美', '착할 선善', '상서로울 상祥'과 같은 글자들이 그것입니다. '아름다울 미美'는 희생물이 된 큰 양이 아름답다는 뜻으로 변했다고 해석했습니다만, 갑골문과 금문으로 보면 밑에 것은 '클 대大'라기보다는 양의 머리를 한 사람인 것 같기도 합니다. 물론 '대大'와 '천天'이 비슷한 형태에서 시작한 것이기는 하죠. 그래서

美아름다울 미 금문

善착할 선 갑골문

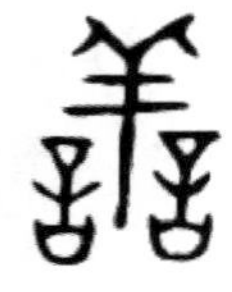

善착할 선 금문

祥상서로울 상 금문

양뿔이 있는 관을 쓴 높은 사람에서 아름답다는 뜻이 유래하지 않았나 하는 생각도 듭니다. 어쨌든 옛 사람들은 평안하고 온화한 모습이 아름답다고 생각했고, 양이 그런 품성을 지녔기 때문에 양과 같은 사람을 아름답다고 했다고 해석하기도 합니다. 어쨌거나 양은 그 크고 멋진 뿔 때문에 아름답게 생긴 건 사실입니다.

'착할 선善'은 원래 갑골문에서는 양의 뿔 밑에 한 쌍의 눈을 그린 모습이었고, 어떤 것은 눈 하나만 있는 경우도 있었습니다. 이것이 금문에 오면 양의 뿔 양편에 찌르는 도구와 입의 모습으로 바뀝니다. 그런데 어떻게 '착하다'는 뜻이 되었을까요? 제 생각에는 양의 눈에서 나온 것 같습니다. 보통 초식동물의 눈이 그렇지만 특히 양의 눈을 보면 얼마나 순하고 착하게 생겼나요. 아마도 그 누구도 그런 마음이 드는 것을 부정하지는 못할 겁니다. 나중에 금문의 시대에 글자가 변한 것은 이미 왕의 시대가 되어, '말을 경계하는 것'이 선한 일이라는 정치적인 뜻으로 바뀐 것이 아닐까 상상해봅니다.

'상서로울 상祥'과 '착할 선善'은 옛날에는 종종 같은 글자로 썼습니다. 이것 역시 제사에서 좋은 의미를 갖는 덕목들이기 때문이죠. 그래서 이 두 글자는 원래는 같은 의미였다가 나중에 다른 뜻과 다른 글자꼴로 발전된 것이지요. '상祥'에서 양의 옆에 달린 '시示'는 '보이다'라는 뜻으로 쓰이는데, 원래는 제사에서 조상들이 후손들의 어려움을 보살펴 내려주는 계시를 뜻합니다. 곧 후손이 올린 좋은 제물을 흠향하고 어떻게 해야 할지를 알려줍니다. 제사를 지내는 사람은 그 계시를 알기 위해 점을 칩니다.

점을 치는 방법은 여러 가지가 있지만 대개는 거북 등껍질이나 동물의 뼈에 구멍을 뚫고 태워 그 갈라지는 균열을 보는 것입니다. 그렇게 점을 친 결과가 제사와 깊은 관련이 있는 '시示'라는 글자이고, 양도 그렇습니다. 어쨌거나 제사는 근엄하기도 하지만 맛있는 것을 많이 먹고 술도 마시는 즐거운 일입니다. 더군다나 저 세상으로 가신 조상들도 양고기를 흠향하고 후손을 가엽게 여겨 상서로운 계시를 내리는 겁니다.

豕 시 | 하늘을 보지 못하는 돼지

소와 양은 대표하는 글자가 하나였습니다. 어린 것이나 상태에 따라 이를 구분하는 다른 글자들이 있었지만 대표하는 글자는 하나였지요. 헌데 돼지는 우리가 가장 친근하고 흔히 고기로 취하는 동물이어서 그런지 표시하는 대표 글자가 셋이나 됩니다. 이제 이 돼지를 뜻하는 글자를 살펴봅시다.

豕돼지 시 갑골문

豕돼지 시 금문

'시豕'라는 글자 하나만으로 돼지라는 뜻입니다. 이 글자의 금문과 갑골문 모양을 보면 돼지를 상형한 것을 분명하게 알 수 있죠. 금문과 갑골문을 보면서 드는 의문 하나는 왜 네 발 달린 동물을 세로로 상형을 했나 하는 겁니다. 우리가 보통 그림을 그릴 때는 땅을 수평으로 그리고, 짐승은 네발을 땅에 붙여 그리는데, 이렇게 글씨가 세로로 되어 있는 것은 다른 글도 세로로 쓰다 보니까 모양을 맞추기 위해 그렇게 한 것이 아닐까 하는 생각은 듭니다. 그렇지만 어떤 경우는 글자의 방향에 의문이 들 때가 많습니다. '돼지 시豕'는 자주 쓰지 않지만 자주 쓰는 글자 가운데 이 글자가 들어 있습니다. 바로 '집 가家'가 그 글자입니다. 지붕 아래 돼지가 있습니다. 이것이 어째서 집이 되었는지는 2부에서 다루겠습니다.

헌데 네발 달린 짐승들을 간단한 선 몇 개로 상형하면서 특징을 짚어내기란 결코 쉽지 않은 일입니다. 헌데 고대인들은 기가 막히게 동물들의 독특한 특징들을 잡아냅니다. 호랑이를 뜻하는 '호虎'의 갑골문에는 몸통에 줄무늬가 있습니다. 이 '돼지 시豕'자의 가장 큰 특징은 머리가 앞발 쪽으로 숙여져 있는 겁니다. 돼지는 목뼈의 구조 때문에 평생 고개를 들어 하늘을 보지 못하고, 땅만 바라보며 살아갑니다. 대신 기가 막힌 코를 가지고 있기에 땅속의 모든 냄새를 맡아 먹이를 찾아냅니다. 벌레들도 찾고 송로버섯도 코로 찾아내죠. 하늘을 보는 건 포기했지만 먹이는 잘 찾아 살을 찌웁니다.

虎범 호 갑골문

이 잡식성 동물은 양처럼 제사의 희생물로 쓰기에 적당한 크기입니다. 그래서 양과 돼지는 고대 제례의 가장 대표적인 희생물입니다. 우리나라에는 양이 잘 자라지 않았으니 돼지를 희생으로 하는 제사가 가장 흔했고, 그래서 『삼국사기』에도 고구려에서 돼지를 제사에 쓰는 이야기가 나옵니다. 요즘 돼지를 지칭하는 두 글자인 '돈豚'과 '저猪'는 이 제례와 관련이 있습니다. '돈豚'은 주로 한국과 일본에서 돼지를 지칭하는 글자로 쓰고, 중국은 주로 '저猪'자를 씁니다.

豚돼지 돈 갑골문

猪돼지 저 금문

지금은 '돈豚'의 편방으로 쓰인 '육달 월月'변이 갑골문에서는 솥의 형태입니다. '입 구口'의 형태는 여러 가지로 쓰입니다. 어떤 때는 말하고 먹는 '입'이 되기도 하고, 어떤 때는 '성읍城邑'과 나라를 표시하기도 하고, 지금처럼 솥이 되기도 합니다. 물론 이것이 솥이 아니라 '성읍'을 표시하는 것일 수도 있습니다. 돼지는 성읍 밖에서 키우는 것이 일반적일 겁니다. 그렇지만 이것을 '솥'으로 해석하는 이유는 '돼지 저猪'의 금문에 비슷한 형태가 있기 때문입니다. 또한 그것이 '솥'이라는 것은 위에 나뭇가지들과 불꽃, 그리고 안의 내용물 표시로 알 수 있습니다. 이를테면 솥 밑에서 불을 때지 않는 야외용 취사인 셈이죠.

어쨌거나 이를 '솥'으로 해석하면 돼지를 솥에 넣고 삶는다는 뜻이겠죠. 제사를 올리려면 고기는 익혀야죠. 그리고 제례의 희생물을 온전한 형태로 제사에 써야 합니다. 헌데 솥에 한 마리를 통째로 넣어 삶으려면 솥이 아주 크거나 돼지가 작아야 하겠죠. 큰 솥을 만들려면 특별한 기술이 필요하니 일반적인 경우에는 새끼돼지를 주로 씁니다. 이것이 '돈豚'이란 글자의 유래입니다. 쉽게 말하면 '익힌 작은 돼지'입니다.

헌데 금문의 시대, 곧 청동기의 시대에 솥이 들어갔다는 것은 더 미룰 수 있는 아까운 새끼돼지를 잡는 대신 큰 돼지를 잡아 살코기를 삶았다는 사실을 암시하겠죠. 실제로 금문이 쓰인 청동기시대에는 돼지를 통째로 삶지 않고 고깃덩어리를 삶았습니다. 그래서 이 솥은 점차 '육달 월月'로 변해가고, 춘추시대에 글자 형태가 완성이 됩니다. 곧 '잘라서 익힌 돼지고기'가 되는 셈입니다.

'돼지 저猪'의 왼쪽 '큰 개 견犭'부는 '시豕'가 간략화한 꼴입니다. 이것을 '개'로 보면 안 됩니다. 그리고 '저猪' 오른쪽의 '자者'는 '삶을 자煮'의 '불 화灬'가 생략된 형태입니다. 앞서 말했듯이 냄비 위에 불을 피우는 모습이죠. 삶는다는 뜻의 글자로는 '주廚'라는 글자가 있습니다. 이 글자의 '집 엄广'부는 한쪽이 뚫린 집입니다. 옛날의 주방은 연기가 많이 나기 때문에 한쪽 편에는 벽이 없었습니다. 그 안에는 솥뚜껑을 열고 솥 안을 살펴보는 모양의 상형이 '부엌 주廚'입니다.

왜 한국과 일본은 '돈豚'을 주로 쓰고, 중국은 '저猪'를 쓰느냐고 물을 수 있습니다. 그것은 글자가 늘 같은 글자가 쓰이는 것은 아니고 변하기 때문입니다. '시豕'에서 '돈豚'으로, '돈豚'에서 '저猪'로 많이 쓰이는 글자가 변한 겁니다. 그런데 한국과 일본은 돼지에게 주로 '돈豚'이란 글자를 썼을 때에 한자를 받아들여 여태까지 유지하고 있을 따름입니다.

犬견 | 욕에 '개'가 붙은 이유

犬개 견 갑골문

犬개 견 금문

狗개 구 금문대전

개 또한 우리와 가장 친근한 동물 가운데 하나입니다. 아마도 소나 돼지, 양보다도 먼저 가축화가 되었으리라 짐작합니다. 개는 사회성이 강하고 주인에게 복종하는 본성 때문에 다른 가축보다 쉽게 사람과 친해질 수 있었죠. 개를 나타내는 글자로 '견犬'과 '구狗' 두 글자가 있습니다. '견犬'은 '충견忠犬'이란 단어에도 나오고, '구狗'는 누렁이를 가리키는 '황구黃狗'라는 단어에 쓰이니 두 글자 모두 요즘도 자주 쓰이는 글자입니다. 그러나 두 글자 가운데는 '견犬'자가 더 오래 된 글자입니다.

'견犬'은 갑골문을 보면 영락없는 상형자입니다. 이것이 '돼지 시豕'와 비슷하다고 말할지 몰라도 자세히 살피면 다른 면모가 드러납니다. 일단은 목입니다. 돼지처럼 아래를 향하지 않고 하늘을 향하고 있습니다. 또 하나는 꼬리입니다. 돼지꼬리는 짧고 땅으로 처진 반면, 개의 꼬리는 길고 중간에 한 번 말려 위를 향하고 있습니다. 개 꼬리 모양의 묘사를 보면 옛사람들의 관찰력이 치밀함을 볼 수 있습니다. 문자화가 대부분 진행된 대전大篆에서는 그 꼬리의 날렵함이 다 지워져버렸고, 해서楷書에서는 뒷다리와 꼬리가 사라져버렸습니다. 그래서 상형의 원래 활발한 모습은 다 감춰지고 말았습니다.

'구狗'는 '견犬'보다 나중에 생긴 글자라 했죠. 이 글자의 왼쪽 옆의 부수는 '큰 개 견犭'이라 부릅니다. 이것이 '시豕'에서 나온 것이라 생각할 수 있고 실제로 혼용도 되지만, 명칭을 '큰 개 견犭'이라 한 것을 보면 역시 돼지보다는 개가 가축화한 것이 먼저인 모양입니다. 아마 가축 식용의 역사에서도 돼지보다는 개가 먼저일 듯합니다.

'구狗'가 개란 뜻의 글자가 된 것에 대해 허신의 『설문해자』에는 공자가 오른쪽의 "구句는 개 짖는 소리를 뜻한다"고 했습니다. 당시 '구句'가 무슨 음이었는지는 알 수 없지만 지금과 비슷했을 것이라 개가 '컹컹' 짖는 음과 비슷했던 모양입니다.

그런데 이렇게 친근한 강아지인데 우리말의 욕에는 '개○○'처럼 나쁜 뜻으로 쓰이는 경우가 많습니다. 중국에도 마찬가지로 개를 비하하는 욕이 많습니다. 헌데 왜 친근한 강아지가 이렇게 나쁜 뜻의 욕으로 쓰였을까요? 여기에 대한 두 가지 이야기가 있습니다. 하나는 개가 똥을 먹는다는 사실입니다. 곤충은 몰라도 동물 가운데 똥을 먹는 것은 드뭅니다. 그래서 이 모양을 혐오했다는 게 첫 번째 이야기입니다. 두 번째는 개의 짝짓기 때문이라는 이야기입니다. 동물들이 짝짓기를 가리지 않는 것은 공통이지만, 개는 유난히 시간이 길고, 사람과 같이 있는 시간이 많다보니 그것이 두드러져 보인 겁니다. 그래서 욕에 '개'가 붙기 시작했다는군요.

馬마, 象상, 狐호, 鹿록, 鷄계, 雉치 | 그 밖의 동물들

동물의 종류도 무척 많습니다. 그 모든 이야기를 다할 수도 없고 여기서는 몇몇 동물들의 갑골문이나 금문만을 보여드리고 가겠습니다.

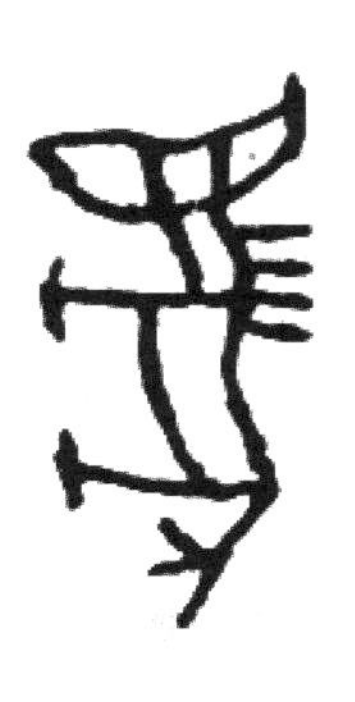

馬말 마 갑골문

象코끼리 상 갑골문

狐여우 호 갑골문

鹿사슴 록 갑골문

소와 양과 돼지와 개가 일상의 가축이라면 말은 전쟁의 가축입니다. 한자의 시대는 또한 전쟁의 시대였기 때문에 말이 중요했습니다. 왜냐하면 말이 끄는 전차를 타고 전쟁을 해야 했기 때문입니다. 말을 많이 키워야 전차도 더 운용할 수 있고, 군대도 더 강해지는 겁니다. 그래서 좋은 말을 키우는 일은 국가 사업이었습니다. 중국에는 '사마司馬'라는 성씨가 있는데, 나중에 황제 자리까지 올라간 유력한 성씨입니다. 이 성씨는 그 글자가 보여주듯이 말을 관리하는 관직이 성씨가 된 겁니다. 그렇다면 마구간을 관리했다는 것인데, 이 벼슬이 고대에는 '삼공三公'의 하나일 정도로 높은 벼슬이었습니다. 말을 관리한다는 건 군대를 관리하는 장군과 같은 일이죠. 갑골문의 '말 마馬'를 보면 말의 가장 큰 특징인 갈기를 잘 묘사하고 있습니다. 지금의 해서체가 말의 달리는 모습인 네발을 강조한 것이라면, 상형으로 보면 갈기가 더 큰 특징일 겁니다.

'코끼리 상象' 하면 당연히 코를 상형하겠지요. 그만큼 긴 코끼리의 코는 다른 동물의 모습과는 큰 차이가 있습니다. 그렇기에 '상형象形'이란 말도 '코끼리 상象'으로 '모양을 본뜨다'라는 뜻을 표시합니다. 사실 갑골문이나 금문의 '코끼리 상象'이란 글자는 다양한 모습으로 그려져 있습니다. 그리고 글자라기보다는 그림의 요소가 더 뚜렷한 것 같습니다. 기다란 코에 대한 묘사는 같지만 어떤 글자는 긴 상아를 그리기도 했고, 여기에 실은 글자는 세 갈래 꼬리의 특징을 잡았습니다. 그런데 한자의 시대에 중국 황하 유역에 코끼리가 살았는가 하는 의문이 듭니다. 요즘은 인도나 태국이라면 몰라도 중국에 코끼리가 자생하지는 않으니까요.

그렇지만 이 한자의 시대에 중국 중원에는 틀림없이 코끼리가 존재했습니다. 코끼리뿐만 아니라 코뿔소와 표범 같은 열대의 맹수들도 이 지역에 살고 있었습니다. 그것을 어떻게 아느냐고요? 여러 가지 증거가 있지만 은주殷周시대 청동기 가운데는 코끼리, 코뿔소, 표범 모양의 청동기가 존재합니다. 그리고 은상의 도읍지였던 은허殷墟에서는 코끼리 상아로 만든 조각품과 술잔들도 많이 발견되었습니다. 물론 이런 동물들의 뼈도 발견되었습니다. 더군다나 주나라의 주공周公이 남방을 원정할 때에 코끼리를 데려갔다는 기록까지 있습니다. 당시 이 지역에 이런 동물들이 살았다는 것은 지금과는 기후가 달랐다는 것을 뜻합니다. 기온이 높고 비도 더 많이 내리고 대나무도 우거졌다고 합니다. 대략 기원후 서한西漢 말에 기후가 변하고, 중국에서 이런 동물들이 멸종된 겁니다.

'여우 호狐'는 사실 글자 전체를 놓고 보면 '개 견犬'과 크게 다르지 않습니다. 사실 야생에서도 멀리서 봤을 때 개와 여우를 구분하기란 쉬운 일은 아닙니다. 다만 여우는 사람을 무서워하고 잘 도망쳐서 잡기 쉽지 않고, 개는 일정한 여건이 되면 사람을 따르는 게 다를 뿐입니다. 여우를 나타내는 갑골문을 보면 배 밑에 무엇 하나가 더 그려져 있습니다. 이것이 '도망逃亡하다' 할 때에 '망할 망亡'과 비슷하다 해서 '도망가는 개'라는 뜻으로 이렇게 썼다고 이야기하기도 합니다. 그런데 '망亡'은 원래 전쟁에서 패배해서 무기와 방패를 버리는 것을 뜻하는 것인데, 여우 배 밑에 놓기에는 적합한 글자 같지 않습니다. 그리고 갑골문에서 좌우가 바뀐 것은 흔하지만 아래쪽 선은 느낌이 다릅니다. 이것이 해서에서 '오이 과瓜'의 형태로 변했다고 합니다만, 저는 이것이 '망亡'이라는 생각이 들지 않습니다. 오히려 글자를 보면 젖을 먹는 새끼라는 느낌이 더 듭니다. 모든 포유동물의 새끼 사랑이 다 극진하지만, 여우 또한 그렇습니다. 여우굴이라는 말이 있듯이 여우는 좀처럼 자신이 새끼를 키우며 사는 곳을 노출하지 않습니다. 누군가가 추적하려 하면 온갖 수단을 동원해 따돌립니다. 새끼를 지극히 보호하기 위함이지요. 이 글자도 그런 뜻이 깃든 글자가 아닐까 생각합니다.

亡 망할 망
갑골문

한자의 시대에 아직 가축은 아니었지만 초식동물인 사슴도 친근한 동물이었습니다. 사슴은 수컷의 멋진 뿔과 눈물이 곧 쏟아져 내릴 것 같은 큰 눈, 긴 목이 특징입니다. 갑골문의 '사슴 록鹿'을 보면 이 세 가지 특징을 잘 묘사하고 있습니다. 특히 큰 눈은 얼굴 전체를 차지한 눈으로 강조했습니다. 우리가 자주 쓰는 글자로 사슴이 들어간 '먼지 진塵'이 있습니다. 해서의 모양을 보면 사슴 아래 '흙 토土'가 있어 사슴이 흙 위를 달리며 나는 먼지임을 짐작하게 합니다. 이 글자의 갑골문은 흙 없이 사슴 두 마리로 간단하게 표시했습니다. 물론 두 마리가 아닌 여러 마리의 사슴이 달리며 먼지를 일으키는 걸 간단하게 표시한 것이지요.

塵 먼지 진
갑골문

동물을 이야기하면서 공룡의 후예인 새들을 뺄 수는 없습니다. 새들은 날 수 없는 우리에게는 자유로움의 상징이었죠. 그렇지만 인간은 이 새들을 이용할 줄 알았습니다. 일단 그리 멀리 날지 못하는 닭과 오리, 거위는 가축화가 되었고, 날 수는 있지만 몸이 무거운 꿩은 사냥의 대상이 되었고, 매는 인간에게 길들여져 사냥의 도구가 되었습니다. 사실 한마디로 새라고 통칭하기에는 너무나 많은 종류들이 존재합니다. 거의 곤충 수준인 벌새부터 참새와 맹수 수준인 부엉이와 독수리까지 새들도 자신들만의 생태계를 유지하며 살아갑니다. 그러기에 이 모든 새들이 '새 조鳥' 한 글자로 귀착될 수는 없는 일입니다.

鷄닭 계 갑골문

鷄닭 계 금문

雉꿩 치 갑골문

닭은 우리에게 가장 친근한 공룡의 후예입니다. 인도와 동남아시아에서 사육되기 시작했고, 인류의 문명 전 시간을 거의 같이하면서 고기와 달걀을 제공했습니다. 지금도 전 세계에는 전체 인구의 세 배가 넘는 닭들이 사육되고 있으니 한 사람당 세 마리의 닭을 먹을 수 있는 셈입니다. 중국을 비롯한 동아시아에서도 일찍부터 닭과 함께 생활했습니다. 허신은 『설문해자』에서 닭을 "때를 아는 가축知時畜"이라 했습니다. 아침에 우는 수탉의 울음소리를 닭의 가장 큰 특징으로 꼽은 것이지요. 어쨌거나 닭의 갑골문이나 금문을 보면 닭을 거의 사실적으로 그린 그림이라 할 수 있을 정도입니다. '닭 계鷄'는 벼슬이 달린 수탉을 그렸음을 알 수 있습니다. 해서의 '닭 계鷄' 왼쪽은 '어찌 해奚'입니다. 이 글자는 사람 머리 위를 실로 묶고 있는 것을 나

奚어찌 해 금문

타내고 있습니다. 그러니 닭의 벼슬을 나타내고 글자는 '벼슬이 있는 새' 정도의 뜻이겠지요.

닭과 꿩은 둘 다 닭목, 꿩과에 속하는 날짐승입니다. 그러니 닭과 꿩은 근연종이라는 이야기겠지요. 꿩이 닭보다 오래 날 수는 있지만 그래도 몸이 무거워 멀리 날아다니지 못하는 텃새입니다. 그러기 때문에 예로부터 간편한 사냥 대상이 되었습니다. '꿩 치雉'의 갑골문을 보면 그런 사실을 명확히 알 수 있습니다. 꿩은 하늘을 날아가고 화살이 꿩을 향합니다. 이것은 분명히 꿩 사냥을 뜻하는 글자입니다. 화살의 가운데에는 점이 하나 그려져 있습니다. 요즘 활과는 다른 '익弋'이라는 활을 쏜 것입니다. 이것을 주살이라는 화살에 끈을 맨 것입니다. 그러니 새를 맞추지 않았더라도 다시 찾을 수 있습니다. 얼마나 주살을 이용한 꿩 사냥이 흔했으면 문자의 형태로 남았겠습니까.

앞에서 '봄 춘春'을 이야기할 때에 '진 칠 둔屯'을 새로 해석하고 싶다는 이야기를 했습니다. 그만큼 새를 다르게 묘사한 글자들이 여럿 있다는 겁니다. '꿩 치雉'의 오른쪽에 있는 글자는 '새 추隹'라고 합니다. 그래서 '참새 작雀'이나 '기러기 안雁'에는 모두 '새 추隹'가 들어 있습니다. 이 글자의 갑골문이나 금문을 보면 '새 조鳥'의 모습과는 다른 새의 모습을 볼 수 있습니다. 얼핏 보면 왜가리나 황새와 같은 모습을 지니고 있는 새입니다. 그러기에 한자의 시대 사람들도 새의 여러 종류와 특성들에 대해서 알고 있었다고 여겨집니다. 새를 자신들의 토템으로 삼는 종족들도 많았고, 고구려의 경우도 삼족오三足烏를 토템으로 했다지요.

隹새 추 갑골문

隹새 추 금문

六… 너무나도 유용한 식물들

이 세상에 동물이 존재하기 위해서는 반드시 식물이 먼저 있어야 합니다. 왜냐하면 식물이 광합성으로 만든 영양분이 없으면 동물은 이 세상을 살아갈 수 없기 때문이죠. 동물은 자체로 영양분을 만들 수 없습니다. 식물이 햇빛과 물과 이산화탄소로 영양소를 만들면, 그때 나오는 산소와 식물의 영양소를 이용해 움직일 수 있는 에너지를 만듭니다. 그러므로 동물은 식물이 없으면 살아갈 수 없습니다. 그래서인지 설사 초식동물을 잡아먹는 육식동물일지라도 나무와 풀을 보면 안락한 느낌을 얻습니다.

우리 동물들은 대체로 식물들의 차이에 대해 무심한 편이고, 자신이 이익을 취할 수 있는 식물에만 신경을 씁니다. 그렇지만 식물의 세계는 동물보다 훨씬 다양하고 현란합니다. 우선 그 다양한 종류도 종류거니와 식물은 극한의 자연환경을 이겨냅니다. 식물이 자연을 이겨내야 동물도 자연을 극복할 수 있는 것이지요. 그렇지만 인간은 식물을 인간이 필요한 형태로 다시 바꾸어 문명을 이룩했습니다. 이른바 농업이 그것이고, 한자처럼 문자를 이용한 기록에도 식물은 지대한 공헌을 했습니다. 글씨를 쓸 수 있는 목간木簡이나 죽간竹簡, 그리고 종이에 이르기까지 식물이 생산한 것을 인간은 이용했을 뿐입니다.

木목, 草초 | 오랜 나무와 풀의 역사

우리는 식물을 크게 나무와 풀로 나눕니다. 이끼나 균류처럼 식물로

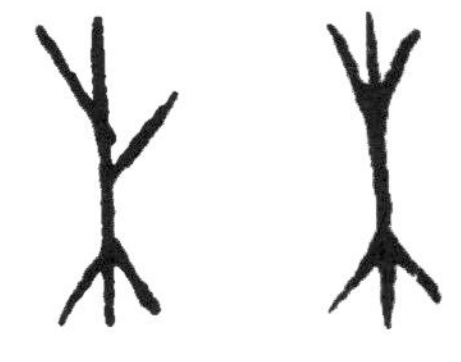

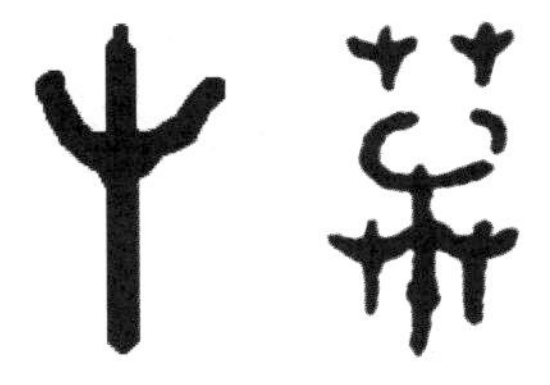

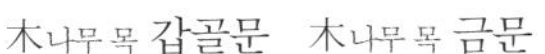

木나무 목 갑골문 木나무 목 금문 艸(草)풀 초 금문 艸(草)풀 초 금문

여기는 것들도 존재하지만 어떤 것들은 식물로 분류되지도 않고, 식물로 인정하는 것이라도 그리 중요하게 여기지 않습니다. 사실 우리들은 여린 풀들이 먼저 생겨나고 크고 높은 나무들이 나중에 태어났으리라 착각하기도 하지만, 실제로는 나무와 풀의 역사는 비길 바가 못 됩니다. 풀은 고작 700만 년 전에 지구에 나타났지만 환경에 대한 적응성이 뛰어나 지상의 곳곳을 차지하고 번성했습니다. 특히 인간은 이 풀과 깊은 관계가 있습니다. 나무에서 내려와 직립한 것도 초원에서의 일이었고, 이들 풀 가운데 곡식을 찾아내 농업을 발전시키기도 하였습니다.

나무는 '나무 목木'으로 표현합니다. 아마도 '나무 목木'은 '메 산山', '불 화火'처럼 간단한 글자이고, 한자를 처음 배울 때 가장 먼저 익히는 글자 가운데 하나일 겁니다. 저는 어릴 적에 '나무 목木'의 형태에 대해서 불만이 많았습니다. 보통 접하는 나무와 다르게 가지가 하늘로 향하고 있지도 않고, 새로 심은 나무들처럼 버팀목을 하고 있었기 때문입니다. 그러나 '나무 목木'의 모양이 원래 그런 것은 아니었습니다. 갑골문을 보면 아래 버팀목 형태의 것은 뿌리이고, 가지 또한 보통의 나무들처럼 엇갈려 하늘을 향하고 있음을 볼 수 있습니다. 금문의 경우에는 조금 더 도식화되기는 했지만, 그래도 뿌리와 가지의 차이는 아직 뚜렷합니다. 결국 해서에 와서 그림으로서의 기능은 사라지고 형식적인 모양이 된 것입니다.

풀은 '초艸'와 '초草'라는 두 가지 형태의 글자가 있는데, 우리가 보통 쓰는 것은 뒤의 형태입니다. '초艸'는 글자 머리 위에 쓸 때에 '초艹'변의 형태로 주로 쓰입니다. '초艸'의 형태는 갑골문이나 금문이나 큰 차이가 없어 뿌리는 묘사하지 않고 지상의 것만을 그린 형태입니다. 뿌리를 그리지 않은 것은 풀은 대개 수염뿌리라 그리기도 마땅치 않고 별로 중요하지 않았기 때문이죠. 그리고 금문의 시대에 이르러 '초草'의 모양이 처음 나옵니다. 이 글자는 사방에 풀포기를 배치하고 그 가운데 해가 빛을 비치고 있는 모양입니다. 결국 네 풀포기는 '초艹'의 형태로 나머지는 해가 뜨는 아침 '조早'의 모양으로 해서, 지금 우리가 쓰는 '초草'의 모양을 형성합니다.

헌데 왜 금문의 시대에 이렇게 풀이란 글자의 형태가 두 가지로 나타났을까요? '초屮'는 풀의 개체이지만 '초艸'는 여러 풀입니다. 거기에 '초草'는 여러 풀이다 못해 햇빛까지 쏟아지는 넓은 풀밭을 의미합니다. 너무 의미를 부여하는 것인지는 몰라도 저는 자연을 자연 자체로 보는 것에서 인간의 효용 측면으로 보는 것이 이 금문의 시대부터 가속화되지 않았나 생각합니다. 풀이 이제 단순한 자연물이 아닌 동물을 풀어 키우거나, 아니면 곡식을 심어 곡물을 수확하거나 또는 전쟁을 벌일 수 있는 너른 초원을 지칭하는 것으로 바뀐 것이 아닌가 하는 생각입니다. 대체로 금문의 시대는 자연적인 공생을 넘어, 힘에 의한 지배와 피지배를 억지로 규정하는 시대였습니다. 그러기에 자연을 바라보는 관점에서 이런 변화가 생겼지 않나 하는 겁니다.

나무든 풀이든 식물들의 번식 수단은 아름다운 꽃을 피우고 씨앗을 맺어 퍼뜨리는 겁니다. 어떤 것들은 이른 봄 잎이 나기도 전에 화사한 꽃을 피우고, 또 다른 것들은 여름 내내 화사한 꽃을 선보이고, 또는 추위가 오기 직전인 가을에 마지막 불꽃을 태우듯 꽃을 피우기도 합니다. 꽃을 피우고 벌레나 바람을 이용해 수정을 하고 씨앗을 맺으며, 이를 다른 동물이나 바람을 통해 멀리 흩뿌려 자신의 영역을 확대시키는 것이 목적입니다. 그렇지만 벌과 나비와 같은 곤충들은 이들 꽃에 의지해 살아가며, 인간도 꽃을 즐기며 그 산물인 씨앗과 열매와 꿀까지 필요한 것을 충족시키죠.

華화 | 나무에 핀 화려한 꽃

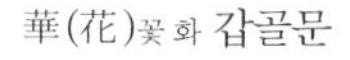

華(花)꽃 화 갑골문　　華(花)꽃 화 금문

'풀 艸艸, 草'처럼 꽃을 뜻하는 글자도 둘 있습니다. '화華'와 '화花'입니다. 모양은 다르지만 원래 같은 뜻의 같은 글자이니 어떤 글자를 택하든 괜찮습니다. 원 뜻으로 말하자면, 축하나 위로를 하기 위해 보내는 '화환花環'이라 써도 옳고 '화환華環'이라 써도 된다는 뜻입니다.

다만 관례상 빛나고 화려한 것은 '화華'로, 꽃은 '화花'로 구분해 씁니다. '꽃 화華'는 갑골문이나 금문이나 모두 나무에 핀 화려한 꽃을 그린 글자입니다. 그것이 훗날 위에 '풀 초艹'가 올라가면서 변화하게 됩니다. '풀 초艹'를 올린 것은 나무뿐만 아니라 풀들도 아름다운 꽃을 피우기 때문일 겁니다. 그러다가 쓰기 힘든 나무 위의 꽃 대신 슬그머니 '될 화化'를 밀어넣습니다. 공교롭게도 발음도 같거니와 꽃봉오리가 화려한 꽃으로 피어나는 과정까지 담고 있어서일 겁니다. 결국은 간편한 것이 복잡한 것을 밀어내어 '화花'가 더 많이 쓰이게 되었지만, 그렇다고 '화華'도 아예 없어지지는 않았습니다. 아름다운 나무에 핀 꽃을 보는 듯한 균형 잡힌 글씨 모양 덕이 아닌가 싶기도 하고, 추상적인 뜻도 더해져서일 겁니다.

木목 | 나무의 추상성

'나무 목木'이 들어간 글자 중 상당수가 나무의 이름입니다. '소나무 송松'이나 '버드나무 류柳', '복숭아나무 도桃', '뽕나무 상桑'과 같은 글자들은 전부 나무가 들어 있습니다. 나무가 둘이나 들어간 '대추나무 조棗'도 있습니다. 나무의 용도는 지금도 많지만 예전에는 더 유용했습니다. 땔감으로 쓰는 '시柴'와 목재로 쓰는 '재材', 또는 각종 기구들도 나무로 많이 만들었기 때문에 '기계機械'란 단어에도 나무가 들어 있습니다. 나무가 들어간 글자는 너무 많기에 여기서는 일반적인 글자와는 다른 몇 글자만 살펴보고 지나가겠습니다.

나무는 우리에게 아주 소중한 존재였고, 또한 큰 나무들은 어느 장소나 마을의 중심 표식으로 여겨지기도 했죠. 그렇게 중요한 나무였기에 나무를 어떤 추상적인 의미를 표시하는 데도 썼습니다. 우리는 '본말本末이 전도顚倒되었다'라는 말을 흔히 씁니다. 일의 앞뒤가 바뀌거나, 중요한 것을 버려두고 사소한 것만 챙기는 것을 뜻하는 말입니다. 이 '근본 본本'과 '끝 말末'은 모두 나무가 있는 글자입니다. 이것이 원래 무슨 뜻이었는지를 살펴봅시다.

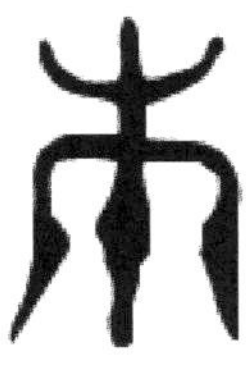

本근본 본 금문

末끝 말 금문

'근본 본本'의 해서에는 주축이 되는 뿌리에 가로 선이 그어져 있지만, 갑골문과 금문에서는 사실 뿌리의 밑을 이르는 겁니다. 그러니 나무가 서 있는 뿌리 밑에 나무의 생장을 조장하는 어떤 근본적인 것들이 있다는 뜻이죠. 정말로 이 세상의 움직임과 생장을 주재하는 힘이 있었다니, 현상을 뛰어넘는 생각이 아닐 수 없습니다. 반대로 '끝 말末'의 금문을 보면 나무에서 하늘로 솟아오른 중심의 맨 끝을 이르고 있습니다. 곧 나무의 맨 끝이기는 하지만 나무가 성장하기 위해서 계속 자라야 할 부분이지요. 지금은 이 글자가 '꼭대기'를 이르기보다는 '끄트머리'를 이르는, 별로 좋지 않은 뜻으로 쓰이지만 원래는 '전도前途가 창창蒼蒼'한 희망에 찬 부분이었습니다. 어찌되었든 '본말本末'은 모두 나무의 연속선에서 나온 글자입니다.

未아닐 미 금문 來올 래 갑골문

'미래未來'라는 단어를 모아봐도 두 글자 모두 나무하고 관련된 것 같은 모양새입니다. 이 단어는 어떻게 추상적인 뜻을 지니게 되었을까요? '아닐 미未'는 나무 위에 가지가 중첩된 모양입니다. 금문을 보면 가지가 하나 더 붙어 있지요. 봄이 되어 나무에 새잎이 돋고 날이 더워지면서 다른 잔가지들이 계속해서 나오며 전체로 무성해집니다. 이렇게 새로운 가지들이 나오고 잎이 무성해진다는 것은 열매도 많이 달리고 튼실할 것이라는 전조입니다. 열매는 아직 맺히지 않았지만 새로 돋아나는 가지와 잎으로 추측을 할 수 있습니다. 열매는 '아직' 열리지 않았지만 올 것이란 기대는 할 수 있겠죠.

'올 래來'의 해서를 보면 나뭇가지에 무엇이 달린 것이 아닌가 하는 생각이 듭니다. 그렇지만 이 글자의 갑골문을 보면 나무하고는 거리가 좀 있습니다. 이것은 보리에 이제 이삭이 막 팬 상태를 표시하는 글자입니다. '보리 맥麥'의 갑골문과 비교를 해보면 금세 알 수 있습니다. 뿌리가 더 자라 엉킨 것과 이삭이 고개를 숙인 모습만이 차이가 있을 뿐입니다. 이삭이 패면 곧 곡식을 추수할 때가 올 것입니다. 바로 그런 희망 때문에 '올 래來'가 된 것 같습니다. 보리가 서

麥보리 맥
갑골문

쪽에서 전래되어 '올 래來'가 되었다는 이야기도 있지만 그것은 전해 받은 것 아닐까요?

草초 | 풀의 생명력

풀은 생명력이 끈질깁니다. 그 끈질긴 생명력 덕분에 700만 년 전이라는 뒤늦은 시각에 다른 생물들과 경쟁을 시작했지만 땅의 남아 있던 빈틈을 차지할 수 있었습니다. 나무가 살지 못하는 곳에서도 살 수 있는 것이 풀입니다. 인간의 구조물인 아스팔트 도로와 시멘트로 덮인 곳에서도 이런 구조물이 조금만 낡으면 돋아나는 풀을 볼 수 있습니다. 그만큼 풀의 생명력은 놀라운 것입니다. 한자의 시대 사람들도 풀의 이런 생명력을 알고 있었습니다. 그 가장 좋은 예가 '거칠 황荒'입니다.

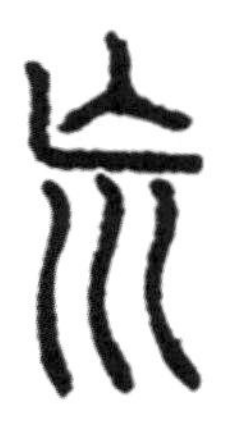

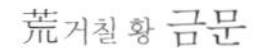

荒거칠 황 금문 荒거칠 황 금문

'거칠 황荒'은 처음의 구성 요소를 충실하게 간직하고 있는 글자입니다. 여기서 가장 늦게 합류한 것이 풀(艹)입니다. 갑골문에는 풀이 없고 금문에도 풀이 없는 글자가 있습니다. '망할 망亡'은 '여우 호狐'를 설명할 때 이미 이야기했습니다만, 전쟁에서 패배해 비참한 상태입니다. 그런 곳에 또한 자연재해인 홍수가 쓸고 가 폐허만 남습니다. 이것이 '거칠 황荒'의 뜻인데, 어떤 금문에는 이곳에 풀이 돋아나 있습니다. 사실 그저 아무것도 없이 황폐한 풍경보다 오히려 풀이 돋아 있는 풍경이 더 황폐하게 보일지도 모르겠습니다. 그렇지만 풀이 다시 돋는다는 것은 희망의 시작이기도 합니다.

풀의 가장 큰 적은 곤충들입니다. 본디 나무를 공략하던 곤충들이 새로이 태어난 풀을 그냥 지나칠 리 없습니다. 풀은 이들을 방어하기 위해 털과 날카로운 날과 쓴맛으로 무장합니다. 그래도 어느 정도 먹히는 것은 어쩔 수 없습니다. 그리고 이들 곤충들이 없다면 꽃을 피워 꽃가루를 수정하는 데도 문제가 생깁니다. 또 어떤 풀들은 잎에 독을 넣는 대신 왕성한 번식력으로 생존을 이어갑니다. 그래서 어느 정도 풀잎을 먹더라도 더 많은 풀잎이 돋아나게 해서 없어진 것들을 상쇄합니다.

동물들도 풀을 먹습니다. 초식동물들은 입맛이 까다로워 쓰거나 독이 있는 풀은 먹지 않지만, 입맛에만 맞는다면 큰 몸집만큼 많은 양을 먹어치웁니다. 소 몇 마리, 양 떼가 휩쓸고 가면 풀밭은 남아나지 않습니다. 사슴처럼 떼 지어 다니는 동물은 더 말할 필요도 없습니다. 이들 동물들 가운데 가장 입맛이 까다로운 인간들도 있습니다. 그들은 아무것이나 먹지 않습니다. 맛과 향기가 뛰어난 몇몇 종류들만 아주 까다롭게 골라 먹습니다.

'나물 채菜'는 바로 이런 인간의 모습을 그린 글자입니다. 가장 아래에는 나무가, 위에는 풀이 있고 가운데는 그것들을 채취하는 손이 있습니다. 지금 해서에서는 그 손의 모습이 '손톱 조爪'로 변했을 뿐

菜나물 채 금문

芽(萌)싹 아 금문

蒸찔 증 갑골문

입니다. '나물 채菜'와 한 단어를 이루는 '푸성귀 소蔬'의 아래 있는 '소疏'는 부드럽고 넓은 것을 뜻합니다. '소통할 소疏'의 왼쪽 것은 원래 발로 밟힌 걸 뜻하고, 오른쪽은 물이 평지를 흐를 때 넓어지는 걸 뜻합니다. 부드럽고 넓으면 소통하기 좋아지는 것이죠. 이 두 글자를 붙인 '채소菜蔬'는 맛있고 향기롭고 부드러운 풀과 나무 이파리를 뜻합니다.

이번에는 풀의 싹을 뜻하는 글자를 살펴봅시다. 새싹을 한자로는 '맹아萌芽'라고 합니다. 요즘은 이 단어가 새싹을 뜻하기보다는 어떤 일의 '시초始初'나 '단초端初'를 뜻하는 용어로 주로 쓰입니다. 나중에는 맹아에서 아예 새싹이라는 뜻까지 사라질지도 모르겠습니다. 여하튼 이 두 글자는 모두 '풀 초艹' 아래 '밝을 명明'과 '어금니 아牙'가 있습니다. 씨앗에서 싹이 나는 걸 보면 반짝반짝 빛이 납니다. 또 흙 위에 나는 새싹이 마치 잇몸에 많은 부분을 숨긴 어금니와 같은 모습이기도 합니다. '이빨 치齒'는 전체 이빨을 뜻하지만 '어금니 아牙'는 원래 넓적한 안쪽 이빨만 뜻하던 글자입니다. 어찌되었든 이 놀라운 비유를 담은 글자는 정말 눈이 부십니다.

앞서 여러 경우에서 보았듯이 간혹 한 글자 안에 다른 요소로 대체된 글자가 섞여 있습니다. 분명히 '풀 초艹'를 머리에 이고 있지만 풀과는 아무런 관계가 없는 글자도 있는 겁니다. '찔 증蒸'이 바로 그런 글자입니다. 이 글자의 갑골문을 보면, 두 손으로 조심스럽게 시루에 쌀(米)을 찌는 모습을 묘사한 글자입니다. 글자의 어디를 봐도 '풀 초艹'나 '불 화灬'는 보이지 않습니다. 위의 것은 쌀의 낱알이고, 아래는 공손한 두 손일 뿐입니다. 그런데 '찐다'는 뜻은 분명히 있기 때문에 나중 사람들은 최면에 빠진 듯이 '쌀 미米'는 '풀 초艹'로, 두 손으로 '받들 공廾'은 '불 화灬'로 바꿔놓고 말았습니다. 아마도 무엇을 찔 때에는 풀잎을 엮어 낱알이 끓는 물에 빠지지 않게 한 모양입니다.

禾화, 菽숙, 豆두 | 농경의 시작, 문명의 시작

이제는 풀 가운데 우리를 먹여 살린 곡식을 이야기할 때가 되었습니다. 인간은 풀 가운데 낱알이 굵고 먹을 만한 것들을 땅에 뿌려 길러서 먹게 되었습니다. 이것이 바로 농경의 시작이겠지요. 이렇게 씨앗으로 뿌린 것들은 이전의 사냥을 하던 시절에도 먹어봤던 것일 겁니다. 그런 가운데 가장 유망한 것들을 심어보았고, 결과가 좋은 것들을 택해 농사를 지었을 겁니다. 농업은 삶을 고달프게 하고, 또한 전쟁의 시대로 험난한 시대가 되었겠지만, 다른 한편으로는 문명의 시작이기도 했습니다. 한자의 시대가 되었던 것도 농경이 가져온 변화의 하나이고, 결국은 풀의 씨앗으로 인간이 글자를 만들어 쓸 수 있게 된 셈입니다.

禾벼 화 갑골문

禾벼 화 금문

벼는 우리가 먹는 쌀을 씨앗으로 열리게 하는 작물이죠. 그리고 이 글자를 우리는 '벼 화禾'라 부릅니다. 우리가 '보리쌀', '좁쌀' 하고 말하듯이 쌀은 곡식의 총칭이지, 꼭 '백미'를 뜻하는 말은 아닙니다. 그렇듯 이 글자는 현재 우리가 보통 '멥쌀'이라 부르는 그 작물을 뜻하는 한자는 아닙니다.

본래의 뜻은 그저 곡식 낱알이 익으면 고개를 숙이는 것과 같은 이삭 달린 식물입니다. 원래 글자 모양을 보면 고개 숙인 이삭의 모습이 잘 표현되어 있습니다. 갑골문은 날카로운 것으로 새겨서 필체가 조금 더 직선적이고, 금문은 훨씬 부드러운 곡선으로 그려져 있습니다. 고개 숙인 이삭 밑에는 두 선으로 이파리를 묘사했습니다. 그런데 갑골문의 경우는 잎사귀가 엇갈려 나 있고, 금문은 마주나 있습니다. 이것을 보면 글자는 점차 단순화하고 정형화하는 특징이 보입니다. 글자 밑의 뿌리에 있는 세 선은 수염뿌리를 뜻합니다. 볏과식물의 특징인 수염뿌리를 잘 묘사했습니다.

叔 아저씨 숙 금문　　　　豆 콩 두 금문

'콩 숙菽'의 금문을 보면 왼쪽 아래에 있는 세 점은 뿌리혹박테리아를 묘사한 겁니다. 여기서 오른쪽의 '또 우又'의 모양은 손을 뜻해서 콩을 따는 모양을 한 것이 바로 이 글자입니다. 왜 머리 위에 '풀 초艹'가 없는 '숙叔'이 '숙부叔父'와 같이 아버지의 형제란 뜻으로 쓰이게 되었는지는 잘 모릅니다. 원래 남자 형제의 서열을 '백佰', '중仲', '숙叔', '계季'로 순서를 정해 부르기도 했습니다. 그러니까 '숙叔'은 남자로 셋째를 가리키는 글자입니다. 그러나 이는 사실 나중에 가족과 왕족의 제도가 확립이 된 뒤의 일일 겁니다.

'숙叔'은 부친의 형제를 두루 칭하는 글자로 쓰입니다. '숙叔'이 아저씨라는 뜻을 지닌 것에 대해서는 여러 이견이 있습니다. 방패를 가지고 춤을 추는 모습이라는 이야기도 있고, 여타의 다른 이야기도 있지만 어느 하나 논리적으로 수긍이 가지는 않습니다. 아마 아저씨를 칭하는 말과 이 글자가 단순하게 발음이 같아서 쓰이게 되었을 가능성도 있습니다. 여하튼 '숙叔'은 콩이란 뜻보다 아저씨를 뜻하는 글자로 더 많이 쓰이게 되었습니다.

헌데 이 글자가 자신의 뜻을 잃어버리자 두 가지 현상이 일어납니다. 본래 콩이란 작물을 표기하는 글자로 이 글자 머리 위에 '풀 초艹'를 씌워 콩이라는 식물을 '아저씨 숙叔'과 구분함이 그 첫째입니다.

둘째로는 다른 글자로 대체하는 일입니다. 지금 콩을 뜻하는 대표적인 한자는 '콩 두豆'입니다. 헌데 이것은 본디 제사용 그릇의 이름입니다. 발굽이 길고, 그 위에 음식을 담는 부분이 있고 뚜껑도 덮는 그릇의 명칭이 바로 '두豆'입니다. 콩이라는 곡식과는 본디 아무런 관련이 없습니다. 그런데 아마도 어떤 지역에서는 콩을 부르는 소리와 이 그릇을 부르는 소리가 비슷했던 모양입니다. 그래서 아예 이 글자가 콩이란 뜻을 독점하게 됩니다. 처음에는 이 글자 위에 식물의 씨앗이라는 뜻으로 '풀 초艹'를 얹어두기도 했지만, 나중에는 제기라는 뜻보다 콩이란 뜻이 훨씬 더 강한 글자로 변모했습니다. 그릇 이름이 곡식 이름으로 옮겨간 유일한 사례일 겁니다. '숙叔'과 '숙菽', '두豆'는 기묘한 관계를 보여주는 글자들입니다.

'벼 화禾'는 요즘은 쌀이 매달리는 쌀 벼를 뜻하는 글자가 되었지만, 이 글자가 태어났을 당시는 다른 식물이었습니다. 이때만 하더라도 중국의 중원은 쌀을 재배하기 어려운 지역이었습니다. 그러기에 지금의 우리가 쌀이라 부르는 그 곡식은 아닙니다. 당시 이 지역의 주곡은 기장과 조였습니다. 이 두 식물은 다른 작물이지만 그 씨앗인 곡식은 크기만 약간 달라 구분하기도 어렵습니다. 그렇지만 비가 적게 오는 이 중원의 황토고원에서도 잘 자랐기에 중국 문명을 일군 곡식이 되었습니다. 조와 기장은 굉장히 오랜 동안 이 지역의 주곡이었고, 우리나라에서도 그랬습니다. 논농사가 보편화된 다음에도 산간 지방이나 강수량이 적은 곳에서는 결실까지 시간이 짧고 가뭄에도 잘 견뎠기 때문에 조와 기장을 많이 심었죠.

黍서, 稷직, 粟속, 米미 | 쌀에 그린 여섯 점

黍기장 서 금문

稷기장 직 금문대전

粟조 속 금문대전

조와 기장은 성질은 비슷하지만 엄연히 다른 작물이고, 농사를 짓는 사람들도 이를 확연히 알았을 겁니다. 그리고 기장을 먼저 재배했고, 조는 아마도 나중에 서쪽에서 들어온 듯합니다. 그랬기 때문에 이들에 대한 세부적인 명칭이 없을 수 없습니다. 우선 '기장 서黍'는 차진 기장을 뜻합니다. 그 이삭 왼쪽에 있는 것은 물입니다. 곡식과 물이 만나는 것은 결국은 술이죠. 이 차진 기장은 술을 담그기에 좋았던 모양입니다. '기장 직稷'도 마찬가지로 같은 기장이지만 이건 메기장을 뜻합니다. 주나라의 선조로 농사를 처음 지었다는 신화의 '후직后稷'이 바로 이 글자를 씁니다. 상형은 단순해서 작물을 밭에 심으며 일하는 사람입니다. 그리고 '속粟'은 조를 뜻합니다. 조는 아마도 기장보다는 늦게 서쪽에서 들어온 것 같습니다. 글자 위에 있는 것은 이삭을 감싸고 있는 자루입니다. 기장보다 이삭의 크기가 큰 데다 몰려 있어 추수할 때 낟알이 흩어지지 않게 자루로 감싸는 방법과 같이 들어왔나 봅니다. 그 자루 밑에 있는 것은 곡식의 낟알을 뜻하는 '쌀 미米'입니다.

우리는 태평양 건너 북미에 있는 강대국을 '미국美國'이라 하지만

米쌀 미 금문대전　　稻벼 도 금문

일본은 '미국米國'이라 씁니다. 잘사는 나라라는 뜻이 어딘가에는 숨어 있는 듯합니다. 옛날에는 집에 양식거리 있고, 땔감을 쌓아놓으면 만족했지요. 이 쌀을 흰쌀밥인 이밥으로 먹게 된 것은 그리 오래된 일이 아닙니다. 우리도 그렇고 중국도 북방까지 쌀을 먹을 수 있게 된 것은 아주 훗날의 이야기입니다. 이 '쌀 미米'는 쌀알이 여럿 있다는 뜻으로 아래위 합쳐서 여섯 개나 그렸습니다. 그게 뭐가 많으냐고 생각하겠지만 '수풀 림林'자와 '나무 빽빽할 삼森'을 떠올리면 여섯이 얼마나 많이 그린 것인지를 이해할 수 있을 겁니다.

나중에 남방의 쌀이 올라와 일상적으로 먹을 즈음이면 알갱이 크기에 따라 좁쌀은 '소미小米'로, 논에서 자란 쌀은 '대미大米'로 구분합니다. 일본에서 구분한 것이기는 하지만 먼저 들어와 있던 낱알이 큰 보리를 '대맥大麥', 나중에 들어온 낱알이 작은 밀을 '소맥小麥'으로 부르는 것과 같은 이치입니다. 여기서 '대미'인 '벼 도稻'라는 글자가 있습니다. '벼 화禾'변 옆의 것은 도구를 든 손과 절구입니다. 결국 절구에서 껍질을 벗겨 먹는 곡식을 뜻합니다. 사실 요즘 쌀과 좁쌀을 보면 그 크기의 차이에 흔쾌히 동의할 수 있을 겁니다.

요즘 88세 생일잔치를 '미수연米壽宴'이라고도 합니다. 왜 하필

88세에 '쌀 미米'자를 붙였냐고요? 이 '쌀 미米'를 해서체로 쓰고 난 뒤에는 쌀알을 평행으로 찍지 않고 멋들어지게 사선으로 썼습니다. 그래서 이 글자를 해체하면 '팔십팔八十八'이 된다는 겁니다. 이것은 그저 심심풀이로 글자를 해체해보는 '파자破字'에서 나온 것으로 그다지 의미 있는 일은 아닙니다.

이제 다섯 가지 중요한 곡식 가운데 옥수수가 남았습니다. 옥수수는 신대륙의 곡물이니 15세기까지는 한자에 나올 일이 없습니다. '옥玉'은 옥수수가 반짝이는 껍질을 하고 있어서 붙인 것이고, 중국어에서도 옥수수를 '옥미玉米'라 합니다. 우리가 옥에 수수라고 붙인 것은 작물의 모양이 수수와 비슷하기 때문입니다. 수수는 한자로는 촉 지방의 기장이란 뜻의 '촉서蜀黍' 또는 고급 기장이란 뜻의 '고량高粱'으로 부릅니다. 이름에서부터 뒤늦게 들어온 곡식임을 알 수 있습니다.

竹 축 | '소笑'에는 대나무가 없다?

우리는 보통 대를 나무라고 부릅니다. 아무리 품종 자체가 적은 대나무일지라도 풀하고는 차원이 다르죠. 그렇지만 대나무는 볏과식물입

竹 대 축 갑골문

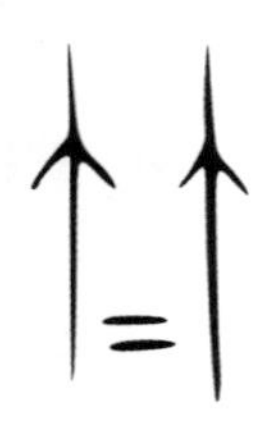

竹 대 축 금문

니다. 벼와 대나무가 같은 종류라니 놀랍습니다. 그러나 가만 생각해 보면 봄에 죽순이 나고 잠깐 잊고 지내면 순식간에 대나무가 다 자라 있습니다. 키만 크다 뿐이지 풀이 자라는 속도보다 훨씬 빠릅니다. 그리고 거죽은 딱딱하지만 속은 비어 있고 마디가 있습니다. 생김새만으로도 나무라고 하기 쉽지 않죠. 보통은 따뜻한 남쪽의 식물로 생각하지만 꼭 그렇지는 않습니다. 추위에 강한 종도 있기에 매운바람을 피할 수 있는 곳이면 북쪽 지방에서 자라기도 합니다.

중국의 중원인 북쪽의 황하黃河 유역에도 현재 대나무 자생지가 많습니다. 그러나 한자의 시대에는 이 지역도 꽤 따뜻한 지역이라 대나무가 지천이었을 것으로 짐작합니다. 그러니 중원의 글자였던 갑골문과 금문에도 당연히 '죽竹'자가 있습니다. 헌데 이 글자의 갑골문과 금문 형태가 상당히 많이 다릅니다. 갑골문은 마디에서 두 가지가 같은 곳에서 뻗어 나와 잎이 달린 형태로, 금문에서는 대나무 두 그루가 평행으로 솟아 있으며 잎이 처진 형태로 묘사되고 있습니다. 갑골문에서는 부분을, 금문에서는 전체를 묘사한 것이지요.

이 대나무는 쓰임새가 정말 많습니다. 단단하고 세로로 잘 쪼개지며, 속이 비어 가볍기 때문에 잘라서 젓가락도 만들고, 그릇으로도 쓸 수 있고, 건축자재로도 많이 씁니다. 또 종이가 없던 시절에는 나뭇가지를 길쭉하게 만든 '목간木簡'과 함께 길쭉하게 잘라 '죽간竹簡'으로 만들어 글씨를 써서 기록을 하고, 이를 끈으로 엮어 책을 만들었습니다. 나무를 얇게 켜서 목간을 만드는 것보다 대나무로 죽간을 만드는 게 쉬우니 목간보다는 죽간을 더 많이 썼습니다. 그래서 '대나무 죽竹'변이 들어간 글자가 많습니다. 사전을 찾아보면 사전 따라 다르지

簡 대쪽 간 금문대전

冊 책 책 금문

만 대략 500자 정도 됩니다. 여기에 '대쪽 간簡'자도 대나무변 아래 있습니다. 이 '간簡'들이 모이면 결국 '책冊'이 됩니다. '책冊'은 본디 나무 울타리를 표기하는 글자였던 것 같지만 죽간을 엮은 '책'도 울타리를 축소한 모양일 뿐이라 같은 글자를 썼습니다. '책'의 옛 글자나 지금 글자나 별 차이가 없이 그대로 모습을 지니고 있습니다. 진시황이 책을 불사르고 유학자들을 파묻었다는 '분서갱유焚書坑儒' 시절의 책은 바로 이런 '간簡'으로 만든 '책冊'이었으니 요즘처럼 두꺼운 책이면 수레에 실어야 할 정도로 부피가 컸습니다. 결국 이 책을 만드는 재료가 달라져 종이책이 되었다가, 요즘은 전자책까지 나왔지요. 결국 '책冊'은 두툼한 것을, '간簡'은 짧은 편지 같은 것으로 진화해서 결국은 간단하다는 뜻까지 품게 되었습니다.

'간簡'자와 관련된 글자를 살펴보면 '등等'이란 글자가 있습니다. 이 글자는 원래 '간책簡冊'을 가지런하게 한 것이란 뜻을 나타내는 글자입니다. 이 당시의 책은 종이가 없었기에 죽간에다 글을 써서 이를 엮어야 긴 문장을 차례로 볼 수 있습니다. '등等'은 죽간을 가지런히 한다는 뜻의 상형입니다. 대나무와 손 사이에 있는 글자 형태는 금문대전金文大篆에서는 '그칠 지止'의 모습으로 원래 발을 뜻하는 것이지만, 아마 여기서의 원래 형태는 흐트러진 죽간의 모습이 아니었을

等무리 등 금문대전

까 짐작합니다. 죽간을 가지런히 하려면 손으로 해야 하기에 맨 밑에 그린 손()의 모양이 '촌寸'이 되었습니다. 가지런히 해서 위아래로 배열하면 여러 층차가 생기기에 등급과 같은 의미로 발전을 한 겁니다. 가령 '일등一等'이란 표현은 가지런하게 배열한 것 가운데 첫 번째란 것이죠. 가지런한 모습에서 또한 '같다'란 뜻도 나옵니다. 수학에서 '등호等號'는 바로 '='로 '같다'는 뜻입니다. 또한 계절을 24절기처럼 가지런하게 배열을 하면, 한 계절이 지나가면 다시 일 년을 기다려야 그 계절이 돌아오게 됩니다. 여기서 '기다리다'란 뜻이 나왔습니다. '등等'자는 언어가 변해가며 새로운 뜻을 계속해서 만들어내는 과정을 보여주는 좋은 사례입니다.

대나무는 우리 생활과 아주 밀접한 관련을 맺은 식물이었습니다. 죽순은 요리해서 먹을 수 있는 나물이었고, 다 자란 대나무는 가볍고 질겨 건축자재로 많이 사용되었습니다. 그것 말고도 수많은 생활용구를 이 대나무를 이용해서 만들었습니다. 광주리(광筐), 키(기箕), 상자(상箱)와 같은 도구들은 대부분 대나무로 만들었으며, 그 음을 살펴보면 지금 우리말의 어원을 짐작할 수 있습니다. 또한 대의 매끈한 표면은 여름에 더위를 이기는 대자리(연筵)로 만들기도 했습니다. 사실 대나무로 만든 도구가 무척 많았지만, 이 가운데는 형용사로 발전한 도구도 있었습니다.

우리가 보통 도탑고 진실하다는 뜻으로 '돈독敦篤'이라는 말을 씁니다. 여기서 '도타울 독篤'은 굳세고 신실하다는 뜻의 한자입니다. 헌데 위의 대나무(竹)는 무엇이고, 말(馬)은 무엇일까요. 옛날에 말이 끄는 수레를 타고 다닐 때 말이 주변의 풀에 신경을 쓰지 않도록 대나무로 입 가리개를 만들어 씌웠습니다. 그렇게 하면 말이 길에서 곁의 먹이에 신경을 쓰지 않고 전심전력 달리는 데만 집중할 수 있습니다. 그런 데서 '도탑다', '진실하다'는 뜻이 태어났으니, 어찌 보면 노예의 품성을 찬양한 말일 수도 있습니다.

대나무의 가장 중요한 용도 가운데 하나는 그릇이나 악기라 할 수 있습니다. 또 필기용구로 중요한 붓도 이 대나무에 털을 끼워서 씁니다. '대통 통筒'은 그저 대나무를 쪼개지 않고 마디를 포함해 잘라 쓰는 그릇입니다. 여기서 '동同'은 음이기도 하고, 가운데가 비어 있는

篤 도타울 독 금문　　筒 대통 통 금문대전

管 피리 관 금문대전　　笛 피리 적 금문대전

모양이기도 합니다. '피리 관管'은 대나무 안에 구멍이 뚫린 것을 묘사한 것 같아 악기 같지만 원래는 그런 게 아니라고 합니다. 대나무 밑에 있는 '벼슬 관官'은 지붕 밑에 있는 관리를 상징하는 물건이라는데, 어떤 사람은 도장으로 해석하지만, '옥종玉琮'이나 '홀笏'과 같은 관리의 상징물이거나 붓 대롱일 확률이 더 높습니다. 사실 도장의 쓰임은 종이를 사용하게 된 이후의 일이니까요. 종이를 한漢나라 때 발명했다고 하나 보편적으로 보급된 것은 훨씬 훗날의 이야기입니다. 처음의 종이는 비단보다도 비쌌습니다. 어쨌거나 집안에 있는 벼슬아치는 그저 상징물만 가지고 있는 게 아닙니다. 붓을 가지고 기록도 하고 명령도 내리지요. 이런 뜻에서 어떤 일을 맡아 처리함을 '관리管理하다'라고 표현하게 됩니다.

피리를 나타내는 글자는 무척 많습니다. 사실 옛날의 관악기는 거의 다 대나무로 만든 것이었죠. 굵은 대나무로 만든 것도 있고, 가는 대나무로 만든 것도 있습니다. 구멍도 여섯 개에서 여덟 개 정도 뚫려 있었고, 유목민들은 세 개짜리 구멍이 뚫린 간단한 피리도 불었습니다. 그 가운데 대표적인 것이 '피리 적笛'입니다. 저는 '대 죽竹' 아래 '말미암을 유由'는 아마도 초기의 피리가 생황처럼 길고 짧은 대나무통을 붙인 형태였기 때문이 아닐까 생각합니다. 사실 대통에 여러 구멍이 뚫린 것보다는 한 대통에 구멍이 하나만 뚫린 악기가 훨씬 연주하기 쉽습니다. 다만 현란한 연주가 불가능할 뿐입니다. 어쨌거나 대나무 피리의 맑은 소리는 우리 마음을 정화해주는 소리였음은 틀림이 없겠죠.

'대나무 죽竹' 아래 있지만 대나무하고는 아무런 상관도 없을 것

笑웃을 소 금문대전

笑웃을 소 금문대전

같은 글자도 있습니다. '소笑'자의 아래 있는 '요夭'는 몸을 비트는 것의 상형입니다. 크게 웃을 때에는 입으로만 웃는 것이 아니라 온몸을 비틀기도 합니다. 우리가 '배꼽을 잡는다'란 것이 바로 이런 상태지요. 몸동작에 대한 상형에서 나온 글자입니다. 헌데 이것만으로는 웃음을 묘사하기 부족해서 한 가지 요소가 더 있었습니다. 몸을 비트는 '요夭' 옆에다 웃는 모양의 '입 구口'를 써서 웃음소리를 표현한 것이 한 가지입니다. 또 다른 하나는 비트는 몸 위에다 이지러진 눈썹을 표현한 것입니다. 대충 요즘의 '^^'와 같은 이모티콘을 생각하면 됩니다. 이것이 나중에 모양이 비슷한 편방인 '죽竹'으로 변하게 된 것이고, '입 구口' 자가 달린 글자가 도태하고 이것이 남게 된 것입니다. 그러니 이 글자는 처음부터 대나무하고는 아무런 관련이 없었던 겁니다. 평범한 것보다는 재미있는 표현이 살아남게 마련입니다.

여하튼 식물들이 없이는 동물이나 사람도 살아갈 수 없습니다. 그래서 우리는 푸른 숲과 들판을 보면 평안한 느낌을 가집니다. 그리고 거기서 우리의 먹을 것을 구하고, 도구를 얻고, 그것들을 이용해 살 집을 짓습니다. 그렇게 식물과 친근한 관계인 것을 수많은 식물과 관련된 한자들이 증명하고 있습니다. 도시화가 되면서 우리들은 차츰 식물을 잊어가고 있지만, 어떤 미래에도 식물의 역할을 대신할 수 있는 대체물은 나오지 않을 겁니다. 그리고 우리 인간들도 식물들과 관계를 이어갈 겁니다.

2

七…

사람, 남녀, 가족

자연과 주변의 사물, 또는 동식물이니 하는 주변에 존재하는 것 이외에 우리가 가장 관심을 갖는 대상은 우리들 자신, 또한 함께 사는 사람들입니다. 이 장에서 다룰 글자들은 보는 순간 사람이구나 하는 느낌을 가질 수 있는 글자입니다. 정면이나 측면, 팔이나 발의 자세, 머리의 모양이나 신체의 일부 특징 등의 차이는 있지만 이들 글자가 인간의 모습임은 아무도 부정하지 않을 겁니다.

인간이 세상을 살아가는 것을 기록하는 것이 문자인지라 인간의 요소는 글자에 끊임없이 투영됩니다. 어차피 글자가 인간의 소용에 의한 것이니만큼 인간을 떠나서 있을 수는 없을 겁니다. 글자 속의 인간은 춤도 추고, 요리도 하고, 음식이나 술도 맛보고 하는 여러 형태로 표현됩니다. 또한 인간의 모습은 손이나 발과 같은 주로 쓰는 신체의 일부분으로 그 기능만을 나타내기도 합니다. 어쨌거나 우리는 인간을 중심으로 모든 것을 사고하고 움직이기 때문에 우리 생각의 산물인 글자에도 사람이 중심인 것은 어쩌면 당연하다 하겠지요.

그리고 인간의 기본적인 특성은 혼자 살지 않는다는 점입니다. 가령 뱀은 알에서 깨어나서 죽을 때까지 엄마 뱀과 함께하지도 않고, 다른 뱀들과 교류하며 지내는 법도 없습니다. 오로지 후손을 남길 때만 다른 뱀과 접촉합니다. 물론 개나 원숭이처럼 집단생활을 하는 동물들이 없는 것은 아니지만, 우리 인간처럼 가족을 이루고 살며 부모와 조상, 그리고 자식들과 손자까지 긴 세대를 함께하는 동물은 없습니다. 인간은 가족에서 넓혀 친인척까지 상당한 범위의 사람들과 교류하며 살뿐더러, 그보다 더한 지역, 또는 국가에 이르기까지 커다란 사회를 이루며 살아갑니다. 그러기에 인간을 '사회적 동물'이라 합니다. 그런 전체 조직의 인간관계에 이르기까지 인간의 역할은 상대적으로 다르고, 또 그런 상대성에 따라 정의를 해왔죠. 그러니까 나는 아버지의 아들이지만, 아버지는 또한 할아버지의 아들이고, 어떤 관리가 제후의 신하라면, 제후는 또한 왕의 신하가 되는 것처럼 말입니다.

우선 사람이 주제가 되는 이런 글자들을 모아놓으면 이 당시 글자를 쓴 사람들은 무척 입체적으로 사람의 모습을 바라봤고, 여러 특징을 잡아냈음을 볼 수 있습니다. 앞면 옆면, 또는 이 둘의 혼합인 얼굴은 정면을 보고 몸은 측면인 뒤틀린 자세 등이 나오며, 서 있고 꿇어앉고 걸어가고 절을 하는 동작과 그 특정 부위를 강조하는 방식으로 글자에 의미를 새겼습니다. 이제 그것들을 살펴보기로 합시다.

人인, 民민 | 옆으로 서 있는 사람

가장 먼저 들어오는 글자는 물론 '사람 인人'입니다. 어릴 적 선생님이 이 글자는 '사람은 혼자 살 수 없으므로 서로 기대 있는 모습이다'라고 설명했던 것이 생각납니다. 그러나 갑골문이나 금문을 보면 그 생각은 그저 훗날 지어낸 것임을 쉽게 알 수 있습니다.

大클 대 갑골문

어찌되었든 이 글자가 사람의 측면을 그린 것이라는 사실을 금세 알 수 있고, '클 대大'나 '하늘 천天'이 오히려 인간의 정면 모습을 잡은 글자입니다. 그러니까 정면의 모습을 잡은 것은 '크다'는 뜻이 되었고, 사람

위에 둥근 원을 그려넣어 '하늘'이라는 뜻을 표시했습니다. 그렇다면 측면을 그린 이 '인人'은 과연 어떤 뜻을 지니고 있을까요.

人사람 인 갑골문

民백성 민 갑골문

民백성 민 금문

'사람 인人'의 갑골문이나 금문의 글자 자형은 여럿이지만 공통적으로 팔을 비스듬히 늘어뜨리고 허리는 굽어 있습니다. 어떤 글자는 땅에 닿을 듯이 굽어 있죠. 그러니 모습으로 보면 농사를 짓는 농사꾼이라 봐야 합니다. 신분이 높은 지배계급이라고는 볼 수 없는 모습이죠. 이런 뜻이 결국 '사람'을 이르는 글자로 쓰이기는 했지만, 지배층을 뜻하는 말은 아니었습니다. 그러기에 이 글자에 '백성 민民'을 더해 '인민人民'이라 표현하기도 한 것이죠.

'백성 민民'은 지금은 보통 일반적인 사람을 뜻하거나, 무슨 특별한 지위가 없는 사람을 뜻합니다. 그러나 이 글자의 갑골문을 보면 큰 눈이 위에 자리하고 그 아래로 길쭉한 선과 짧은 가로선이 있습니다. 이 갑골문을 두고 어떤 사람은 눈을 찔러 장님을 만들었다 하고, 어떤 사람은 노예의 표시로서 눈 밑에 문신을 했다고 합니다. 여하튼 일반적이지도 않고 그저 평민을 이르는 글자 같지도 않습니다. 그러나 서주西周시대 청동기 명문銘文의 용례로는 대략 지배층인 주나라 희씨姬氏 성이 아닌 사람들을 뜻하는 것 같습니다. 전쟁 노예를 장님으로 만들었다는 건 이해하기 어렵습니다. 장님으로 만들면 일을 시킬 수 있는 것이 아니라 일을 만드는 꼴입니다.

女여, 母모 | 무릎이 아니라 가슴

女여자 여 갑골문 女여자 여 금문

母어미 모 갑골문 母어미 모 금문

'인人'은 사람이기는 하지만 남녀를 구분한 글자로 쓰이지는 않습니다. 그렇지만 이 글자에는 은연중에 '남자'란 뜻이 포함되어 있습니다. 왜냐하면 이때는 밭에 나가 곡식을 심고 거두는 것은 거의 남자들의 일이었기 때문입니다. 그러기에 들에서 일하는 모습은 남자의 모습입니다. 그렇다면 여자의 모습은 따로 있어야 합니다. '여女'가 바로 그 글자입니다. 이 글자는 '인人'과는 달리 무릎을 꿇고 앉아 있는 모습입니다. 그러나 무릎을 꿇고 앉은 것이 여자를 뜻하는 건 아닙니다. 이때는 남자든 여자든 실내에서의 기본적인 자세는 무릎을 꿇고 앉는 겁니다. 가령 부엌에서 불을 피우며 음식을 하거나, 실내에서 무언가를 하는 것은 무릎을 꿇고 하는 일이지요. 이 글자에서 여자임을 구분 짓는 것은 단연코 가슴입니다. 지금은 모양이 다른 글자로 변모해왔지만 '어미 모母'를 보면 이 '여女'와 거의 유사합니다. 다른 것이라면 가슴의 젖꼭지가 있고 없음과 머리의 작대기가 있느냐 없느냐의 차이일 텐데, 머리의 작대기는 비녀가 있고 없음의 문제입니다. 그러나 어떤 '여女'에는 이 비녀가 없지만 또 어떤 '여女'에는 있기도 하니, 이것 또한 결정적인 차이가 아닙니다.

결국은 젖꼭지가 있느냐 없느냐의 차이로 보아야 하는데, 이것은 바로 수유를 하느냐 않느냐의 차이입니다. 결국 글자에서는 기능성이 가장 큰 부호로 자리를 잡은 셈입니다. 그러나 이렇게 비슷한 모양을 지닌 글자가 해서로 변하는 과정에서 완전히 다른 형태의 글자가 되어버렸습니다. 이것은 문자가 지니는 특수성이기도 합니다. 곧 가장 중요한 기능만을 남기고 사라진다는 것이죠. 어머니로서는 갓난쟁이에게 젖을 먹이는 것보다 중요한 일은 없습니다. 그래서 금문에서도 그것만을 강조하는 형태가 나타나고, 이것이 해서의 형태로 고착됩니다. 그 이외의 특징들은 생략하고 마는 것이지요. 어쨌거나 갑골문과 금문의 시대는 전쟁하는 전사들의 시대여서 그랬는지 여자들은 집 안에 있는 존재라는 의미가 가장 컸나 봅니다. 그래서 앉은 형태가 살아남지 않았나 싶습니다.

家族가족 | 부호묘의 미스터리

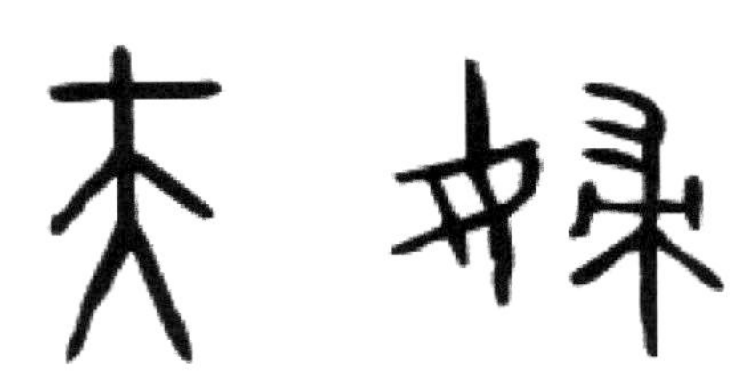

夫지아비 부 금문 婦지어미 부 금문

남자와 여자가 결혼을 하면 부부夫婦라고 합니다. 그런데 이 두 글자를 보면 머리가 갸우뚱해질 수 있습니다. 우선 '지아비 부夫'는 단순합니다. 사람의 정면을 그리고 머리에 긴 막대기가 하나 있습니다. 이것은 두말할 필요 없이 비녀와 같은 동곳을 뜻합니다. 총각 때까지 머리를 길게 기르며 다니다가 장가를 가면 상투를 틀어 머리를 동곳으로 고정시키는 건 대단히 오래전부터 시작되었나 봅니다. 이것을 상투라 하지 않고 모자의 챙이라고도 할 수 있습니다. 그러나 모자를 쓰기 위해서라도 머리를 정리해야 합니다. 그러기에 이 글자에서 가로획을 동곳이라 해야 합니다.

이상한 것은 '지어미 부婦'입니다. 예전에는 이 글자 오른쪽의 '추帚'를 빗자루로 해석하여 여자가 비를 들고 쓰는 모양이라고 해석하여 가르쳤습니다. 집안일이 마치 여자의 숙명이란 뜻까지 더해진 셈입니다. 가부장적 가치관이 글자 해석에 침입한 겁니다. 그렇지만 옛날 글자 모양을 보면 이런 해석은 어이가 없습니다. 지금은 옆의 변이 '여자 여女'인데, 여기서는 '가운데 중中'과 같은 모습을 하고 있습니다. 그러나 이것은 금문의 형태에서 단순하게 '여女'를 표기한 것일 수 있습니다. 곧 '여女'에서 아래의 무릎을 꿇은 형태를 단순하게 처리한 형태로 곧잘 쓰였습니다.

'부婦' 오른쪽의 '추帚'를 보면 요즘 한자의 모양과는 달리 빗자루로는 도저히 볼 수 없는 형태입니다. 아래는 삼발의 튼튼한 받침(↑)이 있고, 또 가운데는 버팀이 되거나 무엇을 올려놓는 용도의 가로대(⊢⊣)가 있으며, 그 위에는 세 가닥의 묶음(ㅋ)이 있습니다. 가로대는 어떤 경계를 주로 표시하며, 세 가닥으로 표현하는 것은 많다는 뜻이니 이는 사실 다발을 뜻합니다. 언뜻 곡식 이삭이 떠오르는 모습이지만 곡식은 보통 낟알을 표시하는 데 반해 이것은 미끈한 모양을 하고 있으니 이삭은 아닙니다. 그렇다면 긴 풀잎을 묶은 것이라 볼 수도 있습니다.

그렇다면 이것은 무슨 도구인 듯합니다. 더군다나 풀잎은 보통 주나라 때에는 점을 치던 도구이며, 삼발 위에 고정 장치까지 갖춘 걸 보면 빗자루나 총채 같은 청소도구는 분명 아닙니다. 그러면 이것이 과연 어떤 도구였으며 무슨 글자였는지 궁금하지 않을 수 없습니다. 더군다나 이 글자가 부인婦人을 뜻하는 '부婦'가 되었음은 신기한 일이죠.

이 오랜 궁금증의 한 귀퉁이가 헐린 것은 1975년의 고고학적 발굴 덕분이었습니다. 갑골문이 발견되었던 은상의 도읍지 안양安陽에서 '부호묘婦好墓'란 무덤이 발굴된 것이죠. 이 무덤의 주인인 '부호婦好'는 은상의 왕인 무정武丁의 부인 가운데 한 사람이었습니다. 무덤의 규모와 부장품은 왕의 것과 다를 바 없을 정도로 대단했습니다. 무엇보다 이 부인은 여느 부인과 달랐습니다. 실제로 군대를 이끌고 이민족을 정벌하기도 하고, 또 여러 제사를 집전하기도 했으며, 점을 치기도 했고, 따로 자신의 봉읍도 있었습니다.

이런 모든 사실을 보면 '부호'의 집안은 그냥 보통의 집안은 아닌 겁니다. 특히 제사의 집전이나 점복과 같은 일은 당시 최고 계층의 집안에서만 할 수 있는 일이었습니다. 더군다나 여자의 몸으로 군대를 이끌고 전투에 나섰다는 것은 무정의 집안과 대등한 실력을 갖춘 가문이었다고 보아야 할 겁니다. 그러므로 이 '부婦'의 의미는 제사와 점복과 관련하여 여자가 사용하는 필수적인 도구였던 것 같고, 이 집안은 대대로 제사의 의례에 익숙했던 듯싶습니다. 어떤 학자는 이 띠풀 묶음이 제사를 지내는 제실祭室에 술을 뿌리는 도구였다고 하기까지 합니다. 정확한 용도는 모르지만 제사용 도구일 가능성이 높습니다. 또한 가로대는 현세와 이승을 구분하는 영역의 표시인 듯합니다.

그런데 이 집안은 은상의 왕들과 대대로 혼인을 하는 관계였습니다. 은상의 부인들 가운데는 언제나 '부호婦好'가 있었다는 뜻이지요. 그리고 '호好'라는 글자 [illegible]는 어머니가 자식을 어르며 좋아하는 모습입니다. 조금 뒤에 말하겠지만 '자子'는 단순히 아들이란 뜻이 아닙니다. 고귀한 왕손을 이르는 말이지요. 그렇다면 은상의 왕과 '부호'는 대대로 혼인관계에 있고, 대체로 '부호'가 낳은 자식이 통치를 했다는 겁니다. 그러니 '부婦'가 왕의 아내를 지칭하는 글자가 되고, 차츰 '부인'을 뜻하는 글자로 쓰였을 가능성이 있습니다. 사실 이 '부婦'는 설명이 불가능한 글자 중 하나입니다. 이렇게 이야기하는 것도 그저 설명하려 노력하는 것일 뿐, 옛날 일들은 모르는 게 많을 수밖에 없습니다.

父 아비 부 금문

子 아들 자 금문

이제 살펴볼 글자는 '아버지와 아들'입니다. 그런데 평범한 아버지와 아들을 표현하는 이 두 글자의 모습이 심상치 않습니다. 손과 두 발이 보이지 않는 것도 그렇거니와 얼굴 또한 범상치 않은 모습입니다. 우선 '부父'의 경우에는 기이할 만큼 높이 올라간 머리가 문제입니다. 그 모습 때문에 머리에 불이 붙은 것이 아닌가 하던 학자들도 있었습니다. 그러나 불을 머리 꼭대기에서 피우는 건 위험하기도 하지만, 당시 불을 표기하던 여러 문자를 보면 불은 확실히 아닌 것 같습니다.

또한 '자子'의 머리도 보통보다 훨씬 큽니다. 물론 아이들일수록 몸에 비해 머리가 큰 것은 사실입니다. 그렇지만 '클 대大'와 '하늘 천天'에서 보듯이 크게 쓴다 하더라도 머리만 이렇게까지 크지는 않습니다. 하늘로 치솟은 '부父'의 머리와 커다란 '자子'의 머리는 분명 의미하는 것이 있을 겁니다. 지금도 그렇지만 예전에 중요한 것을 그리는 방법은 다른 것보다 크게 그리는 겁니다. 그러니 이 '부父'와 '자子'의 머리는 중요한 것을 뜻합니다. 아버지와 아들이 중요하지 않을 이유가 어디 있느냐고요? 물론 중요하지만 그렇게 크게 그린 것은 그것보다 더 큰 의미가 있다는 것이죠.

이를테면 중요하다는 의미는 이 한자가 만들어진 때는 농업이 정착되고 청동기를 무기로 쓰던 시대라서, 가부장제의 사회라는 점에서입니다. 이 가부장제에서 아버지는 가장 중요한 존재입니다. 그리고 그다음으로 중요한 인물이 장남입니다. 가부장제에서는 가족의 대를 이어나가야 하니까요. 그러기에 이렇게 대를 이어가는 것은 한 가정에서 시작된 나라들도 마찬가지입니다. 이때 이 '부자父子'는 보통 중요한 인물이 아닌 한 나라의 으뜸인 왕과 왕자쯤 되는 인물이었을 겁니다. 그것이 제후의 나라에서도 '부자'가 되고, 경대부의 집안에서도 '부자'가 되고 하여 차츰 아래까지 퍼져나갔겠지요. 그리하여 평범한 사람들도 '부자'라는 단어로 아버지와 아들을 표현할 수 있었을 겁니다.

이 시대의 가족 관념은 그렇게 세월을 아버지와 아들이 전해가는 일이 가장 중요했습니다. 그래서 자신들의 권력의 상징인 청동기 명문銘文에 가장 많이 나오는 말이 '자자손손子子孫孫'이고, 그 가정을 이어나갈 장자들은 스스로를 '소자小子'라고 불렀습니다. 그러니 이때의 '소자'는 왕자나 제후의 왕자쯤 되는 것이지요. 또 '부父'는 '부斧'하고 같은 글자였습니다. 이것은 큰 집안을 통솔하는 아버지는 그 권위의 상징인 도끼를 지니고 있었기 때문입니다. 이때는 칼이 아닌 도끼가 가장 일반적인 개인의 무기였습니다. '임금 왕王'도 이 도끼의 모습이니 '부父'와 '왕王'도 따지고 보면 같은 연원에서 출발한 글자입니다.

또 이 두 글자의 공통된 특징은 하체의 모습입니다. 두 다리가 한 선으로 표시되었으며 손의 모양도 역동적입니다. 더군다나 '자子'의 경우는 옆모습을 그렸음에도 한 선으로 날렵한 모습을 보이고 있습니다. 제 생각에 이 '부자父子'의 경우는 춤을 추는 모습이 아닐까 생각합니다. 사실 춤을 추는 자세가 아니면 이렇게 손과 발의 동작이 어우러지기가 쉽지 않습니다. 고귀한 신분인데 춤을 추는 게 말이 되냐고 할지 모르겠습니다. 그러나 이때의 춤은 일종의 예의의 표시이고 제사나 의례는 아주 높은 사람들만 할 수 있는 특권이었습니다. 그래서 그런 특권을 이렇게 표시했을 수도 있다는 생각입니다. 어찌되었든 '부자父子'는 일반적인 평민의 아버지와 아들이 아닌 상당히 높은 지위에 있는 아버지와 아들의 관계를 표시하던 글자였음은 분명합니다.

부모와 자식을 이야기했으니 이제 형제자매를 이야기할 차례입니다. 우리는 여태까지도 '형제자매'라고 표현을 합니다만, 이 모든 글자들이 청동기시대의 글자인 금문에 있으니 가족관계란 것의 연원은 옛날이나 지금이나 같습니다. 사실 형제자매란 것이 부모와 자식을 빼놓고 가장 가까운 사이 같지만, 또 은연중에 라이벌이기도 한 것 같습니다. 그래서 어릴 때부터 자주 싸우기도 하고, 또 동기간에 서로 자상하게 돌봐주기도 합니다. 물론 커서도 크게 싸워 원수처럼 등지는 사람들도 있고, 오순도순 도우며 잘 살아가는 사람도 있습니다.

우선은 형제인데, 글자의 모습이 사뭇 다릅니다. '형'은 사람의 모습이지만 '아우'의 모습에서는 사람이 보이지 않습니다. 그러기에 문자로는 서로 다른 경로를 밟아온 글자일 겁니다. 먼저 '형兄'의 글자 형태를 보면 '사람 인人'과 머리 모양만 다릅니다. 그런데 이 머리의 모양은 익히 보던 모습입니다. 보통은 '입 구口'라 표기하는 그런 형태이지요. 이 형태에 대해서는 다른 의견을 가진 분들도 많습니다. 이

兄형 형 금문

弟아우 제 금문

를 '축문祝文'이라 해석하는 경우도 있는데, 그릇 안에 제사를 올리는 주제에 대해 적어 넣고 제사를 올린 후 조상의 계시를 받는다는 이야기입니다. 마침 '빌 축祝'에도 이 '형兄'이 중심이고 옆에 계시를 받는다는 '보일 시示'자가 있습니다.

사실 신에게 제사를 지내거나 할 때 자신의 염원을 '축문'에 적어 그릇에 넣고 기도를 하거나 제를 올리고, 그런 다음 제사가 끝나면 불에 태워 기원이 하늘에 도달하도록 하는 일은 흔했습니다. 그렇기에 제사의 관점에서 본다면 옳을 수도 있습니다. 그러나 저는 이런 해석은 두 가지 관점에서 문제가 있다고 생각합니다. 첫째는 이 한자가 발생하여 쓰일 시점에는 종이가 없었습니다. 그래서 이때의 대부분 문자는 거북껍질이나 뼈에 새기거나, 아니면 청동기에 주조하여 새겨놓았습니다. 물론 이때도 길쭉한 나무나 대나무 가지에 글자를 적기는 했지만, 이것들은 길쭉한 나뭇가지라 종이에 쓴 축문처럼 사발에 담기는 힘들었을 겁니다. 또 하나는 이 은주殷周시대의 제기를 보면 축문을 담는 사발이 보이지 않는다는 점입니다. 당시의 제기들은 거의 모두가 뚜껑이 있는 형태였고 술과 음식을 담는 용도로 쓰였지만, 이렇게 축문을 담는 용도로 쓰인 그릇은 없었습니다. 한자의 생성기와 그다지 멀지 않은 이 시기의 제사 용구에 이런 용도의 그릇이 없다는 것은 이 당시까지는 적어도 그런 풍습이 유행하지 않았다는 말도 됩니다.

사실 이런 모양이 입이라는 것에 다른 의견이 많은 이유는 생김새 자체가 입의 일반적인 형상과 좀 다르기 때문입니다. 그것은 양옆으로 삐죽 올라간 두 선 때문이기도 합니다. 그래서 이것을 목구멍의 형태라고 여기는 사람도 있지만 그것도 딱 들어맞는 것 같지는 않습니다. 더군다나 '왈曰'이란 글자처럼 '혀'라고 여기는 것의 위치도 탐탁하지 않습니다. 그렇지만 이것을 입이나 말을 하는 것의 의미로 환치시킬 때 가장 잘 들어맞습니다. 사실 입체적인 것을 평면의 단순한 선으로 옮기는 것이 그리 쉬운 일은 아닙니다. 그래서 그저 상징적인 형태를 표기하기도 합니다만, 그저 동그라미로 입을 표기하기에는 오해의 소지가 있어서 양쪽이 삐죽 올라간 선을 추가했을 수도 있고, 혀의 경우에는 3차원을 2차원으로 그리는 데 문제가 있었을 수도 있습니다. 어쨌든 이 시기는 문자가 단순한 그림이 아니라 벌써 문자로의 추상화가 한참 이루어진 시기이기 때문에 이 정도로도 의미 전달에는 아무런 문제가 없습니다. '명령命令'이란 말의 '령令'이란 글자는 위에서 시키는 일을 의미합니다. 이 글자를 보면 사람 위에 입이 있습니다. 곧 위에서 말씀하시는 거란 뜻이죠. 이것을 축문으로 해석하면 나뭇가지에 새긴 글은 머리 위로 떨어지겠죠.

口 입 구 금문

曰 가로 왈 금문

令 하여금 령 금문

어쨌거나 '형兄'은 글자의 모양새에서 머리를 온통 입으로 대신했으니 말을 하는 사람인 셈입니다. 그 말이 제사에서 가족을 대표해 조상에게 아뢰는 말이 될 수도 있고, 아니면 다른 가족에게 하는 일상의 '잔소리'일 수도 있겠죠. 여하튼 미래의 가부장으로서 부친을 대신하여 가족을 통솔하고 제사를 지낼 권리를 지닌 사람임은 분명합니다. 또 '빌 축祝'이란 글자도 장자長子로서 제사를 지내고 계시를 받는다는 뜻으로 자연스럽게 해석할 수 있습니다.

'아우'라는 의미의 '제弟'는 어떻게 봐도 사람의 모습이라고는 도저히 볼 수 없는 글자입니다. 막대기 같기도 하고 무슨 무기 같은 모양의 그 무엇을 친친 감고 있는 모양입니다. 막대기인지 무기인지는 끝이 갈라졌으며 밑동에는 가로로 작대기가 하나 있습니다. 이것하고 비슷한 글자를 찾는다면 '창 과戈'와 '주살 익弋', 또한 '방패 간干' 세 글자를 들 수 있습니다. 대부분은 '과戈'에다 끈을 감은 형태라고 이 글자를 해석합니다. 그것도 그리 틀린 이야기 같지는 않습니다. 갑골문에 보면 '과戈'에서 가운데 가로대가 없는 모양도 나오니까요.

그렇다면 왜 무기의 막대를 끈으로 친친 감았을까 하는 문제가 남습니다. 물론 여러 해석이 가능합니다. 손에서 미끄러지지 않게 하기 위해서일 수도 있고, 다른 용도의 끈을 여기에 감아 휴대하기 위한 것일 수도 있습니다. 그런 것은 우연일 수는 있지만 문자로 차용되기

戈 창 과 금문

弋 주살 익 금문

干 방패 간 갑골문

에는 그다지 마땅치 않을 경우입니다. 제 생각은 이것이 '간干'이라는 무기가 아니었나 하는 겁니다. 이 당시의 '간干'은 요즘의 방패와는 다른 모양이었습니다.

앞에서도 잠깐 이야기했다시피, 이때의 전쟁은 말이 끄는 수레를 타고 긴 막대 끝에 칼이 달린 '과戈'라는 무기로 상대를 공격합니다. 그러니 이 무기에 대한 방어는 요즘과 다를 수밖에 없습니다. 방패가 넓적하고 단단한 것으로 바뀐 것은 화살이 전술에 등장하고부터입니다. 날아오는 화살을 막기 위해서는 넓은 면적의 방패 뒤에 몸을 숨겨야 했으니까요. 활과 화살이 쓰인 것은 거의 천 년 뒤인 전국시대가 되어서입니다. 당시 방패는 '과戈'의 공격을 막기 위해서 두 갈래로 갈라진 긴 막대기를 썼습니다.

그렇다면 '과戈'의 공격을 막기 위해 '간干'으로 부딪쳐 막다 보면 그 충격 때문에 방패를 잃어버릴 수 있습니다. 그렇게 되면 달리는 전차戰車에서 방어도구가 없이 난감한 상황에 빠질 수밖에 없습니다. 보통 '과戈'는 청동기로 만든 무거운 것이고, '간干'은 그보다는 가벼운 것이었을 겁니다. 제 생각에 방패를 만드는 가장 좋은 재료는 탄력이 좋은 대나무입니다. 가볍고 탄력이 좋으니 그보다 좋은 재료는 없지 않을까 합니다. 그러나 가볍고 탄성이 있기에 유실에 대비해 끈을 감았을 수 있습니다. 그 끈의 꼬투리를 전차에 묶어놓으면 방패를 잃어버릴 염려는 없겠죠. 어쨌든 이 '간干'으로 유추해야 대궁에 감긴 끈이 자연스럽다는 생각입니다.

예전에는 대가족이었습니다. 전쟁이 일상인 가부장시대의 사회에서 유력한 가문의 사람은 부인도 여럿이고 아들들도 많았습니다. 그래서 10여 명이 넘는 경우도 흔했습니다. 그 서열을 매기는 데 가장 적합한 것이 활대에 끈을 감은 것이었나 봅니다. 대에 끈을 감으면 여러 부분으로 나뉘고 그것이 아우들의 서열을 매기는 데 어떤 역할을 한 것 같습니다. 그러니까 큰형 아래 동생들을 그 끈이 만들어낸 서열의 층차에 해당하는 걸로 봤다는 얘깁니다. 이것이 지금 이 '제弟'를 해석하는 한 가지 방법입니다. 차례를 뜻하는 '제第'라는 글자는 '아우 제弟'에다 대나무만 덧씌운 글자로 순서와 순번을 뜻합니다. 이 글자도 '간干'을 대나무로 만들었다는 방증이 될 수도 있을 겁니다. 물론 그 '제第'가 대나무를 엮어 만든 사다리이고, 사다리의 칸칸이 서열을 뜻했다고 생각하는 게 우선이겠습니다.

姉 윗누이 자 금문 妹 누이 매 금문

'형제'를 알아봤으니 이제 '자매'를 알아볼 차례입니다. '자姉'는 언니나 누나를 뜻합니다. 이 글자를 '자姊'라고 쓰기도 하는데 중국에서는 보통 이것을 씁니다. 이 글자는 사실 앞에서 보았던 '부婦'와 별로 다를 바 없는 글자입니다. 다른 건 오로지 띠풀이 한 가닥이라는 것일 뿐입니다. 그러니 결국 제사를 지내는 준비를 하는 사람인데 경험이 적은 '새댁'이라는 겁니다. 정식으로 제사 준비를 맡은 사람과 '신참' 사이에는 약간의 차별이 있었나 봅니다.

이 글자는 사실 갓 시집온 '새댁'을 가리키는 말이었습니다. 그러므로 '부婦'와 '자姊'의 사례에서 보듯이 적어도 은상시대까지는 제사의 실질적인 권한을 행사하는 것은 여인들이었고, 제사는 처가의 영향력 아래서 치렀으며, 대략 제사를 올리면서 점을 치는 것도 여인들 몫의 일이 아니었나 하고 짐작할 수 있습니다. 사실 이 한자가 생겨난 때는 모계사회에서 가부장제로 이행하는 전환기였던 것 같습니다. 그리고 이 시대의 혼인은 대개 한 집안과 다른 집안이 영속적으로 결혼을 하던 형태였습니다. 그러기에 초기에 남녀의 권한은 비슷했고 다만 역할의 분담만 있었을 겁니다. 그런 면에서 한자의 유래는 그 사회의 풍습까지 짐작할 수 있게 합니다.

딸이 여럿 있는 집안에서는 딸들이 자라서 커가는 대로 시집을 보내게 됩니다. 그러자면 과년한 딸인 '자姊'를 시집 보내도 집안에는 아직 자라고 있는 딸들이 있습니다. 그래서 이들이 '매妹'입니다. 옆의 '여女'는 성별이고 그 옆의 '미未'는 상태를 가리킵니다. '미未'는 앞에서 '나무 목木'을 이야기할 때 말했듯이, 오래된 글자고 '나무 목木'과 같은 유래를 가진 글자입니다. 상형으로 바로 뜻을 이르는 것은 아니고 조금 더 돌려서 뜻을 생각해야 합니다.

未 아닐 미 금문

봄이 되면 나무의 앙상하던 가지에는 새싹이 돋고 꽃이 핍니다. 그리고 여름이 되면서 새로운 가지들이 돋아나고 나무가 자랍니다. '미未'는 바로 그런 형상을 그린 글자입니다. 바로 자라고 있는 상태이고, 그래서 집안의 자라고 있는 처녀들을 표시하는 글자에 사용한 겁니다. '미未'에는 '아직' 또는 '아니다'란 뜻이 있습니다. 그런 뜻은 어디서 온 것일까요. 대개의 나무들은 이렇게 새로운 가지들이 나올 즈음에는 '아직' 열매가 익지 않습니다. 그래서 '아직', '아니다'는 '미성숙未成熟'한 뜻이 이 글자에 생기게 된 것이죠. 그러니까 '누이 매妹'는 아직 덜 자라 시집가기에는 이른 여자아이입니다.

사실 가족에는 부모와 자식만 있는 것이 아니죠. 삼촌도 있고 고모와 이모도 있고, 그 밖에도 결혼을 하고 나면 수많은 친인척이 있습니다. 그 많은 가족들의 명칭을 외우기도 힘이 드니, 또 그 글자들을 다 늘어놓기도 힘이 들 정돕니다. 자세한 가족관계의 글자는 나중에 설명을 하도록 하고, 여기서는 간단하게 가장 커다란 둘레인 '성姓, 씨氏, 족族'이란 세 글자만을 이야기하고 지나가렵니다.

姓성, 氏씨, 族족 | 모계사회와 가족의 탄생

'성姓'은 우리 이름 앞에 떡하니 버티고 있는 것이지요. 그래서 조상을 이야기하게 되고, 본관을 묻고, 지파를 묻는 것 모두 이 '성姓'과 관련이 됩니다. 그리고 간혹 이름이 마음에 들지 않아 바꿀 수는 있어도 이 '성姓'은 감히 고칠 수가 없습니다. 요즘은 간혹 부모가 이혼을 하고 나서 아버지의 성에서 어머니의 성을 따라 바꾸는 경우가 있기는 합니다. 그러나 '성'은 아버지의 것을 따르는 것을 원칙으로 합니다. 어머니의 성을 따르는 것은 어쩔 수 없는 경우에만 예외로 여깁니다. 동양만 그런 것이 아닙니다. 서양에서는 결혼한 여성은 남편의 성을 따릅니다. 오히려 한자 문화권의 여성이 결혼한 뒤에도 자신의 성을 유지합니다.

氏성씨 금문　氏성씨 금문

姓성씨 성 갑골문

族겨레 족 금문

그러나 이 원칙이 절대적인 걸까요. 결코 그렇지 않다는 것은 이 '성姓'이란 글자가 확연하게 말해줍니다. 우선 '성姓'의 [illegible]은 구성의 기초부터 '여자'가 우선임을 명확하게 표기하고 있습니다. 그리고 그 옆에는 식물이 싹을 틔우고 있는 '생生'이란 글자가 생명의 탄생과, 이런 연속으로서 가족의 탄생을 설명하고 있습니다. 그렇습니다. 이 글자는 모계사회가 '성姓'의 시초임을 단적으로 말해주고 있습니다.

모계사회가 '성姓'의 시초였음은 중국 고대 중원에 자리한 주周나라의 '성姓'을 살펴보면 더욱 명확합니다. 이 주나라의 시조는 농사를 발명한 후직后稷으로 알려져 있으며, '성'은 '희姬'라고 했습니다. '희'라는 성의 기원은 황하의 지류 북쪽의 '희姬'란 곳에 살았기 때문이라 합니다. 그런데 여기서 시조인 후직의 '후后'와 '희姬' 모두 여자와 관련이 있다는 데 주목해야 합니다. 보통 신화에서 씨앗을 땅에 심어 싹이 자라고 거두는 일은 여성의 역할과 유사하다고 여깁니다.

后임금 후
갑골문

姬여자 희
갑골문

'후后'는 막대기(𠂆)를 들고 명령하는 임금(ㅂ)을 뜻하기는 하지만, 보통은 여성 군주를 뜻합니다. 그러나 나중에는 임금의 부인을 뜻하는 글자로도 쓰입니다. '희姬' 또한 글자 자체에 여성(女)이 있으며 산(臣)은 강가의 산입니다. 이 산의 모양 또한 여성성을 상징하는 의미가 있는 듯합니다. 결국 주나라 또한 시초부터 모계사회를 기본으로 하고 있었을 겁니다. 그러나 농사를 지으며 남성의 노동력이 중심이 되고, 또한 전투를 기본으로 삼는 청동기 사회로 옮겨가면서 가부장제로 전환을 했을 겁니다. 그러니 모든 '성姓'의 시초에는 어머니가 있었던 것이라 해도 과언은 아닙니다. 제사의 과정을 여성이 진행한 것도 이와 무관하지는 않을 겁니다.

그러면 우리가 '김씨' '이씨'라고 부르는 '씨氏'의 뜻은 무엇일까요? 우리는 이렇게 '씨'라고 부르는 이외에도 '성씨姓氏'라고 하면서 '성姓'을 총괄하기도 합니다. 그리고 '씨족氏族'이란 낱말로 대가족을 총칭하기도 하는군요. 그러면 이 '씨氏'는 무슨 뜻을 가지고 있었을까요. 이 형태에 대한 해석이 몇 가지 있는데, 그중 하나는 손으로 땅을 짚고 있는 것이라는 겁니다. 그런데 이 모양과 뜻의 관련성을 찾기가 힘든 것이 문제입니다. 또 다른 하나는 분기점을 뜻하는 어떤 사건을 뜻하는 글자 형태라는 겁니다. 그런데 이 해석의 문제점은 분기점에 대해 가지가 꺾인 것과, 가지에 달린 열매가 떨어져 새로이 나무가 자라는 것 가운데 무엇인가 하는 점입니다. 또 어떤 글자에는 점이 찍혀 있는데 이 점들의 의미가 무엇이냐는 것이죠. 그래서 사실 이 글자의 시원도 명확히 밝혀지지는 않았습니다. 그러나 뜻은 비교적 명확합니다. '씨氏'가 '성姓'의 분기라는 것이죠. 같은 '성'도 여러 대를 내려오면 먼 친척들이 생기죠. 그 분기가 된 것을 '씨'라고 합니다. 우리가 '안동 김씨 제학공파' 하는 것과 마찬가지로 같은 '성' 안에서 분기를 뜻한다는 것이죠.

그렇다면 '족族'은 과연 무엇일까요. 글쎄, '족' 하면 무슨 원시부족 같기도 하고 '씨족'이나 '족인' 같은 용어가 쓰이는 걸 보면 '성씨' 하고 관련이 있는 것도 같습니다. 그런데 이 글자는 생김새가 좀 다릅니다. 무슨 창끝에 긴 깃발이 펄럭이고(𠃊) 그 밑에 사람(矢)이 있는 형태의 글자입니다. 이 글자는 '성씨姓氏'와는 달리 군대의 조직을 이르는 용어였습니다. 이 당시 군대의 조직 가운데 하나입니다. 지금 군대에서 '사단·연대·대대·중대·소대·분대'라고 하는 것처럼 어떤 단위를 뜻하는 용도였고, 한 깃발 아래 조직이 되었다는 것이죠.

그런데 이 말이 왜 '성씨'를 뜻하는 말과 자꾸 같이 쓰이는 걸까요. 그것은 당시 군대는 같은 '성'의 군대였고, 같은 '씨'도 있었으며, 대개는 한 대가족이 한 깃발 아래서 싸우는 군대였기에 그렇습니다. 그러니 '족'은 '성'이나 '씨'보다는 훨씬 가까운 인척들이었습니다. 그렇다면 왜 '족'이라 쓰면 '아파치족', '조예족', '병만족'과 같이 원시부족을 상상하게 될까요? 그것은 단순합니다. 영어의 '트라이브tribe'라는 단어를 번역할 때 '부족部族'이나 '종족種族' 같은 한자를 써서 번역을 했기 때문이고, 사실 한자의 원래 뜻과는 아무런 관련이 없습니다. 그래서 언어는 물과 같이 흘러가는 겁니다.

八…

손과 발

사람의 몸에서 가장 중요한 부분은 뭘까요? 아마 이처럼 싱거운 질문은 없을 겁니다. 사실 어느 기관 하나가 없어도 사람 구실을 하기가 쉽지 않습니다. 그래도 사람의 기본적인 외부 형태로 본다면 머리와 몸통, 그리고 팔과 다리의 사지로 나눌 수 있습니다. 머리는 가장 중요한 촉각기관이 있는 곳이죠. 귀, 눈, 코, 입이 각각 청각, 시각, 후각, 미각을 담당하여 뇌에 전달합니다. 몸통은 오장육부의 장기가 들어 있어 몸의 온갖 기능을 수행합니다. 그러나 인체에서 외형적으로 가장 활발하게 움직이는 것이 바로 팔과 다리입니다.

팔과 다리는 인체의 실행기관이라고 할 수 있습니다. 물론 보고, 듣고, 느끼는 촉각으로 판단을 해야겠지만 아무리 감각이 느끼고 두뇌가 판단을 하더라도 손과 발의 실행이 없으면 소용이 없습니다. 그러니 인간의 거의 모든 행동은 이 손과 다리에서 나옵니다. 우리는 발로 걷거나, 뛰거나, 달려가며 손으로 밭을 일궈 씨앗을 뿌리고, 밥을 짓고, 글씨를 씁니다. 사실 손과 발이 없다면 인간은 아무런 일도 이루어내지 못했을 겁니다. 인생의 거의 모든 것을 이 손과 발을 써서 살았고, 그 손과 발이 없었다면 우리의 문명이란 것 자체가 없었겠지요.

이제는 손과 발의 효용도가 예전보다 못하다고 합니다. 그러나 사실 기계나 도구란 것도 우리 손의 연장선에 있습니다. 우리는 기계를 시켜서 물건을 만들어내기도 하지만 결국 그 기계를 만들어내는 것은 손입니다. 컴퓨터란 것도 입력수단인 자판이 없으면 무용지물이 될 수 있습니다. 결국 아직까지는 손의 모든 효용을 대신해줄 것들은 없는 셈입니다.

발의 효용을 대신해주는 것들도 많습니다. 예전의 말이나 노새가 사람 발의 역할을 대신했다면 요즘의 자전거나 자동차, 기차나 비행기와 같은 탈것들이 그 역할을 대신합니다. 그러나 여전히 우리는 최후의 장소에 도착하기 위해서는 우리의 발을 딛어야 합니다. 결국 발을 완전히 대신할 수 있는 것은 아직 없다고 봐야 합니다. 그리고 우리 몸은 본능적으로 발이 움직일 것을 원하고 있습니다. 인간이 아무 목적도 없이 걷고, 뛰고, 달리는 것은 그런 욕구를 반영합니다. 인간은 발로 달리기 위해서 태어났을지도 모릅니다. 40킬로미터를 넘는 거리를 단번에 달릴 수 있는 동물은 인간 이외에는 없습니다.

그러기에 손과 발은 인간이 이룩한 것의 시초였고, 지금 또한 인간의 손과 발 없이는 이 문명을 지탱할 수 없습니다. 그래서 상형문자인 한자에는 수많은 손과 발이 들어 있습니다. 때로는 직접적인 상형으로, 때로는 어떤 사실과 역할을 담당하는 도구로, 때로는 그 움직임들이 만들어내는 어떤 일들로 이 손과 발이 사용되고 있습니다. 이제부터 한자 속에 있는 그 손과 발을 만날 겁니다. 먼저 손이 아닌 발부터 시작합니다. 일단 걸어가야 무엇이든 시작할 수 있을 테니까요.

足 족 | 걷고, 뛰고, 달리다

사실 우리가 보통은 '발'과 '다리'의 차이를 뚜렷이 알고 있기는 하지만, 실상은 그렇게 확실하게 구분하는 것 같지는 않습니다. '발로 걷는지, 다리로 걷는지'를 확실하게 구분하지 않는다는 뜻이죠. 사실은

足발족 금문

발과 다리는 상관관계가 밀접해서 팔과 손처럼 확실한 구분을 지을 수 없는 동작이 많습니다. 공을 찰 때 발로 하는지, 다리로 하는지와 같은 것 말이죠. 둘 가운데 어느 것 하나 동작이 조금만 어긋나도 공은 다른 데로 날아가고 말겠죠.

지금 한자에서 발을 '족足'이라 하기도 하고, 다리는 '각脚'이라 하는 것 같지만, 이 둘은 사실 구분하자면 그다지 쉽지 않습니다. '마각馬脚을 드러내다'라고 할 때 그것이 종아리를 포함한 것인지, 아니면 발굽이 있는 발만을 뜻하는 것인지는 쉽게 구분이 가지 않습니다. 특히 한자에서 그렇지만 우리도 아주 명확하게 구분하는 것 같지는 않습니다. 의미중복이기는 하지만 돼지'족발'이란 말을 쓰는 것과 '우족탕'이 단순히 발만은 아닌 걸 보면요.

헌데 이 문제는 초기의 한자를 보면 요즘 우리가 쓰는 뜻하고는 달리 쓰게 되면서 발생한 일이 아닌가 싶기도 합니다. 우선 발을 뜻하는 글자는 우리의 예상과는 다르게 '지止'였습니다. 이 '지止'는 '여름 하夏'를 이야기할 때 나왔었습니다. 바위에 달라붙어 있는 발이라고 하면서요. 그런데 지금은 '지止'를 보통 '멈추다', '도착하다', '머무르다'는 뜻으로 쓰지 발이란 뜻으로는 거의 사용하지 않습니다. 이 세 가지 뜻도 발하고 관계되는 의미인 것은 분명하지만요. '지止'는 갑골문에서는 발의 모양에 가깝고, 금문에서는 보다 문자로 단순화되어 발의 모습이 거의 사라졌습니다. 물론 발에서 길게 뻗어 나온 부분이 발목인지 아니면 신발의 다른 무엇인지는 확실치 않습니다.

止 멈출 지
갑골문

止 멈출 지
금문

그리고 '족足'은 이 '지止' 위에 동그란 원이 하나 더 있습니다. 이것은 발에다 그 무엇을 더한 것이겠지요. 이 둥근 원을 무릎으로 여기고 있습니다. 그러니까 무릎에서 발까지를 뜻하는 글자입니다. 그러니 '족足'은 발이 아닌 다리입니다. 지금은 고관절 아래부터를 다리라 하지만 이때는 무릎 아래만을 뜻했나 봅니다. 어쨌든 발을 뜻했던 '지止'는 대략 '멈추다'라는 뜻이 되었고, 그래서 다리를 뜻했던 '족足'을 발이라는 뜻으로 사용했고, 또 그래서 다리라는 글자가 없어지자 비슷한 음으로 '각脚'이란 새로운 글자를 만들어내고, 또 발이라는 뜻을 다른 글자로 차용하다보니 두 형태를 묶어 '지趾'라는 글자를 새로 만들어 발이라는 뜻으로 쓰기도 했습니다.

저간의 사정이 이리 복잡하니 특히 한자에서는 발과 다리를 구분하기 쉽지 않은 것 같고, 우리도 확실하게 구분하며 쓰고 있는 것 같지 않습니다. 그러나 발과 다리가 기능적으로 서로 떨어질 수 없고, 종아리와 대퇴부의 근육, 무릎의 연골과 발목, 그리고 발이 기능적으로 잘 조화가 되며 각 부분이 정확히 제구실을 해야만 우리의 걷고, 뛰고, 달리는 행위가 완성됩니다. 이것을 정확하게 구분하는 것은 일상에서는 쓸모없는 일입니다.

步 걸음 보 금문

步 걸음 보 금문

어쨌거나 다리와 발의 임무는 우리 몸을 걸어서 이동시키는 일입니다. 그렇다면 걷는다는 것은 발과 다리를 교차로 움직여 나가는 일입니다. 그러니 발 하나만 가지고는 완성이 되지 않습니다. 그래서 걸음을 뜻하는 '보步'는 발 두 개로 표기합니다. 갑골문에서는 갑골문 형태의 '지止'가 두 개, 금문에서는 금문 형태의 '지止'가 두 개 붙어 '보步'를 만들어냅니다. 그런데 금문을 보면 진짜 발자국처럼 생긴 두 발로 '보步'를 표기한 글자도 있어 색다른 느낌이 듭니다. 어쨌거나 이 걸음의 폭은 사람마다 다르기는 하지만, 그래도 어느 정도의 평균치는 있게 마련입니다. 그래서 길이를 재는 단위로 처음 쓰이게 됩니다. 농지의 넓이를 잴 때에도 발걸음으로 길이를 재서 면적을 구하는 것이죠. 이는 동양만의 일도 아닙니다. 영어의 '피트feet'도 발을 뜻하는 '푸트foot'의 복수입니다. 발을 둘 그리는 것과 다르지 않습니다.

다리와 발은 걸음을 걷게 하는 용도니 여러 형태가 있을 수 있습니다. 우선 걷는 것하고는 상관이 없을 것 같은데 묘하게 발과 관련이 있는 글자가 있죠. 우리가 '먼저'라는 뜻으로 쓰는 '선先'이 그런 글자입니다. '선先'의 갑골문을 보면 사람 위에 발이 있습니다. 사람보다 앞선 발자국이란 뜻 같습니다. 원래는 전투에서 정탐을 보내는 일을 '선先'이라고 했다는군요. 정찰이란 다른 사람보다 일찍 가야 하

先 먼저 선 갑골문

走 달릴 주 금문

奔 달릴 분 금문

는 것이니 '먼저', '앞선'이란 뜻으로 고착되었음은 쉽게 짐작할 수 있는 일입니다.

걸음을 빨리하면 결국은 뛰게 됩니다. 걷는 것하고 뛰는 것의 차이는 두 발이 동시에 땅에서 떨어지는 일이 있느냐 없느냐로 구분합니다. 그래서 육상 종목의 하나인 걷기 종목의 경보에서는 두 발이 동시에 떨어지는 것을 반칙으로 간주합니다. 그런데 한자에서는 이 걷는 것과 뛰는 것의 차이를 발에서 찾지 않고 손과 팔에서 찾았습니다. 곧 걷는 것은 두 팔을 그리 많이 흔들지 않아도 되지만, 뛰는 것은 두 팔을 세차게 발과 반대로 움직이지 않으면 뛸 수가 없습니다. 그래서 '달릴 주走' 상형의 방점은 손과 팔의 자세에 있습니다.

'달리다'라는 뜻은 같으나 '주走'보다는 더 빨리 달리는 것을 뜻하는 '분奔'의 금문을 보면, 위의 모양은 같으나 아래에는 발이 세 개나 달려 있습니다. 여기에는 두 가지 해석이 있습니다. 하나는 '주走'는 천천히 달리는 것이어서 발이 하나만 보이고, '분奔'은 빨리 달려 발이 연속적으로 보이는 모습의 셋으로 그렸다는 것이죠. 다른 하나의 해석은 '주走'는 혼자서 달리는 것을 뜻하고, '분奔'은 여럿이 함께 달린다는 뜻이라는 겁니다. 한자에서 늘 둘이나 셋이란 숫자가 실제의 숫자를 뜻하지 않는 것은 여러 다른 글자에서도 보이기 때문에, 이 주장도 아니라고 선뜻 답하기는 어려울 것 같습니다. 어느 이야기가 맞는 것인지는 각자의 생각대로 가야 할 듯합니다.

辵(辶)착 | 책받침의 이동성

금문이나 갑골문에서 '지止'의 발과 함께 같이 나오는 형태로는 '조금 걸을 척彳'이 있습니다. 이것의 뜻은 '갈 행行'처럼 '가다'라는 뜻입니다. 가는 것은 발로 걸어가야 하겠지요. 그래서 '척彳'과 '지止'는 함께 나오는 경우가 상당히 많습니다. 이것을 하나로 표기한 형태가 '쉬엄쉬엄 갈 착辵'이나 '착辶'입니다. '착辵'은 옛날의 형태고, '착辶'은 간단하게 줄여 부수로 쓰는 겁니다. 이것은 보통 '착'이라는 음으로 부르기보다는 '책받침'이라는 이름으로 더 많이 사용합니다. 이것이 나오면 어디를 가는 것과 연관이 되는 글자입니다.

辵(辶)쉬엄쉬엄 갈 착
금문대전

이 부수가 나오는 글자는 모두 움직임과 관련이 있습니다. 가령 '나아갈 진進'과 '물러설 퇴退'는 방향만 다르지 모두 움직임에 관한 글자입니다. '진進'에서 '추隹'는 앞에서도 보았듯이 새를 뜻합니다. 비행기에 후진 기어가 없듯이 새는 걸음을 걸을 때 거의 앞으로 나아가지 뒤로 물러서는 법이 없습니다. 그래서 이 글자가 나아간다는 뜻이 된 것 같습니다. '퇴退'의 '간艮'은 본디 제기의 형태가 변한 모습입니다. 그러니 제사 음식을 올리고 뒷걸음질 치는 모습을 상형한 겁니다. 지금도 제사를 지낼 때 음식이나 술을 올리고 돌아서서 나오지

進 나아갈 진 금문

退 물러날 퇴 금문대전 退 물러날 퇴 금문

遠 멀 원 금문

近 가까울 근 금문

않고 뒷걸음치지 않나요?

우리는 멀고 가까운 것을 '원遠'과 '근近'이란 글자로 표시합니다. 한자는 멀다는 것을 어떻게 표시했을까요? 갑골문이나 금문을 보면 '착辶(彳)'의 옆 가운데에 동그라미 하나와 양쪽으로 삐죽 옆으로 꺾어진 선(〇)이 있습니다. 그 위에 발(止)이 또 하나 있죠. 이 형태와 비슷한 글자로는 '옷 의衣'를 들 수 있습니다. 이 글자에서 위의 꺽쇠 모양(人)을 놓고는 여러 해석이 있습니다. 옷깃으로 해석하기도 하고 모자로 해석하는 사람도 있습니다. 당시 옷의 형태를 정확히 모르니 확실하게 알 수는 없지만 어쨌거나 이것이 옷의 전체 모습을 잡는 것 같습니다. 그 아래로는 양쪽 소매가 나온 옷입니다. 이때 옷은 치렁치렁한 도포와 같은 형태니까 그 형태를 상형으로 묘사한 겁니다.

衣 옷 의 금문

그렇다면 '원遠'의 가운데 동그란 부분만을 빼면 다 해결된 겁니다. 걸음을 걸어 길을 가는데 옷을 가지고 있다면 그것이 무엇을 뜻하는지는 쉽게 알 수 있는 일이죠. 요즘도 여행을 가려면 짐을 쌉니다. 캐리어에 여러 옷가지와 필요한 물품을 챙깁니다. 예전에도 먼 길을 떠나려면 짐을 싸는 건 마찬가지였죠. 오히려 여행객을 위한 식당이나 숙소가 없으니 높은 사람들은 수레와 시종을 데리고 먼 길을 떠났습니다. 여기서 옷 가운데 있는 동그라미는 괴나리봇짐이라 생각해도 좋을 것 같습니다. 이렇게 짐을 꾸려 떠난다면 먼 곳에 가는 것이고, 이것이 이 글자에 '멀다'는 뜻을 불어넣은 겁니다.

'가깝다'는 뜻의 '근近'은 또 다른 내력을 지닌 글자입니다. 이 글자도 '착辶'은 나중에 덧붙은 겁니다. 본래 금문에는 '착辶'이 없었지만 나중에 '가깝다'는 뜻으로 쓰이니까 의미소로 덧붙인 겁니다. 그리고 해서에는 '근斤'이라는 도끼로 되어 있지만 그것과 글자의 상형은 아무런 관련이 없습니다. 그저 비슷한 모양의 발음이 같은 글자로 대신 취한 것이죠. 위에 있는 은 발이고 아래 두 줄로 표시한 은 장애물입니다. 장애물은 시냇물이죠. 지금이야 길에는 모두 다리들이 놓여 있지만 예전에는 시냇물을 만나면 건널 수 있는 곳까지 돌아가야 했습니다. 길이 멀어지니 고달픈 일이었지요. 그런데 발을 표시하는 밑의 선이 물줄기 오른쪽으로 쭉 뻗어 있습니다(). 이것은 발과 옷을 적시는 것을 무릅쓰고 냇물을 건넌다는 뜻입니다. 이 글자는 원래 군대의 행군과 관련된 글자입니다. 군대가 행군 중에 냇물을 만나 건너가기로 명령을 내린 겁니다. 그렇게 얕은 곳을 찾아 돌아가지 않고 냇물을 건너면 목적지가 '가까워'집니다. 그래서 이 글자에 '가깝다'는 뜻이 스며들게 되었습니다.

通통할 통 금문

運옮길 운 금문대전

우리가 '교통'이라든가 '통하다'라고 할 때 쓰는 '통할 통通'이 있습니다. 통하는 것도 발과 다리가 오고가야 하는 것은 틀림이 없습니다. 그런데 무엇이 오고가야 할까요. 이 글자를 보면 무엇이 오고가는 것인지를 분명히 알 수 있습니다. 바로 물건이 오고가는 것이지요. '착辶' 위에 있는 글자는 들통입니다. 들통은 물건을 담아 오고가는데 쓰는 물건입니다.

用쓸 용 금문

甬길 용 금문

'쓸 용用'과 '통할 통通'의 '착辶' 위에 올라 있는 '길 용甬'은 본디 같은 글자입니다. 지금도 글자 모양이 큰 차이가 없지만 예전에도 거의 같았습니다. 그저 고리 하나가 있고 없고의 차이입니다. 그러니까 '용用'은 나무로 만든 상자입니다. 상자 안에 물건을 넣어 가지고 다닙니다. 그러나 '용甬'의 용도는 그것만이 아닙니다. 여러 개를 수레에 싣고 다닐 때는 고리에 줄을 꿰어 넘어지지 않게 할 필요가 있습니다. 이렇게 고리가 달려 있으면 우물에서 두레박으로 쓸 수도 있습니다.

요즘의 가방이나 캐리어들도 그렇지만 운반용구는 정말 쓸모가 많습니다. 물건들은 쓰이는 곳이 따로 있는데, 이를 옮겨줄 운반용구가 없다면 쓸모가 없는 것이 되는 경우도 있습니다. 그래서 '용用'은 나중에 '쓰임'이란 뜻을 얻었습니다. 공구들은 대개 다 쓸모가 많습니다. '용甬'도 그 꼭지 때문에 나중에 붙은 뜻이 있습니다. 꽃봉오리가 '솟아오르는' 것이 마치 이 꼭지와 비슷하여 '솟아오르다'는 뜻도 생겼습니다. 또한 꼭지에 줄을 매달아 이 들통을 통제하니 '꼭두각시' 또는 '허수아비'란 뜻의 '용俑'이란 글자도 생겼습니다.

어쨌거나 이런 들통에 물건을 담아 오고가는 것이 '통通'입니다. 물건이 오고가면 마음도 통하고 친하게 지내게 됩니다. 우리 인간 세상에도 물건이 오고가고, 마음이 오가는 것은 좋은 현상입니다. 그래야 서로 친해지고 다툼이 벌어지지 않게 됩니다. 그렇게 서로가 오가기 위해서는 사람과 말과 수레가 부지런히 움직여야 했고, 지금은 온갖 교통수단들이 이들을 대신합니다.

그러나 오고가는 것에서 불평등이 생기면 서로 싸움이 납니다. 사람들은 가난보다 불공평을 참지 못한다고 하죠. 그래서 인류의 역사상 수많은 전쟁이 있었습니다. 한자가 태어난 시간은 바로 그 전쟁이 시작되던 시간이었습니다. '돌리다'는 뜻을 가진 '운運'자는 움직이는 것을 대표하는 글자입니다. '운반하다', '운전하다'와 같은 뜻만 아니라 '운수가 좋다'라는 돌림의 무작위적인 선택에도 이런 뜻을 씁니다. 그런데 이 글자를 보면 '착辶' 위에 올라가 있는 것은 바로 군대를 뜻하는 '군軍'입니다. 결국 이동하는 것은 군대인 것이죠.

그런데 '군軍'은 '수레 거車'와 '덮을 멱冖'으로 구성되어 있습니다. 수레는 이 한자의 시대에 일어난 전쟁의 주축 수단이었습니다. 한자의 시대에 전투는 말이 끄는 수레에 올라 '과戈'라는 긴 막대에 달린 칼을 들고 서로 겨루는 것이라고 하였죠. 그리고 '거車'는 수레를 위에서 내려다본 모양입니다. 아래위의 막대는 바로 수레바퀴인 셈이죠. 문제는 '멱冖'입니다. 이 글자의 당시 형태는 '고를 균匀'입니다.

匀고를 균 금문

사실 이것이 무엇을 뜻하는지는 잘 모릅니다만, 제 생각에 짧은 선분 둘은 '등호等號'로 고르게 하는 것이고, 긴 손으로 표시된 것은 손의 기능을 닮은 도구가 아닌가 생각합니다. 그래서 '고를 균均'과 같은 글자는 흙을 고르고 평평하게 해주는 일을 뜻하게 되었다고 여깁니다. 그런데 전차를 뜻하는 '차車'에서 고르게 한다는 것은 무엇일까요?

군대가 출동을 하려면 생각만큼 쉬운 일이 아닙니다. 가령 보병만으로 이루어진 군대라 해도 많은 인원이 좁은 길로 통과하려면 순서를 정해서 이를 잘 지켜야 합니다. 더군다나 말이 끄는 전차로 이루어진 군대라면 더욱 그렇겠지요. 『맹자孟子』에 보면 전국시대 제후국들 가운데 작은 나라 군대의 전차가 100량, 큰 나라의 군대가 1000량 정도라 하니, 그보다 한참 전인 한자의 시대라 해도 수십에서 수백량의 전차가 있었을 겁니다. 그러니 그 전차들을 지휘해서 이동시키도록 적절한 배분을 하는 일은 지휘관에게 쉽지 않은 일이었을 겁니다. 여기서 '균匀'은 그런 '적절한 배분'이 아니었을까 생각해봅니다. 그렇다면 '운運'이라는 군대의 이동에는 필수적인 것이었겠죠.

'지날 과過'에서 '괘咼'는 사실 무슨 뜻인지 확실하게는 알 수 없는 글자입니다. 어떤 이들은 뼈나 유골 따위를 뜻하는 글자라고 하기도 하고, 어떤 이들은 우회를 뜻한다고 하기도 합니다. 또 한편으로는 달

過지날 과 금문대전

팽이 껍질로 보기도 합니다. 그것은 달팽이를 뜻하는 '와蝸'라는 글자가 있고, '괘咼'의 해서 모양이 달팽이 껍질과 닮았기 때문이죠. 그것뿐만 아니라 '소용돌이 와渦'는 달팽이 껍질을 위에서 보면 소용돌이의 모양이 보입니다. 이렇게 한 글자에 대해 여러 이견이 있고 해석이 분분한 것은 갑골문이나 금문에 자주 나타나지 않는 글자이고, 또한 글씨체도 이체가 많아 서로 일치하지 않으며, 용례가 부족해 해석이 곤란하기 때문이죠.

그렇지만 '지날 과過'에서 '괘咼'의 형태는 달팽이라 생각하기도, 유골이라고 보기도 어렵습니다. 많은 글자들이 나중에 해서로 정형화되면서 관련이 없지만 비슷한 형태를 취하기도 하는데, 이 글자도 그런 것이 아닐까 하고 생각합니다. 이 글자의 금문에서 '착辶' 오른쪽을 보면 말뚝에 수평과 대각선으로 밧줄을 맨 형태인데, 경계를 표시하는 데 자주 쓰입니다. 이것은 아마도 군대가 비교적 깊은 개울을 지날 때 물살 때문에 밧줄을 잡고 건너게 한 것을 상형한 것이 아닌가 하고 저는 짐작합니다만, 확실치 않습니다. 그리고 이 글자에는 그런 경계가 둘이나 있습니다. 경계를 넘어서 또 경계로 가는 것이지요. 이런 형태가 나중에 해서로 정형화되면서 유사한 '괘咼'의 형태로 환치된 것이 아닐까 하고 짐작합니다.

還돌아올 환 금문

마지막으로 '착辶'을 가지고 있는 '돌아올 환還'을 살펴보겠습니다. 이 글자는 앞에 나온 '멀 원遠'과 아주 비슷한 형태입니다. 다만 위에 있던 발이 눈으로 대체되었을 뿐인데 뜻은 아예 다른 방향으로 가고 있습니다. 한자는 생활에 근거한 상형문자이기 때문에 인체기관이 많이 나옵니다만, 그 가운데 가장 많이 나오는 것이 눈입니다. 사람의 여러 감각들 가운데서 가장 중요한 것이 시각이기 때문에 그렇겠지요.

눈으로 무엇을 본다는 것은 참으로 여러 가지 뜻이 있습니다만 문학적인 경우에는 대부분 정서적인 겁니다. 이 글자에서는 멀리 가서 떠나온 곳을 바라보는 눈을 묘사했습니다. 그것이 보통 갑골문이나 금문에 나오는 눈과 다르게 이 '환還'에 나오는 눈동자는 가운데에 있지 않고 무언가를 응시하느라 옆으로 치우쳐 있습니다. 그러니 결국 떠나온 고향집을 그리워하는 것이고, 그리워하다가 다시 돌아오는 것이겠지요.

手수 | 손으로 이루어낸 문명

사람의 발은 튼튼하고 지구력이 있어서 아주 멀리 갈 수 있고, 지구력 있게 달릴 수도 있지만 정교함은 없습니다. 물론 축구선수들은 발로 하는 동작을 아주 정교하게 가다듬기도 하지만, 일반인들은 그렇지 못합니다. 그러나 사람은 직립하고 있기에 다른 동물들에게는 없는 아주 정교한 손이 있습니다. 네발 달린 짐승들은 말할 것도 없고, 영장류라 해도 사람처럼 손을 정교하게 사용하는 동물은 없습니다. 사람들은 이 손을 이용해서 도구를 만들고, 음식을 하고, 씨앗을 뿌리고, 가축을 기르고 잡기도 하며, 무기를 들고 전쟁터에서 싸우기도 합니다. 지금 우리가 살펴보고 있는 글자도 결국은 손으로 실행해야 나타나는 것이죠. 요즘에는 펜을 들고 글씨를 쓰는 일이 점점 줄어드는 추세이기는 하지만, 아무리 컴퓨터 시대라고 해도 글자는 결국 키보드를 눌러야 나오는 것이니까요. 결국 인간의 문명이란 이 손으로 이루어왔다고 해도 과언이 아닐 겁니다. 그러기에 한자에도 이 손은 수없이 등장합니다. 그렇기 때문에 '수扌'를 변으로 쓰는 글자도 다른 글자보다 무척 많은 편입니다. 손이 들어간 글자라면 당연히 손의 동작과 관련이 있겠지요. 그만큼 손의 쓰임새가 많다는 증거이기도 합니다.

'손 수手'는 변으로 쓰일 때는 보통 '扌'로 표시합니다. 보통은 이를 '재주 재才'의 모양이기에 '재방변'이라고 이야기합니다. 사람의 재주라는 것이 보통 손에서 나오는 것이니 틀린 이야기는 아닐 것 같습니다. 헌데 이 글자의 갑골문이나 금문을 보면 실망입니다. 왜냐하면 무

手(扌)손 수 금문

又또 우 금문

丑소 축 금문

은 이파리 줄기 같은 모양을 하고 있기 때문입니다. 아마도 초창기의 글자는 손의 모양대로 손바닥에서 나온 다섯 손가락을 다 표시했을 겁니다. 그러나 글자에 다섯 손가락을 다 표시하는 것은 어려운 일이기에 저런 황당한 모습으로 쓴 것 같습니다. 그러고 보면 '수扌'의 모습은 아주 일찍부터 나온 셈입니다.

그러나 모양이 좀 그랬는지 다른 글자 안에서 손은 저 모습보다는 다른 모습으로 더 많이 등장합니다. 지금의 '또 우又'도 많은 경우 손이었습니다. 이 글자는 여러 번 뜻이 바뀌어서 '오른쪽'이었다가, '또'라는 뜻으로 완전히 탈바꿈했습니다. 그 이유는 잘 모르지만 '있을 유有'는 이 글자에 '육달 월⺼'을 덧붙인 겁니다. 없던 시절에는 손으로 고기를 들고 있는 것이 얼마나 '있는' 일이겠습니까. 여기에는 다섯 손가락이 세 손가락으로 축소되었습니다. 우리가 만화영화를 볼 때 대개 주인공 손가락은 세 개입니다. 원래 다섯 개를 그려야

有있을 유
갑골문

하지만 다 그리면 너무 많고, 이상하게 보이지 않을 손의 모습은 세 개이기 때문에 그렇답니다. 미키마우스의 손가락이나 옛날 한자의 도상 원리는 같은 모양입니다.

'우又' 말고도 손을 뜻하는 표식이 다른 요소로 바뀐 글자가 꽤 있습니다. '마늘 모厶'도 손이 변한 경우가 가끔 있고, '손톱 조爪'가 위에서 아래를 향한 손을 표시하는 경우도 많습니다. 또한 '마디 촌寸'도 손이 변한 것일 수 있습니다. 많은 경우에 '받들 공廾'은 두 손이 변해서 된 것이기 쉽고, '책상 기丌'의 형태도 두 손일 수 있습니다.

이 손의 모양을 조금 변형해서 뜻을 나타내는 글자도 있습니다. '소 축丑'이 그런 글자인데, '소'란 뜻은 십이지에서 둘째 지지인 '우牛'를 '축丑'으로 표기했고, 이해가 소띠 해이기 때문에 붙은 겁니다. 원래 '축丑'의 금문 형태를 보면 손가락 마디를 굽힌 것입니다. 마디를 굽힌다는 것은 손가락에 힘을 준다는 것이지요. 그래서 이 글자의 본디 뜻은 손가락에 힘을 줘서 매듭을 묶는 것이었다고 합니다.

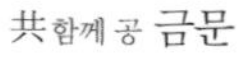

共함께 공 금문　　及미칠 급 금문

이 손들이 글자 안에서 어떤 역할을 하는지 몇 글자를 예로 들어 살펴봅시다. 우리가 '함께하다'라는 뜻으로 쓰는 '공共'이란 글자는 두 손으로 그릇에 담긴 음식을 제사상에 올리는 모습입니다. 두 손이라 함은 예나 지금이나 공손함을 뜻하는 것이고, 제사상에 올린 음식은 제사가 끝나면 같이 나누는 겁니다. 그러기에 '함께하다'라는 뜻으로 쓰이게 되었죠. 이것이 글자 안에서 요소로 쓰일 때에는 보통 글자 밑받침에 '공廾'으로 붙습니다.

'미칠 급及'은 손으로 다른 사람의 발목을 잡습니다. 쫓아가서 발목을 잡는다는 의미로 쓰인 글자입니다. 다른 사람의 발목을 잡으려면 앞서 가는 사람을 쫓아야겠죠. 그렇게 해서 '다다르다', '이르다'는 뜻으로 파생이 됩니다.

尹 다스릴 윤 금문

손의 중요한 역할의 하나는 글을 쓰는 겁니다. '다스릴 윤尹'은 손으로 붓을 잡은 모습입니다. 물론 이때의 도구가 지금과 같은 붓이 아니었다 해도 글씨를 쓰는 도구는 막대기 끝에 무언가가 달렸을 겁니다. 남을 다스리는 관리가 되기 위해서는 학식이 필요합니다. 학식이란 글을 쓰고 기록을 할 수 있는 사람이었겠지요. 갑골문을 쓸 때인 중국 은상殷商의 명재상이 이윤伊尹입니다. '이伊'가 이름이고 '윤尹'은 벼슬이었다고 하는데, 둘 다 붓을 잡고 있는 형태의 글자이니 글을 아주 잘하는 인물이었음은 틀림없을 것 같습니다. 지금과는 달리 글자를 쓰고 기록을 한다는 것은, 이때는 절대적인 지식이고 특권이었습니다.

聿붓 율 금문　　史역사 사 금문　　射쏠 사 금문

得얻을 득 갑골문

손으로 세 갈래로 갈라진 막대기를 잡고 있는 글자가 있습니다. '붓 율聿'이 그런 모습인데 이 막대기는 대나무로 만든 필기도구인 '붓 필筆'일 수도 있고, 또는 바늘이거나 도구일 수도 있을 것이고, 춤을 출 때 연주하는 악기처럼 규칙과 법을 상징하는 '률律'일 수도 있고, 또는 강에서 배를 움직이는 삿대일 수도 있습니다. 그래서 그런 배가 닿은 곳을 '나루 진津'이라고 합니다.

우리가 역사라 이르는 '사史'에도 손이 있습니다. 이 글자에서 손이 잡고 있는 것은 '가운데 중中'입니다. 이 '가운데 중中'은 군사적인 글자입니다. 어떤 장치를 해놓고 막대나 깃발을 꽂는 것이지요. 이 '중中'에 대한 이야기는 두 가지가 있는데 하나는 군사의 가

中가운데 중
금문대전

운데, 곧 지휘관이 있는 곳을 표시한다는 것이고, 다른 하나는 군사와 적군 사이에 중립지대를 표기하기 위한 것이라는 겁니다. 저는 첫 번째가 타당하다고 생각합니다. 그러면 손이 집고 있는 것은 무엇일까요? 지휘부라는 것은 주로 왕이나 왕의 명을 받은 높은 분이 있는 곳이고, 이곳에서의 명령이 역사를 바꾸는 일들이겠지요. 그러니까 '사史'는 이 깃발을 지키는 임무를 맡고 있었고, 나중에 그곳에서 일어난 일들을 기록하는 관리로 바뀐 것 같습니다.

활을 쏘는 것을 이르는 '사射' 안의 '촌寸'은 손에서 온 것입니다. 이 글자의 갑골문이나 금문을 보면 한눈에 손의 모습임을 알 수 있습니다. 화살 끝을 잡고 활시위를 팽팽하게 당겼다가 손끝의 화살을 놓아주면 화살이 날아가는 일반적인 활 쏘는 모습을 잘 묘사하고 있습니다. 이렇게 '마디 촌寸'이 손인 경우는 '얻을 득得'자에도 나타납니다. 글자의 모양은 어디에 가서(行), '조개 패貝(ƐЭ)'를 손(ㄨ)에 넣은 것이지요. 이때 조개껍질은 화폐의 역할을 한 것이니 돈을 번 겁니다. 이렇듯 지금의 한자에는 비록 다른 모양으로 표현되고 있지만 원래는 손에서 비롯된 형태들이 곳곳에 있습니다.

여태까지의 글자들은 대개 팔이 손 아래로 있어 손은 어떤 정밀한 조작을 하고 있는 형태입니다. 글씨를 쓴다거나, 음식을 한다거나 하는 일은 그렇게 큰 힘이 들지 않는 일이겠지요. 하지만 한자의 시대에는 동물의 힘을 이용하지 않고 사람이 손과 발을 써서 밭을 갈았습니다. 이런 일도 큰 힘을 쓰는 일이겠지요. 앞서 '균匀'에서도 그것이 손인지 손의 연장인 도구인지는 확실하지 않지만 어쨌거나 흙을 고르는 일인 '균均' 또한 힘을 쓰는 일입니다.

力힘 력 금문

헌데 '힘 력力'을 보면 손이 아래로 향해 있고 팔이 아주 깁니다. 사람의 손은 힘을 쓰는 일도 합니다. 이를테면 운동 종목 가운데 역도는 손으로 역기를 잡아 팔로 위로 들어 올립니다. 무거운 바위나 나무를 들어 올리는 일도 큰 힘을 쓰는 일입니다. 이 '힘 력力'의 금문은 들어 올리는 동작을 잘 묘사하고 있습니다. 손은 아래에 있고 팔이 위에 있어 중력에 반해 무거운 물체를 들어 올리려는 동작으로 힘을 표현하고 있는 것이죠. 상형이란 이렇게 아주 기묘한 방식으로 글자를 만들어냅니다.

이 당시로는 전쟁을 치르거나 집을 짓는 일도 힘든 일이었겠지만 평상의 가장 힘든 일은 농사일이었습니다. 그래서 농사를 지을 때 힘이 드는 일들은 남자들이 주로 했습니다. 그래서 '남자 남男'은 '밭 전田'과 이 '힘 력力'을 합친 형태입니다. 이 '력力'을 가래의 모양이라 해석하기도 하는데, '남男'이란 글자를 보면 그렇게 해석해도 되지만 가래질이 가장 힘든 일이라 하기에는 이상합니다. 이렇게 보면 인간이 손을 쓰는 일이 많은 것만큼 한자 안에도 곳곳에 손이 있는 셈이죠.

그 밖에도 손으로 하는 동작은 정말 많죠. 야구는 크게 보면 투수가 공을 던지고 타자는 방망이로 그 공을 때려내는 경기입니다. '던질 투投'는 본래 손으로 자루가 달린 망치나 도끼 같은 물건을 던지

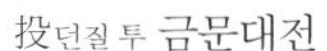

投던질 투 금문대전

打칠 타 금문대전

는 걸 묘사한 겁니다. 어떤 물건을 던진다면 대상물이 상하게 함을 목적으로 하는 것이겠지요. 즉 대상이 적이나 사냥을 하고자 하는 짐승이겠죠. '칠 타打'는 손과 널빤지의 관계입니다. 옆의 편방은 '손(扌)'이고 '널빤지(丁)'가 옆에 붙어 있으니까요. '정丁'을 보통 '고무래 정'이라 하는데, 고무래는 긴 막대기 끝에 편편한 널빤지가 달려서 고르게 만드는 도구입니다. 갑골문이나 금문을 보면 손잡이는 없고 편편한 것을 그대로 표현하였습니다. 글쎄, 손으로 널빤지를 두들기는지, 또는 못을 박는지는 잘 모르겠지만 어쨌거나 그 동작에서 '치다', '때리다'는 뜻이 나온 것은 분명합니다. 또 이 '정丁'은 '한몫을 하는 일꾼'이라는 뜻으로도 쓰입니다. 장정壯丁이란 말은 이런 뜻으로 쓰인 단어입니다. 물론 또 십간十干의 네 번째 숫자로도 쓰입니다.

丁고무래 정 갑골문

丁고무래 정 금문

또 손은 일만 하는 건 아닙니다. 사람은 손으로 대화도 합니다. 청각장애인들은 수화手話로 이야기를 나누죠. 청각장애인뿐만 아니라 일반인들도 말을 할 때 손을 보조적인 수단으로 삼습니다. 손을 이용한 제스처로 말에 생기를 불어넣고 여러 감정을 전달하기도 합니다. 또한 멀리 떨어져 소리가 들리지 않을 때에는 손으로 신호를 하기도

指손가락 지 금문　　　授줄 수 금문대전

하지요. '손가락 지指'는 바로 그걸 뜻하는 단어였습니다. 옆의 변은 사람과 입을 그린 것이고 그 옆은 손가락을 상형한 글자입니다. 그러니까 손과 손가락으로 의사 표현하는 걸 뜻한 겁니다. 그것이 나중에 '손가락'이란 뜻으로도 쓰이지만, '가리키다'라는 뜻도 지니고 있습니다.

마지막으로 한 글자에 손이 셋 들어간 글자도 있습니다. 학교에서 '수업授業'이라는 말을 쓰지요. 그 '줄 수授'에 바로 손이 셋 있습니다. 왼쪽의 '손扌'은 편방으로 쓰인 것이고요, 그 옆에는 위아래로 손이 있습니다. 여기의 손과 손 사이에는 원래 물건이 있었습니다. 그러니까 물건을 '주다'는 뜻입니다. 사실 '주는' 행위는 다른 한 사람에게는 받는 행위이기도 합니다. 그러기에 '받을 수受'를 써서 '수업受業'이라는 말도 씁니다. 학교에서 '수업授業'은 선생님이 학생에게 가르침을 주는 것이죠. 물론 손이 셋 있는 '수手手'라는 글자도 있는데, 이것은 손이 여러 개인 것처럼 재빠르게 움직여 남의 것을 빼앗는 '소매치기'라는 나쁜 뜻입니다.

九…

눈과 감각기관

사람은 움직이면서 사는 동물이기 때문에 여러 감각기관이 잘 발달해 있습니다. 흔히 오감五感이라고 해서 보는 것, 냄새 맡는 것, 듣는 것, 맛, 촉각을 기본적인 감각으로 칩니다. 그리고 그 감각을 느끼는 기관은 눈, 코, 귀, 혀, 피부입니다. 동물들은 이 감각기관을 통해 외부의 정보를 받아들여 움직이기 때문에 감각은 생존에서 가장 중요한 문제입니다. 사람이 생존을 위해 위험을 피하고, 음식을 구해 조리하여 먹고, 집을 짓고, 추위를 피하고 하는 모든 것들은 이 감각을 기초로 합니다.

모든 동물에게 감각은 생존에 가장 중요한 문제입니다. 어떤 감각 하나라도 결함이 있으면 살아가기 힘듭니다. 동물들이 대개 오감을 기본으로 가진 것은 한 갈래에서 진화해왔기 때문입니다. 그러나 동물들 사이에서 감각의 중요도는 상이합니다. 이를테면 높이 날면서 먹이를 찾아야 하는 새는 시각에서 인간에 비할 바가 아니고, 어두운 곳에서 먹이를 찾고 천적을 피해야 하는 쥐는 후각이 발달했습니다. 또 빛이 없는 심해나 동굴에만 사는 동물들은 눈이 아주 퇴화해서 없어지기도 했습니다.

어쨌거나 이 감각은 살아가는 데 중요하고 모든 사고와 판단에 기초가 되는 것이기에, 이 감각기관의 모양과 기능은 한자 안에 때로는 직접적인 묘사로, 때로는 어떤 상황을 표시하기 위한 배경으로, 또 한편으로는 의미가 변하여 스스로를 대표하는 것으로 들어가 있습니다. 때로는 감각과는 무관한 것 같은 용어나 추상적인 관념에도 이 감각들은 깊숙이 자리를 차지하고 있습니다. 어쩌면 한자에 이렇게 많은 감각기관과 감각이 숨어 있었나 싶을지도 모르겠습니다. 그만큼 우리는 감각과 관련이 깊다는 것이겠지요.

目 목 | 눈의 방향이 중요하다

사람의 감각 가운데 으뜸은 시각인 것 같습니다. 개나 돼지, 쥐와 같은 다른 포유류들은 시각보다 후각이 더 발달했지만, 사람은 후각은 쇠퇴하고 시각이 가장 중요한 감각으로 자리를 잡았습니다. 그래서 한자에도 눈이 그려진 글자가 많습니다. 눈은 꼭 시각적인 뜻만 가지고 있는 것이 아니죠. 사랑이 가득 담긴 눈빛도 있고, 그리움이 가득 찬 눈도 있고, 눈물을 글썽이는 눈도 있습니다. 눈빛만 보아도 마음이 통한다고 눈으로 마음을 전달하기도 하고, 말로 하기는 곤란한 것은 눈짓으로 대신하기도 합니다.

그렇기 때문인지 한자 가운데는 눈이 포함되어 있는 글자가 상당수 있습니다. 또 어떤 글자는 전혀 예측을 하지 못할 정도로 눈과 관련성이 없는 것 같은데도 눈이 들어가 있는 글자도 있습니다. 눈에는 속눈썹과 눈썹이 있습니다. 이들은 이물질로부터 눈을 보호하는 역할을 하지만, 이 움직임이 감정과 상태의 변화를 표시하기도 합니다. 한자를 만든 사람들은 눈만이 아닌 이 눈썹의 움직임도 글자를 만드는 데 이용했습니다. 이제 그 눈이 들어간 글자들을 찾아봅시다.

우선 '눈 목目'은 한눈에 봐도 눈입니다. 그러나 여기서 주의해야 할 것은 눈의 방향입니다. 해서에서는 이 눈이 세로로 세워진 꼴이 되었습니다만, 갑골문이나 금문에서는 수평으로 그린 것을 볼 수 있

目눈 목 금문　　　　眉눈썹 미 금문

습니다. 갑골문이나 금문이 정형화되지 않은 면이 있지만 글자의 방향은 중요합니다. 물론 이 방향이 아래쪽은 땅이고 위쪽은 하늘이라는 그림의 일반적인 원리 같은 걸 뜻하지는 않습니다. 그렇지만 동물의 경우 대부분 등 쪽이 오른쪽으로 가도록 배열한 것은 거의 모든 경우 지켜지고 있으며, 다른 대부분의 글자도 좌우가 바뀌는 경우는 있어도 위아래가 바뀌는 경우는 거의 없습니다.

그런데 이 '눈 목目'의 경우는 방향에 따라 글자의 뜻이 달라지는 것을 나중에 볼 수 있을 겁니다. 눈의 방향뿐만 아니라 눈동자의 위치, 속눈썹이나 눈썹 등도 글자의 뜻을 나타내는 도구로 쓰입니다. 어쨌거나 해서에서 가로 눈이 세로로 변한 것은 '그물 망罒'이나 '그릇 명皿'과 헷갈리기 쉬운 형태여서 그렇게 변했을 가능성이 있습니다. 일단 문자란 상형이라 해도 상징화가 되면 방향의 변화에서 자유로울 수 있으니까요. 어쨌거나 금문까지의 눈은 상형에 충실한 눈입니다.

눈썹을 뜻하는 '미眉'는 눈 위의 눈썹을 묘사한 겁니다. 여기서는 한 가지 형태만 올려놨지만 눈썹의 형태가 자못 다양합니다. 지금도 사람들의 눈썹을 살펴보면 실로 다양한 형태의 눈썹이 존재함을 관찰할 수 있습니다. 또 어떤 글자는 눈동자가 있고 어떤 글자는 없는데 이것은 별거 아닙니다. 눈동자가 있든 없든 판독에 상관이 없기

見볼 견 금문

看볼 간 금문대전

視볼 시 금문

때문에 문자로서는 이미 자신의 몫을 충분히 하고 있으니까요.

눈은 다른 동물들에게도 달려 있고 그 모습 또한 현저하게 차이가 나는 것은 아닙니다. 그렇지만 본다고 하는 행위는 반드시 주체가 필요합니다. 그리고 우리에게 본다는 것은 우리 자신이 주체가 되어야 하는 일입니다. 강아지도 소도 보겠지만 그들이 보는 건 우리가 보는 것과는 다른 것이지요. 그래서 '볼 견見'은 사람이 있고, 머리 전체를 눈 하나로만 표현했습니다. 중요한 기능만 강조하여 표시해서 글자의 뜻을 표현하는 방법이 바로 이런 것입니다. 이 글자의 아래에 있는 사람의 모양은 다양합니다. 꿇어앉은 모습도 있고 서 있는 것도 있습니다. 사람의 신체가 짧은 것도 있고 긴 것도 있습니다. 사실 그런 것들은 글자의 뜻과는 별로 관련이 없겠지요. '사람이 보는 것'만으로 충분히 글자의 효용을 다하고 있으니까요.

'볼 견見' 말고도 '본다'는 뜻을 지닌 글자가 또 있습니다. 바로 '볼 간看'입니다. 조선시대 실학자 가운데 한 사람인 이덕무는 스스로 '책만 보는 바보'라는 뜻으로 '간서치看書痴'라고 하였는데, 바로 그 '간

看'자입니다. 그러면 '견見'과 '간看'은 무슨 차이가 있을까요? '견見'은 서거나 앉아서 일상적으로 바라보는 것이지만, '간看'은 눈 위에 손을 대고 있습니다. 우리가 햇빛이 강한 곳에서 무언가를 응시하려면 강한 빛을 가리기 위해 손으로 눈 위에 처마를 만들고 바라봅니다. 강한 직사광선의 간섭을 피하려는 겁니다. 곧 자세히 관찰하는 행위를 눈 위에 손을 얹는 동작을 포착해서 모습을 넘어선 의미를 표현하는 것이죠. 그러니까 '견見'보다 '간看'이 보다 자세히 살펴보는 것입니다. 당연히 책은 '간서看書'해야지 '견서見書'하면 책을 그저 풍경으로 바라보는 것이죠.

또 다른 '보다'라는 뜻으로 쓰이는 '시視'란 글자도 있습니다. 이 글자에는 '보일 시示'가 '볼 견見' 옆에 있습니다. '보일 시示'가 있다는 것은 제사를 올리고 있으며, 또 점을 쳐서 계시를 얻었다는 뜻이겠지요. 그것이 뼈나 거북껍데기의 갈라진 방향이거나 어떤 다른 점괘인지는 몰라도 신이 어떤 계시를 내린 겁니다. 그렇다면 이 계시를 제대로 해석하기 위해서는 아주 자세히 봐야 합니다. 그렇기 때문에 '시視'는 '자세히 살피다'란 뜻을 지니게 되었습니다. 또한 이들 계시를 읽을 수 있는 사람들은 보통 높은 사람들이었죠. 그렇기에 높은 사람들이 시정에 나와 자세히 살피는 것을 '시찰視察'이라 하고, 눈이 얼마나 좋은가는 '시력視力'이라고 합니다.

전쟁에서는 적의 움직임을 보는 것이 중요하기 때문에 늘 척후병처럼 정찰대를 운용하기도 하고, 높은 곳에 올라가 적의 동태를 살펴보기도 합니다. 그러나 마땅히 올라갈 건물이나 산이 없다면 나무에 오르는 것만으로도 시야를 확보할 수 있습니다. '서로 상相'은 바로

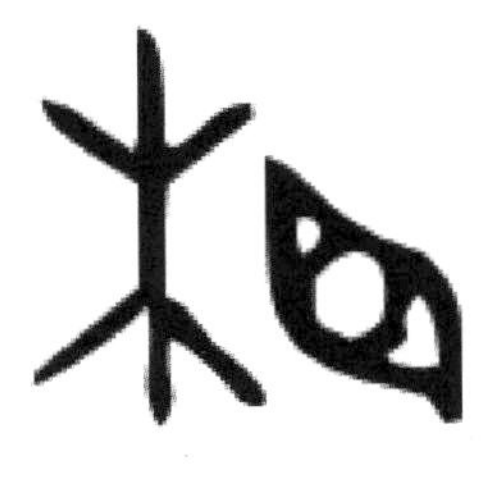

相서로 상 금문

省살필 성 금문

直곧을 직 갑골문

이렇게 나무에 올라가 살펴보는 걸 말하는 글자입니다. 만일 적의 동향을 탐색하는 일이라면 허투루 봐서는 안 되겠지요. 아주 집중해서 자세히 살펴봐야 할 겁니다. 그렇게 해서 '자세히 살펴보다'란 뜻이 되었고, 상대방을 '자세히 살펴보다' 보면 서로를 이해하게 됩니다. 그래서 나중에 상대방이란 뜻의 '서로'란 뜻이 태어난 것이죠.

또한 '살필 성省'을 보면 눈 위에 싹이 돋아나고 있는 형상입니다. 어떤 사람들은 이것을 '눈 목目'과 '날 생生'의 결합이라 하고 '생生'을 우리의 본성, 곧 '성性'으로 풀이하기도 합니다. 곧 우리의 마음에 수시로 생겼다가 사라지는 마음을 바라보는 일이라는 것이죠. 저는 이 해석이 지나치게 철학적이라 생각합니다. 한자의 상형은 의미의 전이에는 민감하게 반응하지만 그렇게 철학적이진 않습니다. 만일 이것을 '날 생生'으로 해석한다면 '초목을 관찰하다', 곧 '자연의 이치를 생각하다' 정도로 해야 하지 않을까 합니다.

그런데 대부분 눈 위의 것은 눈썹의 모양을 묘사한 겁니다. 눈 바로 위의 눈썹을 뾰쪽하게 그렸다면 미인의 아름다운 속눈썹을 그린 것이겠지요. 그렇지만 여기서는 직선으로 쭉 뻗어나가다 세 갈래로 갈라지니 깊은 생각에 눈썹을 찌푸리는 것이라 여기는 게 옳지 않을까 합니다. 깊은 생각에 잠길 때에는 대개 눈썹을 찌푸리고 골몰하는 모습을 보이지 않나요. 그렇게 해서 '살피다', '성찰하다'와 같은 뜻이 이 글자에서 나왔을 겁니다.

'곧을 직直'이 눈하고 관련이 되었다는 것은 의외입니다. 곧다는 말은 무슨 반듯한 물건으로 표시되어야 하는 것 아닐까 하는 얕은 생각이 들기 때문인지 모르겠습니다. 그렇지만 '직直'은 눈 위로 수직선이 그려져 있는 형태입니다. 이렇게 곧은 수직선은 차마 눈썹이라고는 할 수 없습니다. 그래서 이 선을 '정면을 응시한다'라고 보통 해석합니다. 정면을 쏘아보는 눈빛이라면 왠지 오금이 저리게 만드는 그런 눈빛이겠지요. 높은 사람이 죄 지은 아랫사람을 이렇게 쏘아보면서 응시하면 저절로 자신의 죄를 다 털어놓을 것 같습니다. 그래서 이 글자를 '곧을 직直'이라 하는지 모르겠습니다.

눈이 그려져 있지만 눈의 기능하고는 전혀 관련이 없을 것 같은 뜻으로 쓰인 글자가 있습니다. 아무리 생각해보아도 눈의 기능과는 관계가 없을 것 같은 '신하'라는 뜻의 '신臣'이란 글자입니다. 그래서 『설문해자』를 쓴 허신도 임금을 모시기 위해 '굴복한 모습'이라고 해석을 달아놓았습니다. 해서의 글자 모양을 억지로 꿇어앉은 형태로 보려 한 것이지요. 물론 허신은 갑골문이나 금문을 보지 못했으니 비웃을 일은 절대 아닙니다.

臣신하 신 금문

監볼 감 금문

賢어질 현 금문

臨임할 림 금문

신하가 세로로 된 눈과 무슨 관계가 있을까요. 헌데 '신臣'이 들어가 있는 글자들을 죽 늘어놓으면 그 뜻을 이해할 수 있습니다. 머리를 조아리고 아래를 바라보는 모양으로 임금 앞에서 고개를 숙인 신하의 모습을 그린 겁니다. 신하란 것이 그렇습니다. 임금의 대리인이니 임금 앞에서는 머리를 조아려야 합니다. 그리고 아래로는 임금이 시킨 일들을 잘 수행하고 있나 살펴봐야 합니다. 그렇기 때문에 '신臣'이 들어간 여러 글자들은 어떤 일들을 주도면밀하게 관찰하고 있습니다. 이쯤 되면 눈의 방향을 달리하는 것이 어떤 의미가 있는지를 쉽게 깨달을 수 있을 겁니다.

우리가 자주 쓰는 글자 가운데 '볼 감監'이 있습니다. 좋은 의미의 '본다'는 뜻이 아닌 '감독監督', '감시監視', '감사監査', '감옥監獄'과 같이 무언가 잘못하지 않았나 해서 살펴보고 지적하는 뜻이 강한 글자입니다. 그렇지만 이 글자의 원래 형태를 보면 그다지 무서운 글자는 아닙니다. 신하가 솥에서 음식이 끓고 있는 모습이 어떻게 되어가나를 살피고 있는 겁니다. 물론 불이 꺼지거나 물이 모자라면 즉각 조처를 취해야 할 겁니다. 그러니 무서운 감시의 눈길은 절대 아닙니다. 나중에 '살피다'는 뜻이 '잘잘못을 살펴보는 것'으로 바뀌어간 겁니다.

'어질 현賢'을 볼까요. 이 글자는 사람들이 좋아하는 글자이기에 이름에도 무척 많이 쓰이는 글자입니다. 어질고 현명한 것은 누구나 좋아하니까요. 글자를 보면 신하가 눈을 아래로 뜨고([illegible]) 손으로([illegible]) 조개([illegible])를 다루고 있습니다. 이때의 조개는 곧 화폐입니다. 그러니까 돈을 잘 다루고 있는 신하일 겁니다. 어느 집이든 나라든 돈의 관리는 중요한 일입니다. 이를 잘 관리하면 궁핍하지 않게 잘살 수 있습니다. 그렇기 때문에 금전의 출납을 잘 운용하는 것은 현명한 일입니다. 결코 그저 돈이나 세는 일이라고 업신여길 수는 없습니다. 이렇듯 글자의 연원에는 아주 작은 이야기에서부터 시작되어 좋은 뜻으로 옮겨간 글자들도 많습니다.

'임할 림臨'도 어찌 보면 재밌는 글자입니다. 이 당시의 임금도 직할지와 같은 자신의 농토를 가지고 있었을 겁니다. 그것을 직접 돌볼 수 없으니 신하에게 가서 밭을 돌보라고 했을 겁니다. 그렇게 신하가 밭에 가서 작물을 살펴보는 것이 이 '림臨'입니다. 직접 가서 부딪치는 것이지요. 이처럼 신하들은 임금이 시키면 해야 하는 일들이 많았습니다. 그러는 가운데 능력이 있고, 인품 있고, 뛰어난 사람들이 나오고 그들이 칭송을 받게 된 것이지요. 물론 그렇지 못한 신하들도 많았겠지요.

耳이 | 부끄러워 귀를 씻다

사람의 감각 중 시각 이외에 반응이 가장 빠른 곳은 청각입니다. 어떤 면에서 귀의 효용은 놀라울 정도입니다. 어떤 소리를 듣고서 소리 나는 방향을 금세 알고, 또 그 소리에 반응합니다. 또한 악기로 연주하고 목소리로 노래를 불러 소리로 흥겨워지거나 진한 감정을 느끼기도 합니다. 그리고 무엇보다 의사소통에서 가장 중요한 위치를 차지하고 있습니다. 사람의 의사소통은 글보다는 말이 우선이죠. 그렇기 때문에 청각 역시 사람에게 있어서 중요한 감각임에 틀림이 없습니다.

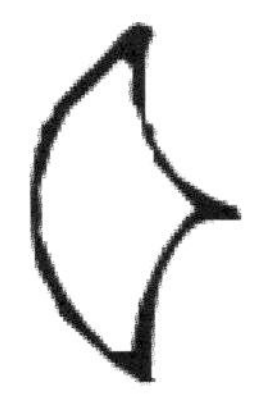

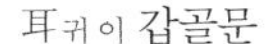

耳귀 이 갑골문

耳귀 이 금문

소리를 듣는 감각기관은 귀입니다. 귀는 겉으로 둥근 타원형으로 소리를 모아주는 장치가 있기 때문에 눈에 띄기는 하지만 이곳은 어디까지나 바깥의 부분일 뿐입니다. 그렇지만 이 귓바퀴는 상징성이 있기 때문에 문자로 귀의 전체를 상징하고 있습니다. 갑골문의 귀의 형태와 금문의 귀의 형태가 다릅니다. 어떤 것이 더 귀에 가깝다고 생각하나요? 외형적으로는 금문의 그것이 조금 더 일반적인 형태에 가깝지 않나요? 그러나 이 둘 모두 그저 외형만 취한 것이 아니라 소리가 귀로 모아져 들어가는 것까지 묘사했다는 점에서, 그저 그림이 아닌 기능을 중시한 문자로서의 역할에 충실한 것 같습니다. 그리고 금문은 더 나아가 소리가 내이內耳로 이어지는 것까지 묘사했습니다.

聞들을 문 갑골문

聽들을 청 갑골문

한자에서 '듣는다'는 동사는 '들을 문聞'과 '들을 청聽' 이 두 글자가 있는데, 뜻을 잘 구분할 수 없을 정도지만 어원을 따지면 약간의 차이가 있습니다. '들을 문聞'을 해서로 쓸 때에는 대문(門) 안에다 '귀 이耳'를 씁니다. 마치 문 안에서 무언가를 듣는 듯한 글자로 보기 쉽지만, 원래 글자는 대문과는 아무런 관련도 없습니다. '들을 청聽'은 나중에 추가된 요소들이 많아 복잡해 보이지만 원래 갑골문과 금문에서는 귀 옆에 '입 구口'가 하나나 둘 붙어 있을 따름입니다. 금문에서 나중에 추가된 요소는 좀 복잡한데, '듣고 판단하다' 정도로 생각하면 됩니다. 두 글자의 차이점은 '문聞'은 사람이 팔을 들어 얼굴에 붙이고 있다는 것이고, '청聽'은 그저 귀와 입만 있다는 점이 다릅니다. 손이 귀에 가 있다는 것은 자세히 들으려 한다는 것이지요. 그렇기 때문에 '문聞'은 의도적인 귀 기울임이고, '청聽'은 일반적인 대화를 듣는 것이라 생각하면 되겠습니다.

'귀 이耳'가 들어간 글자는 그리 많지 않습니다. 그래도 몇 글자를 예로 들어보겠습니다. 우리가 '치욕恥辱스럽다'고 할 때 '부끄러워할 치恥'에 '이耳'가 들어 있습니다. 중국의 전설시대에 요堯임금이 허유

許由란 사람에게 벼슬을 맡기려 하자 더러운 이야기를 들었다고 귀를 씻었다는 이야기가 있습니다. 이 글자도 욕하는 이야기를 귀로 듣고 마음이 부끄럽기에 이렇게 쓴다고 하는데, 그저 듣고 넘길 우스개 정도의 이야기입니다. '부끄러워할 치恥'는 '마음 심心' 대신 '발 지止'를 써서 '치耻'로 쓰기도 합니다. 이렇게 되면 '욕을 듣고 발을 멈춰서' 부끄러워했다로 해석해야겠습니다.

'귀 이耳'변을 쓰는 글자로 '즐길 탐耽'과 '귀 울 료聊'도 있습니다. '료聊'에도 즐긴다는 뜻이 있습니다. '즐길 탐耽'은 '탐닉耽溺하다'란 단어로 즐거움에 깊이 빠져드는 걸 주로 묘사합니다. 우리가 음악을 늘 듣고 다니는 것처럼 귀는 즐거움과 항상 연관이 있는 것 같습니다. 아무리 흥미로운 영화도 음악이 없으면 그 감동이 많이 줄어듭니다. 흥미로운 춤을 본다고 해도 음악이 없으면 재미가 반감될 겁니다. 이처럼 음악은 즐거움을 주는 만큼, 즐거움에 빠지게 할 유혹도 큰 것이죠.

鼻 비 | 왜 코만 복잡할까?

시각과 청각을 했으니 이제는 냄새를 맡는 후각을 할 차례입니다. 후각은 아주 느린 감각이라고 하죠? 좋은 냄새는 기분을 아주 좋게 하는데, 또 냄새를 맡는 감각은 그다지 빠르지 못합니다. 그래서 부엌에서 타는 냄새를 맡고 나면 이미 음식은 다 태워버리고 난 뒤일 겁니다. 그렇지만 인간의 후각은 근본적인 감정과 연관된 감각이고, 인

鼻코 비 갑골문

간의 경우 시각이 발달해 후각이 덜 중요해졌지만, 그래도 이 후각은 원시적인 감각이라 보이지 않는 곳에서 우리를 지배합니다.

냄새를 맡는 감각기관인 코의 한자는 '비鼻'입니다. 우리가 '이비인후과'라고 할 때 두 번째 있는 그것이 바로 코입니다. 그런데 앞선 '눈 목目'이나 '귀 이耳'와는 달리 글자가 무척 복잡합니다. 코가 별다르게 복잡하게 생긴 것도 아닌데 왜 이 글자만 이렇게 복잡할까요? 사실은 원래 코를 뜻하는 글자는 지금 우리가 다른 뜻으로 쓰기 때문입니다. 그것도 아주 많이 쓰는 글자랍니다.

'스스로 자自'가 바로 그 글자입니다. 중요한 감각기관을 나타내는 글자가 '목目', '이耳', '자自'처럼 직사각형을 삼등분하는 글자라는 것이 신기합니다. 이 글자는 '자기自己' '자신自身', '자유自由'처럼 스스로를 뜻하기도 하고, 또는 '부터'라는 뜻으로 시작점을 뜻하기도 합니다. 그렇다면 코라는 글자가 주체성을 상징하는 글자로 변모를 한 겁니다.

自 스스로 자
갑골문

우리 얼굴에는 여러 감각기관이 몰려 있습니다. 시각의 눈, 청각의 귀, 그리고 먹고 말하는 중요한 임무를 띠고 있는 입은 그 안에 혀라는 맛을 느끼는 감각기관을 지니고 있습니다. 그리고 보통 사람들은 얼굴에서 눈을 중시하는 경우가 많습니다. 눈이 가장 먼저 시야에 들어오고 또 움직이는 눈꺼풀과 눈동자가 있어 주목도도 높습니다. 더군다나 얼굴의 살갗과는 전혀 다른 모습의 투명한 눈동자는 신비한 매력을 줍니다. 입은 또한 말을 하고 활발하게 움직입니다. 더군다나 이가 있어서 다른 기관에 비해 위용이 있습니다. 또한 먹고 마신다는 것의 매력은 보통을 넘어서는 중요함이 있죠. 그렇다면 얼굴 양옆에 달린 귀가 변방이라 쳐도 눈과 입이 사실 더 중요한 것 같습니다.

그렇지만 얼굴의 중심에 자리잡고 있는 것은 의외로 코입니다. 코는 움직임도 거의 없고 얼굴의 다른 부위에 비해 우뚝 솟아오른 것을 제외하면 별다른 매력도 없습니다. 특징이 없기 때문에 그림으로 얼굴을 묘사할 때도 코가 가장 그리기 힘듭니다. 또한 후각이란 것도 분명하지 못하고 느리기까지 한, 다른 감각과는 다른 이상한 감각입니다. 그렇지만 코는 얼굴의 한가운데 자리를 잡고 있습니다. 그것은 이 코의 기능이 생명체의 진화에 있어서 가장 원초적이고 중심적인 역할을 했다는 것을 뜻하는 겁니다. 후각은 시각보다 먼저이고, 살아가는 데 가장 중요한 호흡을 담당하며, 코는 눈의 통로가 되어 눈물을 받아냅니다. 그렇기 때문에 얼굴에서 가장 중요한 부위를 코가 차지한 겁니다.

어린아이가 자신을 가리킬 때에 얼굴에서 손가락으로 지적하는 부위가 바로 코입니다. 정확히 코를 짚어 자신을 가리킵니다. 또한 어른일지라도 손가락으로 저 자신을 지적하면서 얼굴에서 눈이나 입, 귀를 가리키지 않습니다. 사실 이 중요한 코가 그 자리에 없다고 생각하면 끔찍합니다. 코는 중요하지 않은 듯하면서 사실상 가운데서 눈과 이마, 그리고 입을 연결하며 정중앙에 위치합니다. 갑골문에 보이는 코 위의 많은 선들은 그 상관관계를 뜻합니다.

그렇기 때문에 이 '자自'는 코의 실체를 떠나 주체성을 상징하는 글자로 바뀌고 맙니다. 그러고서 그 위치를 '비鼻'가 대신하게 됩니다. 사실 '자自'가 코라면 '비鼻'는 '냄새 맡다'란 뜻의 동사에 가깝습니다. '비鼻'의 코(自) 밑의 畀은 공기를 빨아들여 냄새를 맡는 행위를 형상화한 겁니다. 사실 코가 이 기능을 독점하고 있으니 이 글자가 명사가 되어도 무방합니다. 그렇게 해서 '비鼻'는 코가 됩니다. 그렇다면 '냄새 맡다'란 뜻을 표시할 글자가 또 필요합니다.

이 자리를 차지하는 것이 바로 '취臭'라는 글자입니다. '취臭'는 코 아래 개가 한 마리 있습니다. 개는 그 옛날에도 길거리에서 냄새를 맡고 다녔나봅니다. 개가 냄새에 집착하는 건 본성이니 어쩔 수 없는 일이죠. 그리고 그들의 후각이 인간보다 월등하다는 것은 옛날 사람들도 잘 알았습니다. 다만 '취臭'에는 개가 냄새를 맡고 있어서 그런지 '좋지 않은 냄새가 난다'란 뜻도 있습니다. 사실 이것은 인간의 기준에서 그런 것이죠.

코의 중요성을 새삼 깨닫게 하는 글자가 있습니다. '숨 쉴 식息'이 바로 그것입니다. '호흡呼吸'이란 단어가 들숨과 날숨으로 숨을 쉬는

臭냄새 취 갑골문 息숨 쉴 식 금문

것을 이르기는 하지만, 이들 두 글자는 모두 입으로 쉬는 숨을 이야기하고 있습니다. 사실 숨은 코로 쉬는 것이고 입은 보조수단으로 숨이 찰 때 쉬는 것이죠. 그런데 이 '숨 쉴 식息'은 코와 더불어 아주 중요한 기관이 하나 더 들어 있습니다. 바로 밑에 있는 '마음 심心'입니다.

마음이 중요한 기관이냐고요? 글쎄, 마음도 중요한 것이지만 여기서 '심心'은 바로 심장心臟, 곧 염통입니다. 염통은 우리 몸 구석구석에 피를 보내주기 위해 사는 동안 늘 힘차게 펌프질하는 기관입니다. 그런데 예로부터 여기에 마음이 있다고 여겼기 때문에 심장이 마음의 상징이 된 것입니다. 이것은 꼭 동양만의 이야기는 아니죠. 서양도 마찬가지입니다. 우리가 요즘 사랑한다는 마음의 심벌로 쓰는 하트 모양도 서양에서 심장을 묘사한 겁니다. '마음 심心'의 갑골문을 보면 정확하게 하트의 형태입니다.

心마음 심
갑골문

心마음 심
금문

그런데 왜 사람들은 심장에 마음이 있다고 생각했을까요? 그것은 우리가 흥분을 하거나 힘이 들거나 하면 심장의 움직임을 느낄 수 있어서입니다. 내 운명의 사람을 만났을 때 스스로 심장의 두근거림을 느낄 수 있으니 내 마음은 심장에 있다고 느꼈던 것이지요. 뇌에서 일어난 감정의 변화가 호르몬을 방출하여 심장을 빨리 뛰게 만든다는 과학적인 사실을 몰랐을 때에는 당연히 그렇게 생각할 수밖에 없었을 것입니다. 어쨌든 금문의 이 글자를 보면 한자의 시대에도 해부학이 있어서 심장의 구조를 정확하게 이해하고 있었음을 알 수 있습니다. 정확하게 2심방, 2심실의 구조가 글자에 남아 있습니다.

그렇다면 이 '숨 쉴 식息'은 인간의 생존에서 가장 중요한 호흡과 심장의 박동 두 가지를 모두 표시하고 있는 글자입니다. 병원의 응급실에서도 인공호흡과 제세동기가 가장 우선이고 중요한 것이니까요. 그렇다면 왜 숨을 쉬는 글자에 심장까지 함께 넣은 것일까요? 당연히 호흡과 심장의 박동이 연관이 있다는 사실을 알았던 겁니다. 심한 운동을 해서 호흡이 거칠면 심장의 박동도 거세집니다. 호흡이 편안하면 박동도 조용해집니다. 사실 요즘이야 허파에서 산소를 받아들이고, 심장의 박동으로 피가 이 산소를 온몸으로 나른다는 사실을 알고 있지만, 한자의 시대에도 이렇게 외호흡과 내호흡의 연관성을 알고 있었다는 건 대단한 일이 아닐 수 없습니다.

그렇다면 인간이 가장 좋아하는 냄새는 무엇일까요? 글쎄, 꽃향기나 향수를 떠올리겠지만 '향기 향香'을 보면 감탄을 할지도 모르겠습니다. '향香'은 곡식으로 지은 밥이 그릇에 담긴 모습을 나타내는 겁니다. '벼 화禾'의 주변의 점들은 곡식의 낱알을 뜻합니다. 배가 고플 때 밥 짓는 냄새보다 좋은 냄새는 없을 겁니다. 꽃향기를 뜻하는 '꽃다울 방芳'을 보면 온갖 풀꽃이 핀 들판에 누워서 즐기는 사람 같지 않나요? 그렇지만 이런 자연의 향기로움도 밥을 먹어 배를 채운 다음의 일이랍니다.

香 향기 향 갑골문

芳 꽃다울 방 금문

舌 설 | 뱀의 혀와 다섯 가지 맛

동물들은 무엇을 먹지 않고는 살아갈 수 없습니다. 사람도 동물이기 때문에 배를 채워야만 살 수 있습니다. 그렇지만 아무거나 먹으면 탈이 날 수 있습니다. 몸에 필요하고, 소화가 잘되고, 상하지 않은 것을 골라 먹어야 합니다. 음식을 고르는 일은 우선은 시각이 담당합니다. 곡식이 여물고 과일이 익는 것은 색깔로 판별할 수 있습니다. 때깔이 고운 것이 맛도 좋은 법이지요. 그다음으로 음식을 검열하는 것은 냄새입니다. 코로 냄새를 맡을 때 부패한 것들은 골라낼 수 있습니다. 그리고 최종적으로는 먹으면서 맛을 보는 겁니다. 이런 일을 하기 위해서 혀에는 미뢰가 있어 맛을 감지합니다. 혀는 말을 하는 데도 유용하고, 특히 먹을 때에는 맛을 감지하고 씹은 음식을 식도로 삼킬 수 있게 도와줍니다. 그러기에 입속에 있지만 말과 음식의 첨병으로 아주 중요한 역할을 합니다.

혀를 '설舌'이란 글자로 표시합니다만, 이 글자를 처음 보면 난감합니다. 입 위로 혀가 나와 있고 혀 주위에는 침까지 흩어지고 있는데, 혀의 끝이 갈라져서 영락없는 뱀의 혀입니다. 보통 신체기관은 사람의 것을 상형한 글자들인데, 왜 혀만은 뱀을 기준으로 삼았을까요? 확실한 건 모르지만 사실 모든 동물들의 혀 가운데 뱀의 혀가 가장 특징이 잘 살아 있기는 합니다. 뱀이 혀를 날름거리는 것은 먹이를 감지하기 위한 또 하나의 촉각이라고 하더군요. 여하튼 다른 동물의 혀는 입속에 감춰져 있지만 뱀의 혀는 끊임없이 날름거립니다. 더군다나 한자가 형성될 시기는 토테미즘의 위력이 아직 남아 있었기 때

舌혀 설 갑골문

문에 모든 동물에 대해서 그리 적대적이지 않았습니다. 오히려 토템으로 쓰고 있었기에 친근하고 숭배하는 대상이었을 겁니다.

이 혀가 맛을 감별하는 까닭은 몸에 필요한 것을 섭취하기 위함입니다. 대개 몸에 좋은 음식은 맛도 좋습니다. 몸에 필수적인 것 두 가지는 당분과 소금입니다. 당분은 즉시 에너지를 낼 수 있는 것이기에 모든 사람들이 좋아하는 맛입니다. 특히 옛날처럼 단것이 귀한 때에는 더욱 그랬겠죠. '달 감甘'은 입 안에 '한 일一'이 그려져 있습니다. 무슨 뜻인지 감이 잘 오지는 않지만 아무튼 입에 맞는 것이 가득 들어 만족스럽다는 뜻 같습니다. 그리고 몸에서 꼭 필요한 것 가운데 하나는 소금입니다. 우리 몸에서 전해질로 없어서는 안 될 것이 바로 소금이고, 또 농경사회는 소금이 부족하기 십상이라 소금 확보에 신경을 써야 했습니다.

지금은 소금을 보통 '염鹽'으로 표시하지만, 이 글자는 비교적 나중에 나온 글자고, 신하가 소금 만드는 것을 바라보는 모습을 담고 있습니다. 이 '염鹽'보다 먼저 쓰인 글자는 '소금 로鹵'입니다. 이 글자는 요즘은 거의 쓰지 않지만 이 글자가 들어가면 소금과 반드시 관련이 있다는 뜻입니다. '염鹽'에도 사람이 갈무리하는 것이 바로 '로鹵' 입니다. 이 글자의 금문에서 보듯이 소금 꾸러미의 모습입니다. 당시

甘달 감 갑골문

鹽소금 염 금문대전

苦쓸 고 금문대전

辛매울 신 갑골문

醋초 초 금문대전

소금 꾸러미는 이런 모습을 하고 있었나 봅니다. 글자의 네 점은 소금 결정의 분말을 표시하는 겁니다. 사실 오미五味에는 고기 맛을 상징하는 감칠맛이 포함되어 있지 않습니다. 필수 영양소인 단백질 섭취에는 고기를 먹는 것이 중요합니다. 또한 고기 맛은 소금을 만났을 때 극대화됩니다. 그래서 예전부터 고기와 해산물로 젓갈을 만들어 이 둘을 결합시켰죠. 또한 콩의 단백질을 이용해서 소금을 넣고 장을 만들어 조미료로 이용하기도 했습니다.

鹵소금 로 금문

'쓸 고苦'는 입에서 거부하는 어떤 풀을 뜻하나 봅니다. 사실 자연에는 먹을 수 있는 풀보다 쓰거나 떫어서 못 먹는 풀들이 더 많습니다. 풀들이 자신을 방어하기 위해서 쓴맛을 자신의 몸속에 섞어놓았기 때문입니다. 사람들은 초식동물이 가려먹는 풀을 보고 먹을 수 있는 풀과 아닌 풀을 가렸을 겁니다. 초식동물들은 본능을 이용해 민감한 후각으로 먹을 수 있는 풀과 아닌 풀을 가려냅니다.

'매울 신辛'은 이들과는 내력이 다른 글자입니다만, 뜻을 알고 나면 과학적이기까지 합니다. 이 글자는 손잡이가 달린 송곳의 상형이고, 이것은 문신을 하는 도구였습니다. 이때는 문신을 하는 이유가 주로 포로나 노예를 표시하기 위함이었습니다. 그래서 이들의 얼굴에 문신을 하여 그 신분이 바로 드러나도록 했습니다. 문신을 할 때는 살갗을 찌르기 때문에 무척 아픕니다. 이 글자의 원래 뜻도 '아프다'였습니다. 우리가 매운 것을 먹을 때에도 입안이 얼얼할 정도로 아픈 법이지요. 요즘의 과학은 매운맛을 통각의 일종이라고 합니다. 어쨌든 '신辛'은 아픔에서 매운 것으로 자리를 이동합니다. 과학적인 설명과 일치하는 것이죠.

그리고 오미五味의 마지막은 신맛입니다. 신맛은 식초의 맛입니다. 곡물의 당분은 알코올 발효를 거쳐 초산 발효로 끝이 납니다. 결국 초는 술이 마지막 발효를 거쳐 완성되는 것이죠. 그래서 식초라는 뜻의 '초醋'와 시다는 뜻의 '산酸'의 옆에는 술독을 뜻하는 '유酉'가 붙어 있습니다. '초醋' 옆에 '석昔'의 해 위에 있는 표식들은 날이 지나감을 뜻하는 것으로 '오래되다'는 뜻입니다. 술이 시간이 흘러야 초로 변함을 뜻합니다. '산酸'의 '유酉' 옆의 것은 '높은 곳을 천천히 오르다'는 뜻입니다. 힘든 등산을 하면 마디가 아프고 시립니다. 그 시린 것을 '산酸'이라 하였고, 그래서 힘든 세상살이를 비유하여 '신산辛酸'이라 합니다.

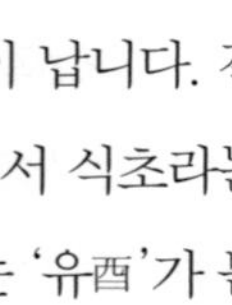

'유酉'를 보통 '닭 유'라고 부르는 건 십이지 가운데 '유酉'가 닭을 뜻하기 때문입니다. '유酉'는 그 모습 자체가 술독입니다. 갑골문에서 '유酉'는 밀봉한 모양의

酉닭 유 갑골문

독이고, 금문에서의 모양을 보면 밀봉의 기술이 한층 더 발전한 것 같습니다. 술독을 보관할 때는 다른 잡균에 변질되지 않도록 밀봉이 철저해야 합니다.

皮膚 피부 | 온몸으로 느끼다

皮 가죽 피 금문

膚 살갗 부 금문

觸 닿을 촉 금문

오감 가운데 마지막 촉각은 감각기관이 전신이라 해도 좋습니다. 곧 모든 부위가 촉각을 느낀다는 말이죠. 그러니 뚜렷한 감각기관이 있다고 하기가 무엇하지만 피부가 느끼는 것이라고 봐야겠죠. 그 '피부皮膚'란 것을 금문의 자형이 명확하게 설명하고 있습니다. '피皮'는 동물에게서 가죽을 벗기는 것을 상형한 글자입니다. 그런데 '부膚'는 그 가죽 아래 무엇이 하나 더 붙어 있습니다. 그것은 바로 살점입니다. 그러니 '피부'란 가죽과 가죽 아래 붙어 있는 살점을 다 이야기하는 겁니다. 바로 살갗과 그 아래 살점에 있는 신경이 촉각을 느끼는 것이지요. 이런 것을 보면 한자는 무척 과학적으로 만들어졌다는 생각이 듭니다. '닿을 촉觸'은 곤충 더듬이의 상형입니다. 곤충의 경우

더듬이로 무엇이 있는지 감지하는 경우가 많습니다. 오른쪽에 있는 것은 눈과 다리와 꼬리입니다. 사람에게는 피부가 곤충의 더듬이 구실을 하는 것이지요.

이 오감 가운데 어느 하나 중요하지 않은 것이 없습니다. 동물에게는 외부의 상황을 아는 것이 생존에 가장 요긴한 정보이기 때문에 그렇습니다. 요즘에는 컴퓨터에 온갖 센서들을 장착해서 인간의 감각 못지않은, 아니 오히려 어떤 면에서는 더욱 정교한 감각을 발휘하기도 합니다. 그러나 이것들도 결국은 인간 감각의 연장선일 수밖에 없습니다. 인간이 없다면 이런 인공 감각이 필요한 일도 없겠지요.

十…

영혼의 집, 세속의 집

사람은 사회적 동물입니다. 자연에서 혼자 살 수 없고 서로 무리를 지어 살아야 하기에 사회적 동물이라 합니다. 집단생활을 하는 동물들도 없지 않지만 사람처럼 가정에서 시작하여 마을과 도시, 국가에 이르기까지 조직을 거대하게 넓혀간 사례는 없습니다. 이렇게 커다란 사회를 만들고 유지하기 위해서는 관계와 조직도 필요하지만, 이들을 체계적으로 조직화시키는 건축물과 도로와 성곽 등의 시설물들이 필요합니다. 이제 이런 것들이 글자에 어떻게 들어와 자리를 잡았나 살펴봅시다.

사람의 사회적 조직의 가장 기초 단위는 가족입니다. 이 가족을 기반으로 하여 점차 더 큰 조직으로 이행합니다. 수렵과 채취를 하던 구석기시대에는 이 단위가 크게 커지는 경우는 없었습니다. 동물을 사냥하고 열매를 채취하는 데 가능한 범위에서만 살 수 있었기에 일정한 토지가 부양할 수 있는 사람은 정해져 있었기 때문입니다. 만일 그 토지의 생산량 범위보다 많은 사람이 있을 경우에는 그 사람들은 다른 영역을 개척해야만 합니다. 그러기에 그들은 다른 곳으로 이주를 계획해야 했습니다.

신석기시대가 되어 농경을 시작하면서 인구가 늘기 시작했습니다. 수렵보다 농사를 통해 일정 토지에서 생산되는 음식이 더 많은 사람들을 부양할 수 있었기 때문입니다. 그렇게 농사를 지으면서 가족의 구성원이 늘어나고 점점 더 큰 사회적인 형태를 갖춰가기 시작했습니다. 고고학의 발굴에 따르면 이 신석기시대의 기본적인 주거 형태는 움집이었습니다. 땅을 파고들어가 추위를 피하고 지붕을 덮어 비를 피했습니다.

어떻게 보면 농경사회로 진입하면서 동굴이나 자연물에 의지했던 과거에 비해 주거 사정이 더 열악해졌을 수도 있겠습니다. 물론 이때도 산과 언덕이니 숲이니 하는 천연적인 보호물이 가까이 있는 경우에는 이를 이용할 수 있었을 겁니다. 그러나 농토에 가능한 한 가까이 사는 것이 농사짓기에 편리하고, 농사는 대개 넓은 평원에서 이루어지기 때문에 어떻게든 건축자재를 모아 집을 짓는 일이 빈번해졌을 겁니다.

신석기시대가 진행되면서 생산량이 늘어나 사회적 규모가 커지고, 또 사회 안의 재물이 축적되면서 건축의 기술도 발전했을 겁니다. 또 계급의 분화가 생겨 지배층의 집이나 공공적인 시설은 보다 큰 규모로 짓기 시작했을 거고요. 사실 이때가 문명의 시작인 시점이고, 문자도 이런 사회적 상황에서 생겨난 것이죠. 한자도 이런 가운데 발생한 것이기 때문에 이들 건축물에 대한 개념들이 명확하게 자리잡고 있었습니다. 그 가운데 가장 특징적인 것이 지붕의 형태입니다. 천연물을 이용한 것에서부터 한쪽 벽만 있는 개방적인 형태, 또는 완전한 집의 형태가 문자에 들어 있습니다.

'기슭 엄厂'은 민엄호라고 하기도 하는데, 그야말로 자연 상태의 벼랑에 처마가 있는 곳으로 비를 피할 수 있었습니다. 이런 곳이야 예전에는 비를 피할 거처가 되었겠지만, 농사를 지을 수 있는 곳에 이런 처마가 있는 벼랑 밑을 찾기란 쉽지 않았을 겁니다. 민엄호란 말은 엄호에 대칭하는 것인데 꼭지가 없다는 뜻입이다. '엄호'란 말은 지붕으로 덮여 있다는 것이고, 민엄호는 그 지붕에 용마루가 없어 밋밋하다는 뜻입니다.

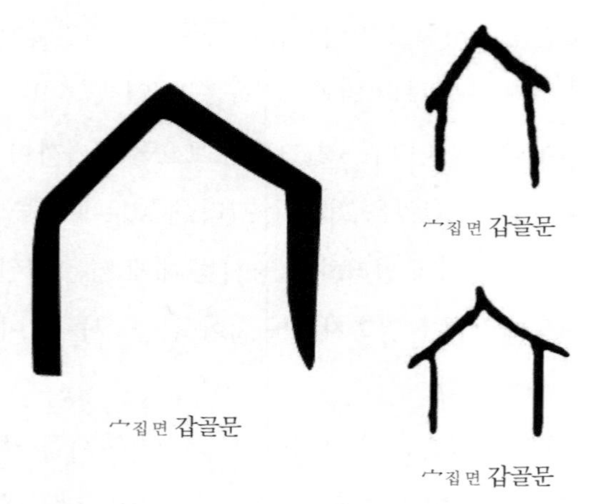

宀집 면 갑골문

宀집 면 갑골문

宀집 면 갑골문

그래서 엄호는 꼭지가 하나 더 있는 '엄广'이란 형태입니다. 그렇다면 이 꼭지는 빗물이 흘러가도록 하는 용마루를 뜻하겠지요. 그렇다면 '엄广'은 사람이 기둥에 대들보를 얹어 인공적으로 지은 건물인데 한쪽 벽만 막힌 모양인 셈입니다. 건물은 지붕이 가장 중요합니다. 그래야 비도 피하고 이슬도 막습니다. 비가 오는 지역이라면 지붕은 경사가 있기 마련이고, 그래서 지붕의 정점인 꼭대기에는 용마루가 있습니다. 용마루를 중심으로 빗물이 흘러내리는 거지요.

꼭지가 있는 지붕으로는 '집 면宀'이 더 있습니다. 이것은 '엄广'에 비해 온전한 집의 형태라 볼 수 있을 겁니다. 갑골문을 보면 이 '면宀'은 지붕과 확실한 벽을 갖춘 집입니다. 그렇다면 '면宀'과 같은 확실한 집의 형태가 있는데 하필이면 한쪽 벽이 없는 '엄广'과 같은 형태로 집을 지었을까요? 그 답은 한자 안에 들어 있습니다.

广 엄 | 한쪽 벽이 없는 집

廚부엌 주 금문

우선 부엌을 뜻하는 '주廚'를 봅시다. 집 안에는 솥이 걸려 있고, 재료들이 솥 위에 있으며, 손은 부지런히 음식을 만들고 있습니다. 요즘 부엌의 풍경과 다름이 없는 모습이지만 다른 한 가지는 집의 한쪽 벽이 없다는 겁니다. 그 이유는 이 당시 요리를 하는 데 사용했던 불의 문제 때문입니다. 이때야 요리용 불은 나무에 의존했을 때입니다. 불을 피우면 연기가 많이 나서 눈이 맵습니다. 그렇기 때문에 환기가 제대로 되지 않는 부엌은 요리하는 사람이 괴로울 수밖에 없습니다.

연기가 덜 나는 숯을 쓴다고 해도 마찬가지입니다. 적절한 환기가 되지 않으면 숯이 가열되면서 일산화탄소 중독이 될 수 있습니다. 그렇기에 부엌은 반半개방형 구조를 지니는 게 바람직합니다. 그래야 조리를 하는 사람이 불의 연기도 피할 수 있고, 음식을 하면서 생기는 냄새도 중화시킬 수 있습니다. 금문을 보면 때로는 한쪽 벽마저 없는 글자도 있습니다. 그저 비만 피하게 지은 것이지요. 그러나 완전히 개방형이라면 불어오는 바람 때문에 불을 제어하지 못할 수도 있습니다. 그러니 부엌은 점차 한쪽 벽만 세우는 경우가 많아졌고, '엄广'이 있는 글자가 적절했기에 채용되었을 겁니다. 사실 멀지 않은 옛날에 우리네 부엌도 그랬습니다. 나무를 때서 불을 피우는 부엌은 문짝이 제대로 달리지 않았습니다. 부엌이 밀폐된 집 안의 공간으로 들어오게 된 것은 불과 관련이 깊습니다. 지금의 밀폐된 부엌도 조리하면서 나는 냄새를 뽑아내는 장치를 마련합니다.

庫 곳간 고 금문

廟 사당 묘 금문

주방이 그렇다면 차고는 또 어떨까요. 요즘도 자동차를 놓아두는 공간에는 별다른 치장을 하지 않습니다. 어떤 경우는 그저 지붕만 있고 벽이 없을 수도 있습니다. 만일 차고의 사방에 벽이 있다면 적어도 한쪽에만은 커다란 문이 있어야 합니다. 그래야 차가 빠져나올 수 있죠. 예전의 차고도 마찬가지였습니다. 나무로 만든 수레는 비를 맞으면 망가지기 때문에 지붕이 있는 곳에 잘 보관은 하되, 빠져나오기도 쉬워야 했습니다. 물론 지금의 차고도 그렇지만 차고에는 차만 있는 것은 아니죠. 당장 소요가 되지 않는 물건들을 여기에 보관합니다. 더욱이 차가 없어져버린 경우라면 더욱 그렇습니다. 그래서 이 차를 놓아두는 공간인 '곳간 고庫'는 점차 창고란 뜻이 되어버렸습니다.

사당을 이르는 '묘廟'란 글자 안에 해도 있고, 시내도 흐르고, 풀도 있는 걸 보아서는 자연 속에 있는 것만은 틀림이 없는 것 같습니다. 아마도 자연 속에서 자연의 모든 영靈들에게 제사를 올리는 풍습 때문에 생긴 글자일 겁니다. 자연 속에서 늘 여럿이서 제사를 올리려면 적어도 비 정도는 피할 수 있어야 했을지도 모릅니다. 자신의 조상에 대한 제사보다는 자연신에 대한 제사가 우선일 것이고, 여기서 조상신에 대한 제사도 유래했을 겁니다. 또한 '묘廟'란 씨족 공동체일 때 온 씨족이 모여서 아침마다 자연에 제사를 올리던 풍습에서 비롯된 겁니다. 그러기에 건물을 짓는 일도 개인의 것보다는 이런 공공의 건물의 큰 건물 짓기부터 시작되었겠죠. 훗날 이 '묘廟'는 자연에 대한 제사나, 심지어 신하가 임금을 향한 배례를 올리는 장소를 뜻하기도 했습니다.

座 자리 좌 금문대전

'자리 좌座'의 모태가 되는 글자는 '앉을 좌坐'입니다. 두 사람이 흙 위에서 마주하고 있는 상형입니다. 여기서 흙은 흙마루 같은 어떤 자리를 의미하는 것으로, 일종의 인공적인 건축물을 뜻하는 것일 겁니다. 이때의 건축물이라면 거의 나무와 흙으로 지었습니다. 앉는 자세 역시 가부좌는 불교와 함께 들어온 것이니 당연히 꿇어앉았을 겁니다.

야외에 이리 둘이 마주하고 앉았습니다. 날씨가 좋으면 괜찮았겠지만 비라도 내리거나 바람이 세차면 '좌불안석坐不安席'이 되었을 겁니다. 그래서 이 자리는 지붕 밑으로 옮겨갔으며, 아마도 방 안이 아니라 바깥 경치를 볼 수 있는 대청이나 툇마루에서 손님을 맞이했겠죠. 나무로 된 마루냐 흙마루냐는 주변의 여건에 따라 바뀌었을 따름입니다. 그리고 주인이 손을 맞이해 앉을 자리를 마련한다는 뜻에서 '자리'란 뜻으로 바뀌었을 겁니다.

이들 글자 말고도 '엄广'이 들어간 글자에서 한쪽이 뚫린 집을 뜻하는 사례는 많습니다. 그리고 그런 글자들이 갑골문과 금문 시대 뒤에도 나타난 걸 보면 역시 이런 반개방형 구조들의 필요는 언제나 있었으며, 지금 현재도 있다는 것입니다. 가령 가게를 뜻하는 '점店'은 손님을 맞이해야 하기 때문에 거리 쪽으로 한 면을 비울 수밖에 없습니다. 그것을 먼지와 소음 등으로 해서 어쩔 수 없이 차단을 했다고 해도 유리로 만들어 시야까지 가리지는 않습니다. 예전의 화장실이야 수세식은 절대 아니었죠. 수세식 화장실이 된 것은 사실 화장실을 막힌 벽 안의 집 안으로 끌어들이기 위한 고육책입니다. 예전의 화장실은 비를 대충 가리면 되었고, 지나치게 막아놓으면 오히려 냄새 때문에 이용하기 불편했습니다. 왕궁과 같은 큰 건물의 복도를 일컫는 '랑廊'도 벽으로 가릴 필요는 없었겠죠. 그렇게 하면 추운 겨울에 찬 바람을 막을 수 있을지 몰라도 대부분의 시간에는 아름다운 풍광과 싱그러운 바람을 느끼지 못할 겁니다.

'엄广'이 들어간 글자 가운데는 지붕하고는 상관이 없을 것 같은 글자들이 꽤 있습니다. 물론 글자란 것이 물줄기처럼 시대와 환경에 맞게 변함은 당연한 일입니다. 그런 과정에서 예전의 뜻은 온데간데 없이 사라질 수도 있고, 전혀 다른 뜻이 그 자리에 뿌리를 내릴 수도 있습니다. 그렇기 때문에 글자 본연의 뜻을 찾는 것은 상당히 재미있는 일입니다.

度 법도 도 금문대전

庶 여러 서 금문

序 차례 서 금문

'법도法度'나 '척도尺度'와 같이 법률이나 기준을 뜻하는 '도度'에 '엄广'이 들어가 있다는 것은 놀라운 일입니다. 그러나 가만히 생각해 보면 수긍이 가는 면도 없지 않습니다. 집을 지을 때는 목수가 설계를 잘하고, 또 재료를 경우에 맞게 재단하여 맞춰야 합니다. 그렇기 때문에 목수에게는 자(尺)가 필수 도구죠. '도度'에서 '엄广' 밑의 것은 자처럼 보이고, 그 아래는 손입니다. 그러기에 집을 지으며 크기를 재는 일에서 비롯된 글자임을 상상하는 것은 이상하지 않습니다.

물론 '도度'를 가지고 다른 해석을 하기도 합니다. 엄호의 아래 있는 것을 취사도구로 여기고 손으로 조리한다고 해석하기도 합니다. 조리하는 데 간을 맞추고, 재료의 양을 정하고, 얼마나 오랜 기간 가열해야 하는지의 정도를 '도度'라 했다는 해석입니다. 이런 해석의 근거를 '여러 서庶'에서 찾기도 합니다. 이는 부엌에 냄비를 걸고 불을 때서 음식을 해먹는다는 상형으로 해석하는 것이죠. 결국 제대로 된 집이 아닌 곳에서 옹색하게 사는 자식들이 여럿 있는 집을 뜻하게 되었다는 해석입니다. '도度'와 '서庶'가 밑에 달린 '화灬'와 '우又'의 차이만 있기 때문에 가능한 해석입니다. 어떤 해석이 옳다고 명쾌하게 판단하기는 어려운 일입니다.

우리가 시작 또는 차례라는 말로 쓰는 '서序'도 '엄广' 아래 있군요. 도대체 지붕과 시작점은 무슨 상관이 있을까요? 사실 이 문제에 관해서는 거의 모든 대답이 추측일 뿐입니다. 그러나 추측이라도 글자의 연원을 짐작하게 해주면 좋은 것이죠. 이 글자 안의 '나 여予'는 둥근 원에 실마리가 여럿 있는 형태입니다. 금문에서는 실타래 같은 모습이 나오기도 합니다. 모양을 보건대 실마리를 표기한 것이 아닌가 하는 생각이 듭니다. 종종 천을 짜다 보면 자투리로 남은 실은 다른 실패의 실과 연결해서 다시 감습니다. 그렇게 두 사람이 실을 주고받아 감으면서 '나'와 '너'의 '나'라는 개념과 '주다'라는 개념이 생기지 않았을까 생각합니다.

그렇다면 '엄广' 밑의 실마리는 무슨 의미가 있을까요? 혹자는 이렇게 해석합니다. 궁궐과 큰 건물에는 대개 이를 둘러싼 회랑이 있고, 대개 회랑은 여러 방향에서 건물로 접근하고 다른 건물로 연결합니다. 그래서 어떤 큰 건물로 접근하기 위한 단초와 순서가 '서序'라는 거지요. 헌데 이 생각은 조금 억지스럽기도 합니다. 왜냐하면 그렇게 복잡다단한 건물이 들어선 것은 한자의 시대보다는 훨씬 뒤인 것 같고, 또 복잡다단한 것의 순서와 회랑은 잘 맞지도 않기 때문입니다. 혹자는 큰 건물에서 일을 하던 관리나 신하들은 어디 먼 길을 떠나거나 새로이 다른 곳으로 부임을 하러 갈 때 대개는 그 건물의 회랑에서 작별을 고했고, 그저 작별을 고한 것이 아니라, 시나 글을 써서 주며 작별을 고하면서 '앞머리'란 뜻이 나왔다고 추측하기도 합니다. 또는 길쌈을 하던 곳이 이렇게 트인 건물 안이고, 거기에서 실마리라는 순서를 풀었다는 추측도 있습니다. 저는 맨 마지막 것이 가장 그럴듯하다는 생각이 듭니다.

康편안할 강 금문

'편안할 강康'은 더군다나 건축물과는 전혀 상관이 없을 것 같은 글자입니다. 우리가 이 글자를 가장 많이 쓰는 곳이 '건강健康'임을 생각하면, 집을 뜻하는 '엄广'을 갖고 있는 '강康'의 원래 어원을 짐작도 하기 어렵게 합니다. 그리고 이 글자의 갑골문과 금문에는 '엄广'은 있지도 않았습니다. 이 글자 금문의 모습은 두 손으로 키를 가지고 추수해서 말린 곡식의 검부러기와 쭉정이를 가려내어 제대로 된 알곡을 갈무리하는 겁니다. 그 키에서 떨어지는 것은 검부러기와 쭉정이이며, 위는 키를 잡고 있는 두 손입니다. 그렇다면 키질을 해서 튼실한 알곡만을 남긴다는 면에서 '건강健康'에 들어간 글자의 뜻을 이해할 수 있습니다. 그런데 없던 '엄广'은 왜 갑자기 들어간 것일까요? 모르기는 해도 키질을 할 때 사방에서 바람이 불어오면 힘들기 때문이 아닐까 하고 추측해봅니다. 처마 밑에서 벽을 등지고 키질을 하는 게 편할 수도 있겠지만 이것 역시 억지 해석의 느낌을 버릴 수가 없습니다. 여하튼 한자에는 상식적으로 잘 이해가 가지 않는 글자가 꽤 있습니다. 이 세상의 모든 것이 전부 합리적으로 이해가 되는 건 아닙니다.

宀면 | 왜 집에 돼지가 있을까

家집 가 갑골문

家집 가 금문

이제는 한쪽 벽이 없는 집이 아닌 제대로 된 집인 '면宀'이 들어간 글자를 알아볼 차례가 되었습니다. 그 '면宀'이 들어 있는 가장 보편적인 글자부터가 우리를 당혹스럽게 만듭니다. '집 가家'가 그렇습니다. '가족家族', '가정家庭'처럼 흔히 쓰이는 글자고, 또 우리네 사는 집을 말하는데 글자 안에 들어 있는 것은 '사람 인人'이 아닌 '돼지 시豕'입니다. 그걸 사람이 사는 집을 뜻하는 글자로 쓰다니요. 이것을 어떻게 바꿔보려 개를 데리고 산 것 아니냐고 하기도 하는데, 금문의 어떤 글자는 돼지임이 너무도 분명하게 그려져 있습니다.

이 글자가 곤혹스러웠던 것은 지금 우리들만이 아닙니다. 『설문해자』를 썼던 허신도 '시豕'가 들어간 '수퇘지 가豭'에서 음을 나타내던

'가假'가 떨어지고 '시豕'만 남았다는 억지스런 해석을 합니다. 갑골문이나 금문을 연구하는 학자들도 '돼지하고 같이 살았다', '집을 짓기 전에 집터에서 돼지로 제사를 지내고 돼지 뼈를 묻어서 화를 피했다'고 여러 이유를 댑니다. 그렇지만 이런 해석이 상식적으로 납득이 가지는 않습니다.

물론 예전에는 집에서 가축하고 같이 살았다든가 하고, 근대에서도 아일랜드에서 돼지와 같이 생활하는 농촌이 있다는 이야기가 없는 것은 아닙니다. 그리고 신석기시대에 움집에서 그렇게 생활을 했을 수는 있습니다. 그렇지만 지금 여기에 나오는 집의 모양은 그런 움집의 형태가 아닌 벽과 지붕이 온전한 집입니다. 이런 집을 지으려면 많은 힘을 들여야 하고 재화도 많이 소모되었을 겁니다. 그러니 이런 집들의 주인은 꽤 여유가 있는 계층이었을 것이고, 움집에서 얼마 벗어나지 않은 시점에 번듯한 집을 지어 돼지에게 살게 하거나, 돼지와 같이 살 이유는 없습니다.

牢 우리 뢰 갑골문

宋 송나라 송 금문

돼지와 같이 살았다 하더라도 사람을 두고 돼지를 글자의 주인공으로 할 이유는 없습니다. 물론 짐승을 가두는 곳에 사람을 얼마간 머물게 할 수는 있습니다. '우리 뢰牢'의 경우 분명 소를 가두는 우리입니다만, 어쩌다 죄를 지은 사람을 가두는 곳으로 전용될 수도 있다는 것을 보여줍니다. 그래서 이 글자에는 '감옥'이란 뜻도 들어 있습니다. 그리고 이 글자의 '면宀'은 집이 아니라 우리 모양이 바뀐 겁니다.

벽사辟邪의 의미로 '집을 짓기 전에 돼지로 제사를 지내고 돼지 뼈를 묻어서 화를 피했다'는 것이 전혀 엉뚱한 이야기는 아닐 겁니다. 분명 앞으로 여러 세대가 지내게 될 집을 짓는 일은 큰일이고, 당시로는 큰일을 치르기 전에 조상이나 신들에게 별다른 재난 없이 집을 잘 짓게 해달라고 제사를 올렸을 가능성은 충분히 있습니다. 그렇지만 집을 짓기 전에 돼지를 바치고 제사를 지냈다고 해서 집이란 글자에 돼지를 넣지는 않았을 겁니다.

그래서 추측으로는 '집 가家'는 사람이 살기 위한 집이 아니라 왕족이나 큰 가문의 제사를 올리기 위한 제례용 집이었을 가능성도 있습니다. 왕이나 유력한 집이라면 자연에 대한 국가적인 제사 이외에 자신들의 조상이나 후손의 안녕을 위해 돼지 같은 짐승을 잡아 사사로운 제사를 지냈을 가능성이 있습니다. 그러니까 '묘廟'와는 다른 종류의 제사를 위한 집이 따로 있었을 가능성이 있고, 이 집은 대체로 사는 집의 중심이었을 수도 있겠죠. 그러다가 이 글자가 차츰 제사를 지내는 집의 의미가 퇴색하고 보통의 집을 이르는 말이 되었을 가능성도 있습니다. 그렇다면 이 '가家'는 본래는 사람이 사는 집이 아닌 영혼이 사는 집이었을 겁니다.

또 다른 추측으로 '송宋'과 같은 글자처럼 도저히 집에 있을 수 없는 글자와 연상해보는 겁니다. '송宋'은 나라 이름 말고는 별다른 쓰임새가 없는 글자입니다. '송宋'이란 나라는 춘추전국시대 제후국에서 나오고, 훗날 당唐나라 다음의 제국이 송宋나라입니다. 그런데 이 글자는 집 안에 나무가 한 그루 버젓이 있습니다. 나무는 햇빛이 필수적이기 때문에 물을 준다고 해도 집 안에서는 도저히 기를 수 없습니다. 현대의 주택처럼 유리창도 없고, 창호도 많지 않은 고대의 집 안에서 기를 수 있는 생물은 아니죠. 그럼에도 집 안에 나무가 들어앉아 있습니다.

이 두 글자를 보면서 '가家'나 '송宋'과 같은 글자는 한 씨족의 상징이 아닐까 하는 생각이 들었습니다. 가령 은상 때의 청동기에는 대체로 한 성읍을 뜻하는 '아亞'의 글자 안에 족징族徵인 토템을 넣은 명문들이 무척 많습니다. 이것들은 '성姓'이나 '씨족'의 상징이었을 수 있습니다. 이 당시 많은 성씨에서는 자신의 상징물을 하나씩 가지고 있었습니다. 씨족의 상징물은 대개 동물이었지만 신성한 나무라면 토템이 될 수 있었을 겁니다. 더군다나 춘추시대의 '송宋'이란 제후국은 은상의 혈통을 이어받은 전임 집권층으로, 성씨 가운데 씨족의 명칭일 가능성이 충분합니다.

그렇다면 '가家'의 경우도 이런 경우였을 가능성이 있습니다. 돼지를 토템으로 삼는다는 것이 이상할지 몰라도 이때 돼지는 지금 우리가 생각하는 돼지와는 달리 용맹스러운 멧돼지입니다. 이 씨족의 상징물인 멧돼지가 집 안에 있다는 것은 결코 이상한 일이 아닙니다. '송宋'에도 실제 집 안에 나무가 자라는 것은 아니니까요. 그렇다 하더라도 이 씨족의 상징이 어떻게 보편적인 집과 가정이란 명사가 되었나는 또 다른 의문이겠죠. 이 집안이 대대로 집을 잘 짓는 재주가 있는 집안이었을 수도 있겠지만, 은상의 주축이 집을 짓는 목수였을 것 같지는 않습니다. 이 글자들에 대해서는 사실 아무런 확실한 증거가 없으니 이 또한 추론으로 그칠 수밖에 없습니다. 어쨌거나 이 문자는 지금까지 집을 뜻하는 글자로 온전하게 살아남았습니다.

宇집 우 금문　　　宙집 주 금문대전

중국의 위진남북조시대에 주흥사周興嗣가 지은 『천자문千字文』은 지금도 한자를 익히는 책으로만 알고 있지만 그 자체는 한 편의 아름다운 시입니다. 그러나 쉬운 글자와 겹치는 글자 없이 지었으니 글을 배우게 하려는 목적으로 지은 시입니다. 예전에 아이들이 한문을 배우고자 하면 가장 먼저 배우는 책이기도 했죠. 그 첫 두 구절의 두 번째의 첫째 둘째 글자가 바로 '우주宇宙'입니다. 그러니 어쩌다 한자를 잠깐 배우다 만 사람이라도 대개는 여기까지는 외우고 지나갔습니다. 그때 이 글자를 '집 우, 집 주'라고 외우면서요. 저도 이 구절을 배우면서 '왜 집이라는 뜻의 글자가 둘이나 있지' 하고 생각했던 기억이 납니다.

지금은 이 '우주宇宙'를 'Cosmos, Universe'의 번역어로 주로 사용합니다만, 이렇게 『천자문』에 나란히 있는 것을 보면, 아주 오래전부터 한 단어로 쓰인 글자인 듯합니다. 이 두 글자는 왜 집이란 뜻이고,

또 어떻게 광대한 '우주'를 뜻하는 번역어로 쓰였을까요? 먼저 '우宇'의 지붕 밑 글자 '우于'는 관악기를 뜻합니다. 당시의 정확한 모양을 복원할 수는 없지만 대나무로 길이가 다른 통을 붙여서 만든, 그래서 각 통의 음이 다른 악기였다고 추측합니다. 그리고 이 글자의 뜻은 그 악기의 모양과 닮은, 처마까지 내려오는 지붕의 모양이라고 추측하고 있습니다. 곧 '우宇'의 아래는 우리가 사는 곳이 되는 것이고, '우宇'의 바깥은 하늘과 우주로 이어지는 외계가 되는 셈입니다.

'주宙'는 지붕의 기와가 놓인 들보와 서까래를 뜻합니다. 원래 '유由'는 초롱을 밝히는 기름을 뜻한다고 하기도 하지만, 이것 역시 대나무로 만든 관악기의 일종을 뜻하기도 합니다. 그렇지만 여기서는 그런 상형으로 쓰인 건 아닌 것 같습니다. 그러니까 '우주宇宙'는 원래 그저 집의 핵심인 지붕을 총체적으로 뜻하는 것이었습니다. 그러던 것이 어떤 철학적인 뜻이 글자에 더해져 '우宇'는 지붕 바깥쪽의 무한한 공간을, '주宙'는 무한대의 시간을 뜻하게 되었습니다. 그러니 『천자문』에 이 글자가 쓰일 시점에는 이미 이런 철학적 의미를 담고 있을 때였기에 현재 우리가 말하는 '우주'의 뜻에 가깝습니다. 그래서 『천자문』에서는 "우주는 넓고 거칠다(宇宙洪荒)"라는 시로 표현하고 있죠. 그렇지만 '우주宇宙'란 글자를 그저 '집'이라고 설명하기에는 너무 부족하죠.

'댁宅'은 요즘도 많이 쓰는 글자로 '택'으로 발음하기도 합니다. 일본어에서 유래한 단어이기는 하지만 '택배宅配'라는 단어가 많이 쓰입니다. 집까지 배달해준다는 걸 짧게 줄인 말입니다. 그런데 '댁宅'은 지금은 상대의 집보다는 오히려 상대방을 높이는 말로 더 많이 쓰

宅집 택 금문

室집 실 금문

고 있습니다. 그렇지만 원래는 집을 짓는 일과 관련된 글자입니다. 지붕 밑의 '탁乇'은 대들보를 올리는 작업을 뜻합니다. 금문은 언뜻 봐도 큰 대들보가 올라가는 일 같습니다. 집을 지을 때 대들보가 올라가면 이제 집짓기는 거의 끝나갑니다. 대들보 올리는 일을 '상량식上梁式'이라 하여 길일을 잡아서 하기도 하고 떡이나 돼지머리를 준비해 고사를 지내기도 합니다. 또한 대들보에는 집을 지은 날짜나 연혁을 쓰기도 했습니다. .

'실室'은 임금을 상징하는 도끼 위에 둥그런 ɣ이 올려져 있습니다. 그것이 무엇인지는 명확하지 않지만 가장 중요한 사람이 있는 것 같습니다. 그렇다면 제사를 지낸다면 중요한 사람이 올리는 가장 중요한 제사일 것이고, 제사를 받는 조상도 중요한 사람일 겁니다. 그러므로 제사를 지내는 집인 '묘廟'의 방들 가운데 가장 중요한 것을 이르는 글자였던 것 같습니다. 지금 이 글자의 용도는 한 채의 건물을 뜻하는 것이 아니라, 건물 가운데 한 칸인 방을 뜻하는 글자로 많이 쓰입니다. 그리고 실제로 건물의 구획 가운데 '방房'보다 '실室'을 더 크게 취급합니다. 회사나 관공서에서 '실장室長'은 보통 고위 간부죠.

집과 관련된 글자를 살피다 보면 실제로 사람이 사는 집보다 귀신들이 사는 영혼의 집들이 더 많은 것 같습니다. 사실 이때는 종교의 시대였기 때문에 일상적인 것보다 그런 글자들이 더 중요했고 더 많이 남아서 그런 것이겠죠. 그리고 인류의 역사상 종교의 시대가 길었기 때문에 어쩌면 당연한 것인지도 모르겠습니다. 지금도 건축 기행을 하면 성당이나 사원이 주종을 이루는 걸 보면 영혼의 집이 사람들의 집보다 아름다움이나 규모 면에서 훨씬 월등하지 않을까 하는 생각이 듭니다.

宗마루 종 금문

'종교宗教'라고 할 때 '종宗'도 영혼의 집입니다. 그러나 영혼의 집이기도 하고 사람의 집이기도 합니다. 이 글자의 지붕 아래 있는 것은 '시示'입니다. 보통은 조상이 자손들에게 알려주는 계시라고 하지만, 다른 한편으로 보면 제물을 올려놓은 제사상처럼 보이기도 합니다. 계시라는 것은 보통 거북이나 뼈에 구멍을 뚫어 태워 그 갈라진 방향으로 조상들이 우리에게 알려주는 것이죠. 이 계시를 인간의 말로 해석해야 온전한 것이 됩니다. 또 '종宗'의 다른 글자 형태를 보면 옆의 두 삐침은 없이 외다리로 서 있는 경우도 있는데, 이럴 경우는 '계시'보다는 '제사상'이 더 어울리는 것 같습니다.

여하튼 이 글자가 조상에게 제사를 올리는 글자라는 점에서는 영혼의 집임에 틀림이 없습니다. 그러나 제사를 지내는 주체는 살아 있는 사람입니다. 가부장제 사회에 있어서 제사를 지내는 권리는 살아 있는 사람들 안의 서열과 권력을 상징합니다. 따라서 '종宗'은 가족들 사이에서 권력을 상징합니다. 우리가 '종법宗法', '종가宗家'라고 이르는 것은 바로 그것을 뜻합니다. 그런데 예전에는 꼭 장남이 종가가 되는 건 아니었습니다. 장남에게 제사의 권리가 상속되고, 장남이 모든 것을 통제하던 것은 주周나라의 풍습입니다. 그전에는 제사의 권리는 형제상속이 오히려 일반적이었습니다. 그런 '종宗'은 가족과 친척들만이 아닌 국가의 권력에도 투사되며, 그러다 상업사회에서 상품에도 적용이 됩니다. '오리지널'이라는 뜻으로 '정종正宗'이란 단어를 쓰는 것이 그에 해당합니다.

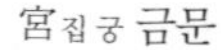

宮집 궁 금문 安편안할 안 갑골문

'영혼의 집'과 '세속의 집'이 모두 갖춰진 글자가 또 하나 있습니다. '궁궐'이라 할 때 '궁宮'이 그것입니다. 이 글자는 왕의 집만 이르는 겁니다. 어떤 사람들은 이 글자의 '면宀' 아래 있는 둥글거나 네모난 것을 창문과 문이 많은 큰집으로 해석하기도 합니다. 또 '려呂'는 입 두 개가 겹쳐 있어 '음률'로 해석되기도 하고, 차곡차곡 쌓인 등뼈의 모양이라 해석하기도 합니다. 그러나 저는 '궁宮'은 두 개의 집을 나타낸다고 여기고 있습니다. 하나는 세속의 사람이 사는 집이고, 다른 하나는 조상들의 영혼이 사는 '묘당'입니다. 이 글자가 '왕의 집'을 이르는 글자로 쓰이는 것은 집에 '묘당'을 갖춰 조상을 모실 수 있는 사람은 왕밖에 없었기 때문입니다. 나중에는 소종小宗인 제후들도 조상을 모시는 묘당을 가질 수 있었지만, 그저 신하에 지나지 않는 사대부들이 집에 묘당을 설치할 수 있게 된 것은 송宋나라 때 주희朱熹가 자신들을 제후에 버금가는 반열에 올린 이후의 일입니다.

다음으로 보통은 세속의 집으로 여기고 있는 글자를 살펴보죠. '편안할 안安'은 보통 '집에 여자가 있어서 편안하다'라고 해석합니다. 그러나 이 해석은 통속적이고 불완전합니다. 집에는 남자와 여자가 같이 살고 서너 세대가 어우러져 삽니다. 이 모든 것이 함께 있어야 편안하지 여자만 있다고 편안하지는 않습니다. 만일 여자가 있어서 편안하다면 남자가 있어서 불편하다는 글자는 왜 없을까요?

물론 남자의 하나인 '아들 자子'가 들어간 글자 '자字'는 있습니다. 또 이 글자는 정말 특별한 뜻이 있습니다. '자子'는 귀한 집 아들을 뜻한다고 앞에서 이야기했죠. 이들이 어릴 때는 이름인 '명名'을 불렀습니다. 물론 소리로 된 말이죠. 그런데 귀한 집 자손이 크고 나면 어릴 때 그 이름을 부르기가 불편합니다. 왜냐하면 그네들은 이미 높은 사람이 되어 있기 때문이죠. 어릴 때 '개똥아' 하고 부르다가 임금이나 재상이 된 다음에도 '개똥아'라고 부를 수는 없는 일이죠. 그래서 '자字'라는 걸 부릅니다. 이 '자字'는 음도 있지만 글자도 있습니다. 그렇게 이 '자字'에 글자란 뜻이 흘러간 것이죠. 참고로 '호號'는 친구들 사이에 부르는 이름입니다.

'자字'의 경우를 보면 '안安'이 뜻하는 건 결코 '집에 여자가 있어서 편안하다'는 아닌 것 같습니다. 이 한자를 만들었던 지역과 시대의 풍습은 같은 성씨끼리는 혼인을 하지 않았습니다. 곧 신부 될 사람으로 다른 성씨의 여자를 데려왔습니다. 물론 대대로 결혼을 하는 집안이 있기는 했습니다만, 어쨌거나 신부는 남의 집 사람으로 들어와 남편의 조상신들을 모시고 살아야 했습니다. 그래서 혼례에는 이들 새로 시집온 신부가 남편의 조상신을 배알하는 행사가 있었을 겁니다. 그리고 그 예식이 끝난 다음에 편안하다는 것이 이 글자의 뜻이 아닐까 추측합니다. 그렇다면 이 '안安'도 영혼의 집을 묘사한 글자 아닌가요?

宴 잔치 연 금문

영혼의 집만 너무 이야기했으니 세속의 집도 하나 이야기하고 지나가야겠습니다. 옛날 사람들이라고 날마다 영혼의 집에서 조상들의 영혼들하고 대화만 나누고 산 것은 아니겠죠. 다만 종교의 그림자가 두터운 만큼 문화에서 더욱 뚜렷하게 보이겠죠. 옛날 사람들도 즐기고 산 것은 마찬가지입니다. 먹고, 마시고, 춤을 추고, 노래를 부르며 즐긴 세월이 왜 없었겠습니까? 그들도 우리처럼 먹고 즐긴 건 마찬가지죠. 그런데 우리와 다른 것이 하나 있습니다. 그때는 주로 낮에 먹고 마시고 놀았고, 지금은 주로 밤에 논다는 게 다르죠. 그것은 아주 단순한 이치입니다. 지금은 낮에 일하고 밤에 노는 시간이 주어집니다. 그리고 환한 전등불이 있으니 밤에 노는 것이 조금도 불편하지 않습니다. 그러나 예전에는 환한 전등불이 없기에 밤은 놀기에 불편한 시간입니다. 그보다 밤은 귀신들의 시간이고, 낮은 사람들의 시간입니다. 그러니 해가 떠 있는 날(◎), 깃발을 꽂아놓고(𠂤) 즐깁니다. 깃발은 같이 놀자는 의미도 되고, 노는 날이니 방해하지 말라는 뜻도 있겠죠. 또 하나는 금문까지는 이 즐거운 연회에 '여女'가 없었다는 사실입니다. 그때까지는 연회란 것이 남자들의 친목이었나 봅니다.

富 가멸다 부 금문

寶 보배 보 금문

즐거운 연회 이야기가 나왔으니 마저 해야 할 글자가 둘 있네요. 먼저 '가멸다 부富'가 그 글자네요. 요즘은 '부자'라는 말은 알아도 '가멸다'라는 우리말은 거의 쓰지 않습니다. '넉넉하다'라는 순우리말 단어입니다. 그 '부富'의 기본적인 정의를 금문이 보여주고 있습니다. 지붕 아래 많이 보던 것이 하나 있습니다. 나중에 '유酉'의 형태로 변하는 술 단지입니다. 그것이 여기서는 '가득할 복畐'의 형태로 변했습니다. 곧 집에 술 단지가 있으면 넉넉하다는 뜻이죠. 곡식을 주식으로 하니 먹을 양식 이외에 술을 담글 정도가 되면 넉넉하다는 뜻입니다. 지금이야 부자의 기준이 너무도 엄청나기에 이런 말은 먹히지 않겠지만, 집에 술 몇 병 사다놓으면 마음은 넉넉해질 겁니다.

그다음 '보화寶貨'에서 '보배 보寶'도 그다지 화려하지 않습니다. '보寶'에는 여러 자형이 있는데, 그건 각자의 보물들은 좀 다르기 때문인 모양입니다. 주로 진귀한 돌인 '옥玉'이나 화폐인 조개껍질, 이것을 실에 꿴 것, 그리고 이들을 담아놓는 도기 항아리를 모아놓은 것이 '보寶'입니다. 사실 요즘 기준으로 보면 보물들도 소박합니다. 글쎄, 인생에서 필요한 보배들은 그리 많지는 않을 것 같습니다. 그보다는 우리네의 욕심이 커졌기 때문에 갖고 싶은 것이 많겠지요.

十一… 마을, 성, 도시, 국가

사람들은 혈연적 가족을 넘어서는 사회를 구성합니다. 물론 동물들 일부도 사회를 구성하기는 하지만 혈연적으로 가족인 집단까지입니다. 벌과 개미와 같은 곤충들이 수로 보면 아주 대단한 군집생활을 하지만, 그들도 한 여왕개미의 후손입니다. 사람도 가족과 집에서 시작을 하는 것은 마찬가지지만, 혈연을 넘어서서 대단히 커다란 사회를 구성합니다. 그 커다란 사회를 구성하는 기본적인 동력은 결혼이 아닐까 합니다. 사람들은 대부분 같은 가족끼리의 결혼을 피하고 다른 가족들과 결혼을 했습니다. 단일 유전의 위험성을 알지는 못했겠지만 아마 경험상 친족끼리의 결합이 아이에게 나쁜 영향을 끼친 것을 알았을지도 모릅니다. 여하튼 다른 가족들 사이의 결혼이 인간 사회를 보다 넓히는 계기가 되었습니다.

한자가 태어난 배경은 농경사회이고, 거기에 석기와 청동기 무기를 지닌 전쟁으로 씨족들 사이의 연합과 정복 등의 변화가 생겨 커다란 사회적 변동이 일어나던 시기였습니다. 이 시기는 생산의 기반은 농업이었고, 대규모 노동을 위해 대가족제도와 가부장제를 만들어가고 있었습니다. 가부장인 씨족장 중심의 체제가 외연적으로 확장된 것이라 보아야 할 것 같습니다. 그렇기 때문에 대가족의 집단생활이 이루어지고, 또 그들이 살던 기반은 농토였습니다. 인구가 그다지 많지 않던 때인지라 농경지를 중심으로 마을을 이루고 살았습니다. 그러나 세력이 커지던 씨족은 점차 그 수와 농경지가 불어나고, 이들은 적들로부터 그들의 안전을 지켜줄 장치가 필요하게 됩니다. 그 필요 때문에 사회를 이전과는 다르게 급속하게 큰 단위로 키워나가야 했습니다.

작은 마을은 이웃에 흩어져 살던 같은 성씨의 마을들과 연합하여 외부로부터 적을 지키며, 그들 자체도 무장하여 다른 작은 마을들을 합병하기에 이릅니다. 관계가 좋지 않은 이웃 마을과 전쟁을 벌여 땅을 차지하고 잡힌 사람은 노예로 삼아 평생을 부립니다. 그렇게 위세를 높인 마을들은 무기를 만들고 말을 길러 전력을 강화하며 아예 상비군을 만들기도 합니다. 이런 강력한 마을은 국가가 되며, 침략에 대비하기 위해 마을에 성을 쌓고 무장을 합니다. 그렇게 서로가 군비경쟁을 하는 새로운 시대가 도래하고 글자도 만들어집니다.

城성 | 전쟁의 시대가 만든 글자

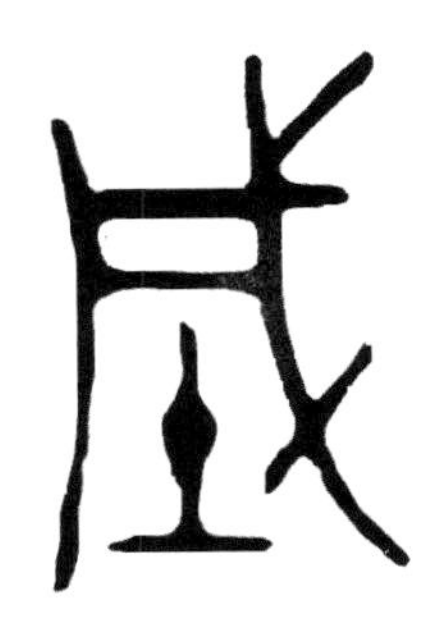

城성 성 금문

적을 막는 장치로 가장 오래된 것이 적의 접근이 힘들도록 인위적인 장애물로 차단하는 방법인 '성城'입니다. '성城'의 본래 글자는 '이룰 성成'입니다. 성을 쌓기가 얼마나 힘들고 대단했는지 이 글자는 나중에 무엇을 이룬다는 뜻이 되었습니다. 지금도 '큰 성공'을 '대성大成'이라 하는데, 이때면 큰 성을 하나 쌓은 일에 해당합니다. 금문의 글자는 흙으로 세운 벽이 있고, 당시 가장 보편적인 무기인 '과戈'로 방어를 하고 있습니다. 이렇게 성을 쌓아서 지키며 적을 방어하는 일은 보통 일이 아니었을 겁니다. 성을 쌓는 것부터가 대규모의 토목공사였으니 수많은 인력이 달라붙어 단기간에 해야 했습니다. 봄부터 가을까지는 농사를 지어야 했으니 대체로 겨울과 같은 농한기에 전체 인력을 동원했을 겁니다.

建 세울 건 금문

對 마주할 대 금문

지금 남아 있는 성들이 대부분 돌로 견고히 쌓은 것이라 여기지만, 보통은 흙을 다져서 쌓은 성이 더 많았습니다. 돌로 쌓기에는 너무 공력이 많이 들어가고, 흙으로 쌓은 것이 견고하지는 않지만 훨씬 수월하기 때문입니다. 그렇지만 중요한 지역의 상징성을 띤 크고 웅장한 성들은 많은 사람을 동원해서라도 돌로 웅장하게 쌓았을 겁니다. 성이나 건물을 짓는 일을 '세울 건建'이라 합니다. 이 글자를 보면 붓을 가지고 세울 위치를 정해 표시하는 듯하고, 옆에는 흙인지 건축 자재인지가 쌓여 있는 것 같습니다. 이 글자를 보면 무엇을 만든다는 건 그저 도구를 가지고 실행하며 힘을 쓰는 게 아니라 먼저 생각하고 계획해야 한다는 걸 느낍니다. 붓을 들어 땅에다가 무엇을 표기했다기보다는 널빤지나 가죽에 설계를 한 것이 아닐까요? 아니면 도구를 가지고 흙을 다지는 것일 수도 있습니다.

흙으로 성을 쌓는 일에서 나온 글자가 있습니다. 우리가 자주 쓰는 글자인 '마주하다'는 뜻의 '대對'입니다. 요즘의 쓰임새하고 너무 달라 이상하겠지만, 이 글자의 왼쪽에 있는 것이 땅을 다지는 도구라고 생각하고 있습니다. 바닥은 편평하게 손으로 힘을 주어 다집니다. 만일 수직에 가깝게 흙을 쌓아올리려면 옆을 널빤지 같은 것으로 막고 그 안에 흙을 부어 이 도구로 다지면서 차츰 성벽을 쌓아가는 겁니다. 위에 삐죽한 것은 다지기 전에 거꾸로 해서 두들겨 흙이 안쪽으로 들어가게 하는 도구였을 수도 있습니다. 물론 이것을 일종의 무기로 보는 사람도 있습니다. 그런데 이 글자가 어떻게 '마주하다', '대답하다'와 같은 뜻을 가지게 되었을까요? 지금의 추측으로는 이 작업을 당시에 두 사람이 짝을 지어 하던 쟁기질처럼 했던 것 같습니다. 두 사람이 호흡을 맞춰야 일이 쉽고 빨리 다질 수 있으니까요. 그렇게 둘이서 하는 일이 '마주하다'라는 방향으로 뜻을 변하게 하지 않았나 생각합니다.

그리고 '성城'이란 글자에 '흙 토土'가 밖의 변으로 쓰였지만, 이것은 원래 망루를 상형한 모습입니다. 어떤 글자에는 이 망루가 있고, 어떤 글자에는 망루가 없습니다. 성벽에는 보통 망루가 있는 게 보편적입니다. 그래야 적의 활동을 감시하고, 아래에서 성을 지키는 병사들을 지휘하기가 쉽습니다. 이 망루를 표기하는 글자는 나중에 또 다른 글자로 화려하게 변신합니다. 그건 조금 뒤에 살펴보겠습니다.

물론 성이 방어용 건축물이었다면 처음부터 사람들이 모여 살면서 그렇게 소모적인 건축물부터 시작하지는 않았을 겁니다. 처음에는 그저 마을이었고, 마을이 여럿 생긴 다음에 씨족의 우두머리가 사는 더 큰 마을이 되고, 전쟁이 없었을 때라면 방어를 위한 성벽도 없었을 겁니다. 높다란 성벽을 세우는 일에는 품도, 자원도 많이 들어갑니다. 성벽의 이전에는 보다 허술하지만 그래도 쓸모는 있는 간편한 방어물이 있었을 겁니다.

사실 집에 있는 담장이 그런 시설이죠. 남의 집과 구획을 하거니와 도둑이 근접하지 못하게 하려고 도시의 집들은 담장을 두릅니다. 그러나 옛날에도 '읍邑'이 산이 없는 평지에 있고, 전쟁이 빈번하지 않고 성벽을 쌓기에는 힘이 부쳤다면 튼튼한 담장과 망루만 있어도 웬만큼은 방어를 할 수 있었을 겁니다. 담장을 지칭하는 글자로는 '장牆'과 '장墻'이 있습니다. '장牆'의 옆의 변이 이 담장의 재료를 알려주고 있습니다. '편片'은 널빤지를 뜻합니다. '일엽편주一葉片舟'란 큰 바다에 작은 이파리처럼 떠 있는 널빤지로 만든 배를 뜻하는 말입니다. 그러니 '장牆'은 널빤지로 만든 담장이고, '장墻'은 '흙 토土'가 달려 있으니 흙으로 쌓은 담입니다.

그러면 옆에 있는 '색嗇'은 무엇을 뜻하는 것일까요? 이 글자의 위에 있는 것은 보리의 이삭이고, 아래에 있는 것은 수확한 곡식을 저장하는 창고입니다. 곡식을 저장하는 창고는 당연히 중요 시설이니 담을 둘러야겠지요. 그런데 이 '색嗇'은 '인색吝嗇하다'와 같이 자린고비의 뜻으로 쓰이고 있습니다. 그것은 당시 보리가 주곡인 좁쌀이나 기장보다 훨씬 귀한 작물이었기 때문입니다. 귀한 곡물을 아끼고

嗇 아낄 색 금문　　　冊 책 책 갑골문

인색하게 구는 것은 당연한 일이며, 곡식을 지키기 위해서 도둑이 접근하지 못하도록 담벼락도 쌓아야 했겠죠. 이런 것을 보면 언어란 참으로 변화무쌍한 것이고, 언어를 담는 글자도 그렇습니다.

헌데 나무로 만든 담장인 '장牆'과 비슷한 뜻을 지닌 글자가 또 있습니다. 바로 '책冊'이란 글자입니다. '책冊'은 대나무나 나무로 만든 목간들을 엮어 읽게 만든 것이 아니냐고 깜짝 놀랄 분도 있겠습니다. 그렇지만 그런 뜻은 조금 뒤에 나타난 것이고, 최초의 뜻은 나무로 만든 울타리가 아니었나 하는 것이 제 생각입니다. 왜냐하면 일단 엮은 갑골문과 금문 글자의 둥그런 모양이 울타리와 비슷하다는 겁니다. 또 하나는 사실 갑골문의 시대에 목간을 엮은 체계를 갖춘 책이 있었을까 하는 생각이 들기 때문입니다. 물론 금문의 시대인 은주殷周시대에도 목간이나 죽간은 분명히 존재했습니다. 그렇지만 이들 간찰을 끈으로 연결한 것은 문자 기록이 광범위하게 보급된 이후의 일일 겁니다. 사실 한자의 갑골문과 금문의 원형이 나타난 것은 그보다는 조금 전의 일이겠죠. 그렇다면 그때는 나무들을 엮어 울타리로 만든 것의 상형을 '책冊'이라 했고, 나중에 목간을 엮어 책을 만든 뒤로 비슷한 모양의 이 글자를 차용해서 쓰면서 본래 뜻을 잃어버리고,

나무울타리는 다시 '책柵'이란 글자를 만들어 표기했을 가능성이 있습니다. 물론 추측이기는 하지만 그래야 대체로 시대적인 변화에 맞는다는 생각입니다.

사실 나무울타리는 군대에서 방어용으로 많이 쓰던 방식입니다. 로마의 군대도 야외의 주둔지에서는 나무로 만든 목책으로 방어를 했습니다. 또한 나무울타리에 망루를 만들어 초병이 적의 동태를 감시했습니다. 갑골문의 시대 또한 전쟁의 시대였기 때문에 이런 목책이 '책'보다 먼저였을 가능성이 훨씬 높습니다. 더군다나 목책은 간단한 짐승의 우리로도 안성맞춤입니다.

邑 읍 | 사람이 사는 큰 마을

지금도 옹기종기 마을이 여럿 있다면, 중심 구실을 하는 그보다 더 큰 마을이 있겠죠. 그렇게 작은 마을과 중심 역할을 하는 큰 마을이 얽혀 있는 것은 예전에도 마찬가지였습니다. 농사를 지으면서 불어나는 인구들이 분가를 해가면 자연스럽게 그런 구성이 되는 것이죠. 그 중심이 되는 큰 마을을 '읍邑'이라고 했습니다.

지금 우리에게 읍이란 도시가 아닌 지방의 조그만 중심지를 뜻하는 말이지만, 사실 이 한문의 시대에는 도시라는 개념으로 보아도 될 겁니다. 물론 읍 자체의 인구 규모가 그리 크지 않더라도 당시의 희박한 인구분포에서 보면 그 정도의 중심지는 지금의 도시에 비견될 수 있죠.

邑고을 읍 갑골문

이 '읍邑'이란 글자는 네모 밑에 사람이 앉아 있는 모양의 글자입니다. 여기서 꿇어앉은 것을 가지고 읍에 사는 높은 분들에게 복종하는 모습이라 하면 안 됩니다. 무릎을 꿇고 앉는 것이 당시의 기본적인 습속이니까요. 그저 사람이 사는 큰 마을을 상징하는 글자로 봅니다. 이 글자와 가족을 살펴볼 때 본 '형兄'은 아주 비슷한 형태입니다. 어떻게 보면 그저 다른 것이라고는 '형兄'은 서 있고( ), '읍邑'은 앉아 있는 것밖에 다르지 않나 하는 생각이 들 정도입니다. 그리고 '읍邑'의 경우 서 있는 모양의 글자도 있습니다. 근본적인 차이는 '형兄'은 입꼬리가 있는 형태고, '읍邑'은 네모난 성곽의 형태라는 사실이죠. 어떤 경우는 큰 차이가 나지 않지만 미세한 차이들이 있습니다.

그런데 이 글자는 다른 글자 속에도 많이 쓰입니다. 그것이 조금 다른 형태라서 '읍邑'이라는 사실을 잘 모르고 지나칠 뿐입니다. 가령 '도시都市'라고 할 때의 '도읍 도都'의 우측에 붙은 '우부방'이라 부르는 '부阝'가 바로 '읍邑'의 변형입니다.

阝(阜)언덕 부
갑골문

한자에서 많이 쓰이는 변인 '부阝'는 글자의 왼쪽에 있으면 '좌부방'이라 하여 언덕 '부阜'가 변으로 쓰인 것이라 하고, 글자의 오른쪽에 올 때는 '우부방'이라 하는데 이것은 '읍邑'이 변한 겁니다. 그러니 유래가 다른 글자가 같은 모양이 되어 있는 것이죠. '좌부방 부阝(阜)'는 보통 언덕의 모양이라 하는데, 사실 그 갑골문의 모양을 보면 어디에도 언덕이라 할 만한 구석이 보이지 않습니다. 그러나 이 글자가 높은 곳, 또는 성스러운 곳을 뜻함은 명확합니다. 그래서 '산山'을 옆으로 돌려 놓은 듯한 이 모양을 계단, 또는 사다리의 뜻으로 이해하기도 합니다. 대개의 신성한 곳은 높은 곳이니 계단이나 사다리를 올라가는 곳이라는 해석은 그럴듯합니다. '읍邑'은 형태가 복잡해서 간략하게 흘려 쓰다가 '부阝'의 모양이 된 겁니다.

그러기에 '우부방'이 들어 있는 글자는 그래서 도시와 관련이 있습니다. 이를테면 '대구大邱'라는 지명의 '언덕 구邱'는 큰 언덕에 기대고 있는 도시입니다. 대구는 팔공산이 옆에 있는 커다란 분지죠. '교외郊外'라고 할 때의 '교郊'는 도시와 시골이 만나는 접점입니다. '사악邪惡하다'의 '간사할 사邪'는 도시와는 상관이 없는 글자 같지만 원래는 도시(읍)의 어금니처럼 촘촘한 주거 밀집지역을 말합니다. 좁은 곳에서 많은 사람들이 몰려 살면 성품이 나빠진다는 것에서 비롯하여 사악해진다는 뜻이 되었네요.

여하튼 이 씨족들이 살던 '읍邑'은 하나의 나라의 단위가 됩니다. 물론 씨족들이 번성을 하면 친족들이 분가해 나가서 새로운 작은 '읍邑'을 만들고 이전의 씨족들과 관계를 계속 맺으며 지내니 '읍邑'이 여럿일 수 있습니다. 그리고 그 씨족의 통솔자가 살고 있는 '읍邑'은 다른 읍들보다 더 큰 '대읍大邑'일 수 있겠지요. 그래서 은상殷商 때에는 왕이 사는 가장 큰 '읍邑'을 '천읍天邑'이라 부르기도 했습니다.

邦방, 國국 | 최초의 작은 나라의 원형

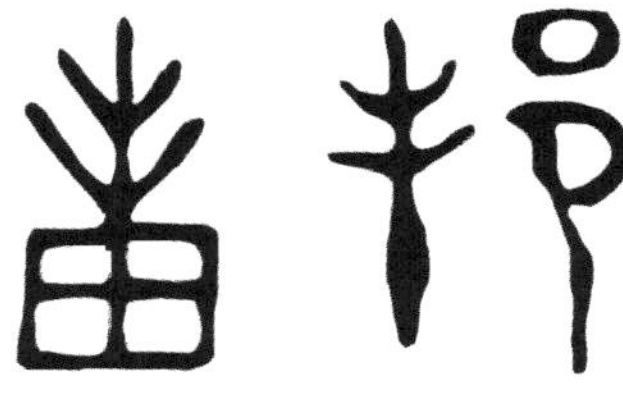

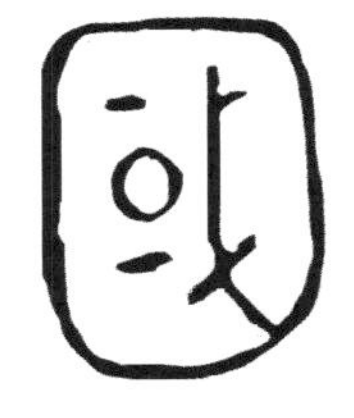
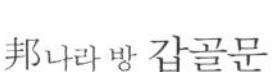

邦나라 방 갑골문　　邦나라 방 금문　　國나라 국 금문

이런 '읍邑'에는 필수적으로 필요한 것이 농토입니다. 곧 생산하는 것이 있어야 읍에서 거주하는 씨족들이 생활할 수 있습니다. '읍邑'은 일종의 자급자족 씨족 공동체라 할 수 있을 것이고, 바로 여기서 나라의 개념이 만들어집니다. 나라를 뜻하는 말은 '읍邑' 자체도 그렇다고 할 수 있지만, 이 글자는 이제 작은 도시를 뜻하는 글자가 되었으니, 다른 글자로는 '나라 방邦'을 들 수 있을 겁니다. 이 '나라 방邦'은 나라들이 연합한 '연방聯邦', 맹약을 맺는 '맹방盟邦'과 같은 단어에서 아직도 쓰입니다. '방邦'의 금문은 밭에서 자라는 작물과 '읍邑'으로 구성된 최초의 작은 나라의 원형이 살아 있습니다. 그런데 '방邦'의 갑골문을 보면 오른쪽의 '읍邑'이 없는 모습입니다. 그래서 혹자는 밭과 수풀로 경계를 이룬 나라라는 개념이 아니냐고 하는데, 저는 그저 모여 사는 마을도 없던 때에 무슨 '나라'라는 개념이 있었을까 하는 생각입니다. 또는 '방邦'은 제후가 분봉을 받은 작은 나라로 분봉의 기념으로 밭에 심은 나무를 뜻한다는 의견도 있지만, 분봉이란 이 글자의 시대보다는 뒤의 일 같고, 분봉의 기념은 청동기로 만든 예기였지, 기념식수는 그때 풍속과는 맞지 않는 것 같습니다. 결국 이 글자는 나라란 것은 '읍邑'과 그 주위의 밭에서 작물들이 활발하게 자라는 것이라고 글자의 모습으로 정의해주고 있다고 생각합니다. 잎이 하나 더 달렸다는 것은 늘 활발하게 자라고 있다는 상징이지요.

'방邦'보다 보편적으로 쓰이는 나라라는 글자는 '국國'입니다. 그런데 이 글자는 사실 '성城'과 다를 것이 없는 글자였습니다. 그리고 우리는 그것을 다른 형태와 다른 뜻의 글자로 쓰고 있습니다. 바로 '혹 혹或'이 그 글자입니다. 우리가 '혹시' 할 때 쓰는 바로 그 글자 말입니다. 사실 춘추전국시대까지만 해도 이 글자는 '나라' 또는 '성城' 이란 글자로 쓰였습니다. 지금도 나라를 뜻하는 뜻으로 쓸 때는 '역' 이라고 발음합니다. 글자도 '성城'의 자형과 크게 다르지 않아 '토土' 가 둥근 원으로 살짝 변형된 모양입니다. 무기를 들고 내가 사는 '읍邑'을 지킨다는 것이지요. 이런 것을 보면 애국심은 참으로 오래된 관념인 것 같습니다. 이 요소가 들어간 글자로는 이 글자에 '흙 토土'를 더 붙인 '지경 역域'을 들 수 있습니다. '영역領域'이라 할 때처럼 자신이 지배할 수 있는 범위를 뜻하는 단어지요. 가령 신채호申采浩가 '근역槿域'이라 부른 곳은 무궁화가 국화인 우리나라 땅을 부르는 이름입니다. '나라'나 '성城'에서 파생된 개념임이 분명합니다. 그러니 '역或', '성成' 또는 '성城'은 모두 '읍邑'을 지킨다는 뜻으로 쓰인 나라의 원개념이고, '나라 국國'은 여기에 경계를 더해 만든 글자입니다.

또 이 '혹或'이라는 글자가 부정사의 의미를 띠는 글자로 쓰인 것은 정확히는 알 수 없어도 대략 위진남북조시대에는 확실하게 정착이 된 것 같습니다. 그렇게 의미가 변하게 된 데에는 아무런 단서가 없습니다. 저는 이 위진남북조라는 혼란한 시기에 나라의 정체가 유명무실해지고 나니 반어적인 표현으로 그렇게 뜻이 변하지 않았나 하고 추측해봤습니다. 그러나 속어가 글자를 차용한 것인지, 또는 다른 원인이 있는지 알 수 없습니다.

疆 지경 강 금문

또 '역域'과 비슷한 뜻으로 쓰는 '강疆'이란 글자도 있습니다. '강역疆域'이란 단어처럼 나라의 영향력이 미치는 범위를 뜻하는 단어에 이 글자가 들어 있습니다. 이 글자는 '밭 전田'이 두 개 있고 그 경계를 나타내는 선이 그려져 있으며, 왼쪽에는 '활 궁弓'과 '흙 토土'가 있습니다. 활이 있는 까닭을 화살이 미치는 범위로 경계를 삼았다고 하는데, 그러기에는 거리가 너무 짧지 않나 하는 생각이 듭니다.

여하튼 금문의 시대에는 '역或'에 둘레를 더해서 '국國'이라는 글자로 나라를 상징하게 되고, 이것이 현재까지 '나라'라는 개념을 대표하는 글자가 됩니다. 공자의 『춘추春秋』라는 역사책을 해설한 좌구명左丘明의 『좌전左傳』에는 "나라의 큰일은 제사와 군대에 있다"란 구절이 있습니다. 나라는 태생부터 무력과 정통성의 확보가 중요했다는 말이지요. 지금의 국가에도 이 두 가지는 변함이 없고, 특히 무력과 전쟁이 이 '국國'이란 글자에 아로새겨져 있어 서글픈 생각이 듭니다.

里리, 郡군, 縣현, 都市도시 | 촌과 도시

여전히 도회지에 사는 사람이 시골 사람더러 '촌놈'이라고 비하하기도 합니다. 예전에도 도시가 성립된 뒤에 시골 사람을 깔보는 일이 있었나 봅니다. 우리는 너절하고 더러운 것을 이르러 '비루하다'라는 말을 흔히 씁니다. 여기서 '비루鄙陋'의 '비鄙'라는 글자를 살펴보겠습니다. 사전에서 '비鄙'를 찾아보면 '다라울 비'라고 나옵니다. '다랍다'라는 말은 '더럽다'에 밀려 거의 잊힌 말이 되었습니다만, '때가 있어 지저분하다'란 뜻입니다. 이 글자의 오른쪽은 '읍邑'이니 더 설명할 필요가 없겠고, 왼쪽의 형태는 많이 본 형태입니다. 그렇죠. 그림이라는 뜻의 '도圖'의 큰입구몸(囗) 안의 형태가 바로 이것입니다.

鄙다라울 비
금문대전

圖그림 도
금문

사실 '비鄙'의 원형은 '더러울 비啚'입니다, '방邦'처럼 옆에 '읍邑'만 더했을 뿐입니다. 이 글자를 찾아보면 '더럽다', '천하다', '속되다', '촌스럽다' 하는 나쁜 뜻들만 지니고 있습니다. 무슨 연유에서 '비啚'와 '비鄙' 두 글자 모두 좋지 않은 뜻만 지니고 있을까요? 사실 갑골문의 '비啚'를 보면 그렇게 좋지 않은 뜻이 있을 까닭이 없는 글자입니다. 중심이 되는 읍과 곡식 창고를 표시한 글자일 뿐이니까요. 아마도 어떤 마을과 농토의 곁에 세운 창고의 배치도라 보는 게 좋겠죠. 곡식 창고가 있다는 것은 농촌을 뜻함이나, 사실 이 시기에 농업을 기반으로 하지 않는 읍은 있을 수 없었을 겁니다. 전쟁이 극심하기 전에는 곡식의 창고를 굳이 읍 안으로 가져가지 않았을 겁니다.

만일 전쟁으로 곡식을 보호할 필요가 있다면 성안으로 곡식 창고를 옮겼겠지요. 이 읍과 곡식 창고가 성곽 안에 들어간 '도圖'라는 글자는 그림이라기보다는 실용적인 읍내의 지도가 옳을 겁니다. 옛 지도는 그림으로 그리니 거기서 '그림'이란 뜻이 파생되었겠지요.

원래 여러 읍들 사이에 무슨 지위가 있었던 것은 아닐 겁니다. 자연적으로 발생한 읍의 귀천이 있을 까닭이 없으니까요. 그렇지만 시간이 지나고 침략과 합병이 반복되면서 이런 읍들이 분화했습니다. 커다란 읍과 권력이 있는 읍들이 생겨나고, 변방에 작고 힘없는 읍들이 남은 겁니다. 읍들 가운데 '대읍大邑', '천읍天邑'과 같은 정치적 중심이 등장하면서, '비鄙'라는 글자는 주로 힘도 없고 작은 변방의 읍들을 지칭하게 되었고, 따라서 그런 중심으로부터 멀어진 곳이라는 뜻에서 나쁜 뜻들이 파생된 듯합니다.

우리가 흔히 시골이라는 뜻으로 쓰는 '촌村'이란 글자도 있습니다. 그래서 시골 사람이란 뜻으로 '촌사람'이라고 합니다. 그런데 이 글자는 '나무 목木'과 '마디 촌寸'으로 구성되어 어디에도 시골이란 뜻이 보이지 않습니다. 나무야 시골에만 있는 것도 아니니까요. 헌데 이것은 나중에 모습이 많이 바뀐 것이고 이 글자의 원래 모습은 '촌邨'입니다. 오른쪽의 '읍邑'은 마을인데, 왼쪽의 '둔屯'은 어떤 상형인지 불분명합니다. 이것을 씨앗으로 보고 씨앗에서 싹이 나고 뿌리가 자라는 것을 상형했다는 의견도 있지만 뿌리가 위로 자라는 건 이치에 맞지 않습니다.

屯진칠 둔
갑골문

그래서 앞서 '봄 춘春'을 이야기하면서 이것이 철새였으면 좋겠다는 이야기를 했습니다. 이를 철새로 보면 군대가 중간에 머무른 곳이란 '둔屯'의 뜻도 비유로 이해가 된다고요. 그러나 그렇다고 확신하기에는 갑골문의 형태가 잘 들어맞지는 않습니다. 어찌되었든 군대가 원정을 떠나 임시로 진을 치고 주둔을 할 수 있는 곳이면 변방이고, 또 정착을 할 만한 곳일 수 있습니다. 또한 적에 대한 방비를 위해서 전략적으로 정착하는 경우도 있었을 겁니다. 본디 왕이 살던 도읍에서 멀리 떨어진 곳일지라도 새로운 마을이 들어서고 읍이 생길 가능성이 높은 곳입니다. 그래서 나중에 '읍邑'이 더해졌겠죠. 그러나 도읍에서는 멀리 떨어진 변방이니 촌은 촌인 셈입니다.

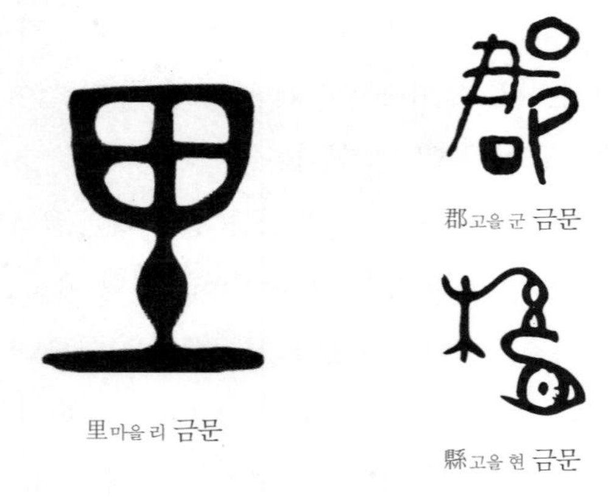

里 마을 리 금문

郡 고을 군 금문

縣 고을 현 금문

현재 우리가 행정구역의 단위로 쓰고 있어 익숙한 '마을 리里'가 있습니다. 이 글자의 구성단위는 아주 단순합니다. '밭 전田'과 '흙 토土'의 결합입니다. '읍邑'이 있다고 해서 모든 사람이 읍에 살 수는 없습니다. 읍 주위에 산재한 농토의 작물을 돌보기 위해서는 그곳과 가까운 곳에 살아야 합니다. 만일 적당히 거주할 집이 없다면 흙으로 움막이라도 짓고 농사일이 바쁜 철에는 거기서 살아야 합니다. 물론 전쟁이 벌어져 성에 둘러싸인 읍내로 피신할 때도 있겠지만, 그것은 적들이 공격해왔을 때의 일입니다. 보통 때에는 농토와 가까운 곳에 사는 것이 농부의 본분이겠지요. 그러기에 농토를 중심으로 작은 마을이 생겨났습니다. 이것을 뜻하는 글자인 '리里'가 시골의 행정구역의 명칭으로는 너무나 잘 들어맞는 것 같습니다.

중국 역사에서 봉건제도는 주周나라에서 끝나고 진秦나라부터는 중앙집권제가 실현되었다고 합니다. 한漢나라가 일부 봉건제로 다시 돌아가기는 하지만 그래도 전체적인 국면에서는 중앙집권제를 고수합니다. 이 중앙집권제의 상징이 '군현제郡縣制'입니다. 지방에 군현을 설치하여 제후를 두지 않고 황제가 직접 고른 사람을 지방관으로 파견했다는 뜻이죠. 지금 중국과 일본의 행정구역 명칭으로는 쓰이지 않지만 우리 행정구역 명칭에는 '도道' 아래 '군郡'이 있습니다. 우리에게는 아직까지 살아 있는 명칭인 셈입니다.

'군郡'에서 왼쪽의 '임금 군君'은 여러 뜻이 있습니다. 임금으로부터 자네라는 호칭으로까지 여러 뜻으로 쓰이는데, 글자 모양으로 보면 붓을 들고 있는 '다스릴 윤尹'과 명령을 내리는 '입 구口'로 되어 있으니, 기록하고 명령을 내리는 사람이라는 뜻이죠. 사실 임금이 명령을 내리는 건 맞지만 직접 붓을 들고 기록한다는 건 조금 이상합니다. 사실 은상이나 주나라에는 이미 도끼로 상징하는 권력을 지닌 왕이 있었습니다. '군君'이란 뜻은 '우두머리'로 생각해야지, 왕으로 보기에는 어색합니다. '군주君主'란 말은 서양 언어의 번역 과정에서 나온 단어입니다. 여하튼 '군郡'이란 글자의 구성은 '우두머리가 다스리는 읍과 거기에 부속된 농토' 정도의 뜻으로 여기면 되겠습니다. 그리고 그것이 진秦나라의 사정에 맞는 것이죠. 이미 진나라에서 왕은 '황제皇帝'가 되었습니다. 그리고 세상에서 첫 번째 황제란 뜻으로 '진시황秦始皇'으로 불렀습니다.

우리나라 현재 행정구역 명칭에는 없지만 이웃나라인 중국과 일본에는 '현縣'이란 이름의 행정구역이 있습니다. 군현제에서 '현'은 '군'보다 아래의 행정구역입니다. 그런데 이 '현縣'은 참으로 끔찍한 글자입니다. 예전에는 큰 죄를 지은 죄인을 사형하여 그 머리를 높은 나무에 매달아 효수梟首하는 모습을 나무와 끈과 눈으로 상형한 글자이기 때문입니다. 일종의 공포심을 자극하는 방법이기도 하고, 법과 강압에 의한 철권통치입니다. 진秦나라의 재상 이사李斯가 통일 후 지방을 중앙에서 직접 다스리기로 하면서, 이 글자를 행정구역의 이름으로 선택했다는 것은 법가法家의 냉철한 논리로 세상을 엄하게 다스리겠다는 표시였을 겁니다.

都도읍 도 금문

市저자 시 금문

요즘은 사람들이 많이 모여 사는 곳을 '도시都市'라 합니다. 물론 이 용어 자체가 서양의 '시티city'를 일본에서 번역한 용어이기는 하지만 나름대로 합당한 이유가 있으니 고른 글자일 겁니다. '도읍 도都'는 '놈 자者'와 '읍邑'을 합친 글자입니다. '자者'는 뜻도 여러 가지

이며 연원도 잘 알 수 없는 독특한 글자입니다. '자者'는 사람도 뜻하고, 사물이나 장소를 뜻하기도 하고, 무리를 뜻하기도 하고, 또 어떤 이들은 불을 피워 음식을 하는 것이 원래 뜻이라고 하기도 합니다. 이렇게 해석이 여러 가지인 것은 사실 잘 모르겠다는 뜻이죠.

어쨌든 갑골문과 금문에서의 이 글자는 나무에 무언가가 잔뜩 달려 있으며, 그 아래에 입이 있는 형태입니다. 이 글자의 모양은 예전에 시골이나 산에 있던 당나무를 떠올리게 합니다. 산이나 마을의 구석에 당나무가 있어 거기에 여러 색깔의 천 조각을 달아놓고 치성을 드리고 복을 간구하는 것은 흔히 볼 수 있던 무교 신앙이었습니다. 그리고 원시 종교에서 신이 내린 나무인 신목神木 또한 세계 곳곳에서 발견되는 신앙의 형태입니다. 우리의 단군신화에도 '신단수神檀樹'가 등장합니다. 그 아래 입이 있는 것으로 봐서 이 나무에다 기원을 하거나 무당이 신의 뜻을 받아 전하지 않았을까 합니다.

그렇다면 이 나무가 조상의 혼령들과 이 세상을 연결하는 다리의 역할을 하는 것이었을지도 모릅니다. 이런 조상에 대한 제사와 점복의 권리는 최고 권력자의 것이니 가장 최고의 것이 되고, 최고의 장소가 되는 것이 아닌가 싶습니다. 어쨌거나 이 '자者'와 '읍邑'이 합치면서 최고의 실력자인 왕이 거주하는 곳이라는 의미가 됩니다. 결국 '도읍都邑'은 요즘의 '수도首都'라고 보아야 하겠지요. '도都'에는 나중에 '모두'라는 개념도 생깁니다. 우리가 흔히 쓰는 '도대체都大體'는 '모두 뭉뚱그리면'이라는 말이지요. 아마 임금이 거주하는 '도성都城'에는 모든 것이 갖추어져 있어서 이런 뜻이 파생된 것이 아닐까 생각합니다.

'저자 시市'는 번역어가 되면서 뜻의 변화가 커진 글자입니다. '시티city'의 첫 음절과 비슷한 음 때문에 '저자'란 뜻이 '읍邑'을 대신해 버렸습니다. 사실 이 글자의 자형으로 보면 이것이 어떻게 저자가 되는지 잘 알 수 없습니다. 그것은 아마도 처음에는 다른 장소를 지칭하는 글자였기 때문일 겁니다. 한자가 태어나던 시대에 '저잣거리'가 있었을까요? 아마도 그렇지 않을 겁니다. 한 '읍邑'을 중심으로 한 자급자족 사회에서는 거의 공동체적 배분만 있었을 것이고, 읍내에 시장이 생긴 것은 훗날의 일일 겁니다. 물론 자급자족이 되지 않는 물품들은 있었겠지요. 특정한 재료라든가 말이라든가 하는 것들은 다른 나라나 읍에서 구입하거나 물물교환을 통해서 거래를 했을 겁니다. 그러나 이런 것들은 읍과 읍, 나라와 나라 사이의 거래였지, 개인들 사이의 거래는 아니었을 겁니다.

다시 글자로 돌아가 보면 '시市'는 '지止'와 '혜兮'의 결합인데, 모양이 약간 변형되었습니다. '지止'는 '걸어서 오다'는 뜻이고, '혜兮'는 불명확하지만 가로대가 있는 긴 막대가 있고 양쪽으로 무언가 삐죽 솟아올라 있습니다. '혜兮'와 비슷한 글자로는 '호乎'가 있습니다. '호乎'는 삐죽 솟아올라 있는 것이 셋(川)인데, '혜兮'는 둘(八)입니다. 위로 솟아오른 것은 소리의 크기를 뜻하는 듯합니다. '호乎'의 뜻은 요즘 글자로는 '부를 호呼'입니다. 그러니 '호乎'는 큰 목소리로 부르는 것이고, '혜兮'는 그보다 작은 목소리로 부르는 것이라 할 수 있습니다. 丁은 어떤 표식의 역할을 하는 막대라 할 수 있을 것 같습니다.

兮 어조사 혜
금문

乎 어조사 호
갑골문

이런 사실로 추리를 해보면 '읍邑'에는 어떤 막대로 표시를 해놓은 장소가 있습니다. 사람들이 읍에서 만나자고 약속을 하면 이곳으로 찾아가는 그런 장소였을 겁니다. 본디 교역의 장소는 아니었고, 그곳에서 만나 반갑게 서로를 부르고 떠드는 장소였을 것 같습니다. 그러던 것이 차츰 서로 필요한 물건을 교환하는 장소가 되었고, 더 나중에는 물건을 사고파는 저잣거리가 되었다고 본다면 너무 겅둥 뛴 추측일까요?

어쨌거나 '시市'는 이제 '시장市場'이라는 '저자'의 뜻보다 '도시都市'라는 뜻의 '시市'가 더 우세한 듯합니다. 언어는 끊임없이 변화하는 것이니 뒤의 뜻이 앞의 뜻을 삼키는 일은 얼마든지 있습니다. 앞에 예를 든 '호乎'나 '혜兮'도 글자가 생긴 지 얼마 지나지 않아 자신의 본디 뜻은 잃어버리고 뜻도 없는 조사의 노릇만 했습니다. 그러기에 글자의 운명도 어찌 변할지 모른다는 점에서는 사람의 운명과 비슷한 것 같습니다.

'서울 경京'은 한자 문화권에서 임금이 있는 도읍을 이르는 말입니다. 중국에 북경北京, 남경南京의 지명이 있고, 일본에 동경東京, 경도京都 등의 지명이 있는 것은 한때는 임금이나 임금에 준한 이가 사는 도읍이었기 때문이죠. 지금 우리의 서울은 고려시대에는 남경南京이었고, 평양은 서경西京, 경주는 동경東京이었죠. 조선에 와서 서울을 한양漢陽이라 불렀는데, 일제시대에 경성京城이란 이름으로 '경京'이 부활했다가, 해방 후에는 '서울'로 정착이 됩니다. 순수한 우리말인 '서울'로 바뀐 것은 좋은 변화입니다.

이 '경京'은 갑골문이나 금문이 보여주듯이 성의 높은 망루를 뜻합

京서울 경 금문

니다. 서울로 치면 숭례문崇禮門과 흥인문興仁門의 문 위쪽의 누각은 성벽보다 높은 곳에 있어서 전체를 조감할 수 있습니다. 시골 사람이 임금이 있는 큰 도시에 들어서면 처음 보는 게 바로 이 망루의 위엄이죠. 지금도 대도시의 상징은 고층빌딩이 차지하고 있는 것과 같은 이치입니다.

그런데 지금은 다른 뜻으로 쓰고 있는 글자지만, 이 글자의 사촌들이 몇 있습니다. '높을 고高'와 '정자 정亭'이 그런 글자입니다. 이 세 글자는 갑골문이나 금문에서 사실 밑의 받침만 빼고는 거의 구분할 수 없을 정도로 비슷합니다. 사실 비슷한 건물을 표시하는 방법이 달랐을 까닭이 없습니다. 그렇지만 이제는 하나는 서울을 지칭하는 글자로, 다른 하나는 '높다'는 뜻의 형용사로, 또 하나는 특정 양식의 건축물을 지칭하는 글자가 되었습니다. 이것이 언어와 문자의 독특한 생존방법입니다.

高높을 고
갑골문

亭정자 정
갑골문

路로, 街가 | 큰 길과 작은 길

路길 로 금문　　　　街거리 가 금문대전

읍이나 성이나 나라에는 길이 있습니다. 길을 '도道'라고 하지만 이제 이 글자는 일반적인 길보다는 철학적인 뜻으로 더 많이 쓰입니다. '도道'가 철학적인 뜻이 많은 것은 머리를 흩날리며 가기 때문이라 하기도 하고, 의례로 정화된 길이기 때문이라고도 합니다. 사실 왜 '머리 수首'가 이 글자에 있는지는 명확하지 않습니다. 우리가 보통 길이라고 할 때 가장 많이 쓰는 글자가 '로路'와 '가街'입니다. 이 두 글자는 그 기능이 어떻게 다른가를 살펴보고 이 단원을 마치겠습니다.

'길 로路'에서 옆의 발은 '걷는다'는 의미이니 다른 견해가 있을 수 없습니다. 그런데 오른쪽의 '각各'에 또 발이 있습니다. 이 발은 보통 자신의 종족이 아닌 다른 종족의 발로 여깁니다. 그 밑의 '구口'를 입으로 해석해서 집을 떠나 여행을 갈 때 보우해달라고 기도하는 것으로 해석하기도 하고, 다른 종족의 발자국들이 있는 읍으로 해석하기도 합니다. 결국 '로路'는 읍과 읍을, 또는 성과 성을, 아니면 나라와 나라를 연결하는 길입니다. 그렇게 먼 곳으로 가거나 와서 다른 읍의 지붕 밑에 있으면 '손님 객客'이 됩니다.

'거리 가街'는 다릅니다. 지나다니는 '행行' 사이에 '흙 토土'가 두 개 있습니다. 그러니까 집들 사이를 돌아다닐 수 있게 흙으로 북돋운 길입니다. 읍내 집들 사이에 있는 것은 '가街'이지 '로路'가 아니고, 적대적인 적들이 없기에 안전한 곳입니다. 그렇지만 이제는 '로路'와 '가街'를 이렇게 구분해서 쓰지는 않습니다. 적당히 구분하면 비교적 길고 큰 길에는 '로路'를, 비교적 작은 길에는 '가街'를 쓰는 정도의 구분이 있을 뿐입니다.

十二…
실과 옷

인간은 '털 없는 원숭이'라 할 정도로 다른 동물에 비해 털이 없습니다. 물론 사람에 따라 털이 많고 적고의 차이는 있지만 추운 겨울을 맨몸으로 견딜 수 있는 사람은 없습니다. 그러면 인간은 왜 이렇게 털이 줄어들었을까요? 사실 인간도 옷을 입기 전에는 상당히 털이 많았다고 합니다. 아마도 옷을 입기 시작한 뒤로 털이 줄어들도록 변했겠지요. 그래서 아직도 털이 많은 사람들을 '진화가 덜 됐다'고 놀리기도 합니다. 어쨌든 사람은 다른 동물보다 털이 원래부터 적었음은 분명하고, 열대 지방을 떠나 추운 지역에 살면서 옷을 입기 시작했을 겁니다. 그러면서 털이 더 줄어들었겠지요.

여하튼 분명한 것은 사람들이 아프리카를 떠나 이주를 시작하면서 옷을 입기 시작했으며, 문명의 시대로 들어설 때면 이미 벌거벗은 사람들은 보기 힘들어졌습니다. 사람들은 뭐라도 옷을 입고 지내야 했고, 벌거벗은 몸을 보여주는 것은 미개한 일이 되었습니다. 그리고 그 옷을 만드는 원료로는 짐승의 털가죽이 가장 손쉬웠을 겁니다. 특히 수렵채취시대에는 짐승을 잡아 고기를 먹고, 가죽을 벗겨 옷을 지어 입는 일이 자연스러웠겠지요.

그러나 농경사회가 되자 유목민이 아니라면 인구는 늘고 짐승의 가죽을 조달하는 일이 그리 쉽지 않았습니다. 그러니 가죽은 귀하고, 많은 사람들이 옷을 입기 위해서는 대용품이 있어야 했을 겁니다. 가장 손쉬운 건 풀의 섬유질이었겠지요. 그것이 식물에서 나온 최초의 옷이었을 겁니다. 그러나 식물에서 섬유질을 뽑아내 실을 자아내고, 그 실들을 엮어 천을 짜서 옷을 만드는 일 또한 무한대의 노동을 요구하는 일이기도 했을 겁니다. 또한 그렇게 만든 옷들도 더운 여름철에는 시원했을지 몰라도, 추운 겨울을 넘기기에는 두터운 털가죽처럼 따뜻하지는 않았겠지요.

그러던 인간에게 눈에 번적 뜨일 정도의 새로운 재료가 나타납니다. 누에나방이 나방의 성체가 되기 전에 번데기를 보호하기 위해 만드는 고치입니다. 그 하얗고 보드라운 고치를 풀어 실을 자아낼 생각을 한 것은 정말 놀라운 생각이었습니다. 깊은 관찰과 치밀한 생각이 없으면 도저히 해낼 수 없는 일이니까요. 어쨌거나 누에고치에서 실을 자아낼 수 있는 방법을 알아낸 뒤로는 자연의 누에나방 애벌레를 일부러 기르기 시작했습니다. 이것을 기르기 위해 이들의 먹이인 뽕나무도 심어야 했습니다. 이 순간 인류는 정말 색다른 한 걸음을 내디딘 겁니다.

이제부터 옷과 관련된 한자들을 살펴보겠습니다. 짐승의 가죽이나 털을 이용하든지, 식물에서 실을 뽑아 천을 짜든지, 또는 누에나방을 길러 고치에서 명주실을 뽑아 비단을 짜든지 하는, 우리가 옷을 지어 입는 과정들이 글자에 어떻게 발현되었고, 또 그 연장선들은 어디까지 뻗어나갔나를 살펴보겠습니다.

糸 사 | 인류의 위대한 발명품, 실

한자에는 '실 사糸'변이 있고 상당히 많은 글자가 이 편방을 부수로 씁니다. 대개는 실이라는 의미에서 파생된 글자들이죠. 그리고 보통은 편방이 둘이 겹쳐진 '사絲'를 '실 사'라 합니다. 그런데 이 글자를

糸실 사 금문

보면 왜 '실'이 이런 모양인지 고개를 갸우뚱하게 합니다. 별로 실처럼 생기지 않은 모양이죠. 그렇지만 금문의 '실 사糸'를 보면 누구나 무릎을 탁 치게 됩니다. 이것은 영락없이 예전에 실패에 감지 않던 무명실 꾸러미의 모양입니다. 물론 그 끝이 세 가닥만 있지는 않겠지만 그것은 간략하게 표현한 것이고, 양끝의 가닥과 실이 꼬이지 않도록 중간 중간을 붙잡아맨 것까지 완벽하게 묘사했습니다.

그런데 이 실꾸리를 만드는 것은 결코 쉬운 일이 아닙니다. 화학섬유가 나오기 전, 실을 자아내는 방법은 대체로 네 가지였습니다. 우선은 삼베를 만드는 삼실을 들 수 있습니다. 삼은 대마를 삶고 찌어 대나무에 걸어 말립니다. 이것을 결대로 잘게 찌어내면 실이 됩니다. 그다음은 누에를 이용한 실로 가장 가는 섬유를 만들 수 있습니다. 무명실로 인도의 데칸 고원이 원산인 목면을 동아시아에 보급한 것은 몽골이 서쪽으로 원정해 인도 북부와 아랍의 세계를 차지한 다음의 일입니다. 그러니까 우리 땅에 목면이 들어온 것도 고려 말의 문익점이 들여왔다고 합니다. 목면이 들어온 것은 중국이나 우리나라나 상당히 늦게 들어온 겁니다. 그다음이 양이나 토끼의 털을 깎아 가공한 털실입니다. 그렇지만 이것은 근대에 강한 압력으로 털을 뭉쳐 실을 뽑아낼 수 있게 된 다음의 일입니다. 그러니까 한자의 시대에 실을 자아낼 수 있었던 것은 삼과 명주실 정도였습니다.

사실 실처럼 위대한 발명품이 다시는 없을지도 모릅니다. 실을 짜서 옷감을 만들어 옷을 지어 입습니다. 옷을 지을 때도 바늘에 실을 꿰어 천과 천을 연결해야 합니다. 물건을 동여맬 때에도 실을 친친 감으면 해결이 됩니다. 여러 가닥의 실을 뭉치면 무거운 것도 견딜 수 있는 밧줄이 됩니다. 만일 이 실이 없다면 우리의 일상생활이 얼마나 불편했을까요? 실은 너무 익숙해서 그리 대단하다는 눈길을 받지 못하지만 결코 단순한 발명품이 아닙니다.

식물의 섬유질이나 동물의 섬유질인 누에고치를 가지고 옷을 지어 입기 전에 의복 문제를 해결하는 방법은 다른 동물의 가죽을 활용하는 것이었죠. 어차피 수렵채취시대의 사냥감은 고기는 먹고, 뼈와 가죽은 재활용의 대상이었기에 익숙해질 수밖에 없는 일이었습니다. 동물을 사냥하면 우선 껍질을 벗겨서 고기를 익혀야 합니다. 그리고 남는 것이 뼈와 가죽이지요. 뼈는 여러 도구를 만드는 재료가 되고, 그 가죽은 훌륭한 건축재이거나 옷이 됩니다.

'가죽 피皮'의 금문은 손에 도구를 가지고 널브러져 있는 짐승의 가죽을 벗기는 모양을 상형한 글자입니다. 어떤 사람들은 이것을 짐승의 머리로 보지 않고 입으로 해석해 비명을 지르는 것이라고 보기도 합니다. 사람을 죽이고 껍데기를 벗긴다는 것이지요. 그래서 이 '피皮'는 사람의 가죽이고, 참혹한 형벌을 의미한다고도 합니다. 사실 참혹한 형벌도 많고 생사람을 순장시키기도 한 시대의 일이니 그런 일이 없었다고는 할 수 없겠습니다.

皮 가죽 피 금문

革 가죽 혁 금문

그리고 짐승의 가죽은 '혁革'이라고 부른다고 합니다.

그런데 이 '혁革'을 보면 짐승의 머리는 '입 구口'와 비슷한 그대로고, 가죽이 고기에서 벗겨지는 역동성이 사라지고, 그저 손이 하나에서 둘로 늘어난 형태입니다. 요즈음 우리가 쓰는 '가죽'이란 말을 한자로는 '피혁皮革'이라 합니다. 그러면 두 글자 사이에는 그렇게 큰 차이가 없다는 겁니다. 엄연히 다른 두 글자가 있었다면 어떤 차이라도 분명히 있었겠지만 지금은 거의 구분이 없어진 것이고, 이제 오히려 두 글자를 합쳐 한 단어로 쓰게 되었습니다.

두 글자의 금문을 살펴보면 두 가지 다른 점이 보입니다. 첫째는 '피皮'에서는 살점에서 가죽이 분리되는 모양이 둥근 곡선으로 표현되었는데, '혁革'은 일직선으로 처리했다는 겁니다. 둘째로 '피皮'에서는 손이 하나인데, '혁革'에서는 손이 둘이라는 점입니다. 이것이 뜻하는 것은 아마도 작업의 종류가 다름을 표현한 것이 아닌가 하는 생각이 듭니다. 가령 '피皮'의 경우는 잡은 짐승에서 가죽을 떼어내는 한 손에 힘이 들어가는 거친 작업이고, '혁革'은 고기는 이미 사라진 머리와 가죽만 남은 것을 대상으로 두 손을 쓰는 세밀한 작업이 아닌가 하는 생각입니다. 단순한 자형을 보고 상상한 무리한 추측인지 몰라도, 이렇게 생각하면 구분은 상당히 명료해집니다. 곧 '피皮'는 털이 붙어 있는 짐승에서 떼어낸 그대로의 가죽이고, '혁革'은 털을 제거하고 매끄럽게 가공한 가죽이라고 정의할 수 있습니다.

사실 털이 그대로 있는 짐승의 가죽은 추운 겨울철이 아니라면 옷으로 만들어 입고 다니기는 불편합니다. 그러나 털을 제거한 뒤에 무두질로 가공을 한 짐승의 가죽은 여러 용도로 쓰일 수 있습니다. 한자의 시대인 당시는 전쟁의 시대기도 하였기에 이 가공한 가죽은 용도가 많았습니다. 우선 갑옷을 만드는 재료로 이보다 좋은 것이 없습니다. 갑옷에 짐승의 털이 그대로 붙어 있으면 기동성에 문제가 생깁니다. 당시는 '과戈'라는 창의 시대였기 때문에 방패가 끝이 갈라진 나뭇가지 형태였지만, 칼의 시대가 오면 가죽은 거북껍질과 함께 방패를 만드는 재료가 됩니다. 또한 가죽을 길게 찢어 동여매거나 연결하는 끈으로 쓸 수도 있습니다. 가죽옷을 짓는 데도 이렇게 가죽 끈으로 꿰어 만들었을 겁니다.

이 시대에는 매끈하게 다듬은 가죽에 붉은 옻칠을 해서 썼나봅니다. 옻칠이 가죽 표면을 더 단단히 하고 아름답게 꾸밀 수 있었기 때문인 것 같습니다. 이렇게 털을 제거하고 매끈하게 다듬어 옻칠을 하면 처음의 재료와는 전혀 다른 것이 됩니다. '혁革'에는 '새롭게 뜯어 고치다'란 뜻이 있습니다. 우리가 '혁신革新'이라 함은 바로 이런 뜻으로 쓰는 겁니다. 이 뜻은 털 달린 가죽을 매끈하게 다듬어 옻칠을 하는 가죽의 변신에서 유래를 하지 않았을까 추측해봅니다.

마지막으로 이 시대에 쓰인 것으로 삼베가 있습니다. 삼은 식물의 이름으로 마麻, 또는 대마大麻라 부르고, 베는 천을 뜻하는 말입니다. 이것이 중국과 우리나라에서 주축 옷감으로 자리매김한 것은 오래전의 일입니다. 원산지도 중앙아시아인데다 중국의 경우 신농神農의 시대부터라 하고, 우리나라도 목면이 들어오기 전까지는 대표적인 옷감이었습니다. 삼 줄기에 있는 튼튼한 섬유질을 실로 해서 천을 짜는 겁니다. 천을 짜기는 수고스럽지만 섬유가 튼튼해서 한번 짜면 오래도록 사용할 수 있습니다.

麻삼 마 금문

삼을 뜻하는 한자가 '마麻'입니다. 이 글자는 한 식물에 대한 여러 정보를 감고 있습니다. 우선 '집 엄广'은 민엄호인 '기슭 엄厂'이 변형된 겁니다. 이것은 산기슭에서 자란다는, 정확히 말하자면 곡식을 재배하는 밭에다 심는 것이 아니라는 뜻이겠죠. 엄호 아래 있는 것은 그야말로 풀(艸)이지만, 풀 옆에 줄기를 더 그려서 빽빽하게 자라는 모습과 줄기 섬유를 이용하는 식물임을 밝히고 있습니다. 사실 이 대마는 온대 지방에서도 거의 3미터 높이로 자라기 때문에 천을 직조하기에 넉넉한 길이입니다. 그렇기에 삼베는 매운 추위를 막기에 부족하다는 단점이 있음에도 오랫동안 옷을 만드는 재료의 대명사로 남았습니다.

삼베가 추위를 막기에 아주 좋은 옷감이 아니었어도 그렇게 오랜 기간 살아남은 것은 그만한 이유가 있습니다. 일단 원료인 대마를 구하기 어렵지 않다는 겁니다. 자연 상태에서도 얻을 수 있고, 수요가 많아져 재배한다 하더라도 쉽게 재배할 수 있습니다. 또한 가공에 정성을 들이면 아주 고운 옷감까지 만들 수 있습니다. 아주 질긴 옷감이기 때문에 오래 입어도 잘 해지지 않고, 여러 가닥으로 꼬면 힘을 받기에도 튼튼한 끈이나 밧줄이 될 수 있습니다. 명주실은 이에 비하면 부드러워 촉감은 좋지만 삼베만큼 질기지도 못하고 세탁도 어렵습니다.

삼베와 비슷한 유형으로 모시도 있습니다. 모시는 '저마(苧麻, 紵麻)'라고 하는데, 이것 역시 삼베와 마찬가지로 유구한 역사를 지녔죠. 그렇지만 풀의 종류는 달라도 비슷하기에 보통은 삼베의 종류에 포함됩니다. 모시는 다년생 풀로 삼베보다는 훨씬 섬세한 옷감을 지을 수 있어 여름옷으로 좋았지만, 실을 만들거나 옷감을 짜는 것은 더 힘들었기에 대중적인 옷감으로 발전하지는 못했습니다.

사실 한자의 시대는 삼베의 시대였습니다. 그때는 무력 경쟁의 시대이기도 했지만 작은 '읍邑'으로 된 수많은 국가들이 존재하는 시대이기도 했습니다. 농업 생산은 곡식에 치중하고, 성을 쌓아 방어를 해야 하는 시대였습니다. 비단옷을 입고 사치를 부릴 만큼 한가롭고 풍요로운 시대는 아니었죠. 비단은 뽕나무를 심고 누에를 키우는 일에서 시작해, 고치가 생기면 고치를 풀어 실을 자아 천을 짜기까지 수많은 공정과 노동력이 필요한 옷감입니다. 그러기에 비단이 귀족들의 일상을 지배하는 옷감이 되기 위해서는 경제의 규모가 커지고, 생활이 안정되기까지 기다려야 했습니다.

그래서 명주실을 뜻하며 수많은 개념으로 발전한 '실 사糸'가 들어 있는 갑골문과 금문의 글자는 그다지 많지 않습니다. '실 사糸'가 들어 있는 글자들은 대개 훗날 양잠과 비단이 흔해진 다음에 만들어진 경우가 많습니다. 그렇지만 험난한 시대일지라도 한자의 시대 역시 비단옷은 엄연히 존재했습니다. 『시경』과 같은 문헌에 나타난 증거들도 있고, 이 시대의 고고학 유적지에서 발굴된 유물 가운데도 양잠과 비단의 증거들은 차고도 넘칩니다. 그저 비단옷이 일상복으로의 지

繭고치 견 금문대전　　蠶누에 잠 갑골문

위가 없었다는 이야기지요.

누에고치를 뜻하는 '고치 견繭'은 흔히 쓰는 글자는 아니지만, '풀 초艹' 아래 '실 사糸'와 '벌레 훼虫'로부터 누에를 지칭하는 글자임은 쉽게 짐작할 수 있습니다. 글자의 원래 형태는 실제 누에고치 같은 형태입니다. 그런데 이 글자의 '풀 초艹' 아래 있는 모양이 어디서 많이 본 것 같습니다. 소금을 이야기할 때 '소금 로鹵'와 같은 형태이지요. 그 소금주머니의 모양이 아마도 누에고치와 비슷했던 모양입니다. 그리고 누에고치 위에 실이 푸수수한 모습을 표현한 것이 '풀 초艹'처럼 변한 겁니다. 그 형태가 글자로 바뀌면서 상형보다는 의미의 형태로 바뀐 것이지요.

누에고치를 얻기 위해서는 누에를 키워야 합니다. 서울에 잠실蠶室이란 지명이 있지요. 뽕나무를 심어 누에를 키웠던 곳이기 때문에 이런 지명이 붙었습니다. 그 '누에 잠蠶'은 총 획수가 24획이나 되는 무척 복잡한 글자입니다. 그런데 사실 이 글자의 원래 모습은 애벌레인 누에의 모습을 그대로 그린 상형문자입니다. 누에를 키우는 사람이라면 한눈에 누에란 걸 알 수 있습니다. 이것이 훗날 글자로 정착이 될 즈음에 채반을 가득 메운 벌레의 형태로 변해서 복잡해진 겁니다. 글자는 간단한 것이 복잡해지기도 하고, 복잡한 것을 간단히 줄

結 맺을 결 금문대전

여서 표현하기도 합니다. 지금 중국에서 쓰고 있는 간체란 것도 하늘에서 뚝 떨어진 것은 아닙니다. 초서의 간략화나 발음의 유사성을 가지고 복잡한 획을 간단하게 줄인 겁니다. 그리고 사실 예전부터 빠른 필기를 위해서 많이 쓰던 방식이기도 합니다.

실은 기다란 것이고 긴 실을 이으면 더 길어집니다. 그렇지만 실은 대개 약한 부분들을 지니고 있기 마련이어서 쉽게 끊어지기도 합니다. 그렇기 때문에 실은 맺음과 끊김에 대한 비유로 늘 사용됩니다. 인연이 이어지는 것과 헤어짐을 실의 연결과 끊김에 비유하기도 합니다. 실이 들어 있는 글자인 '맺을 결結'은 '결혼結婚', '결과結果'에서 보듯이 어떤 맺음을 뜻하는 단어입니다. 매듭은 실과 실을 연결하는 것이기도 하고, 또 어떤 경우에는 실과 실이 만나 어떤 조형을 이루기도 합니다. 실로 매듭을 짓듯이 연애가 혼인으로, 어떤 과정이 결과로 나타난다는 뜻이겠죠.

이 글자는 '실 사糸'와 '길할 길吉'을 쓰고 있습니다. 헌데 '길할 길吉'은 '좋다', '선하다'와 같은 좋은 뜻으로 쓰이는 글자이고, 초창기 한자에도 무척 많이 나오는 글자입니다. 갑골문은 점복占卜으로 쓰이기 때문에, 점을 보고 '길吉하다'라는 표현을 많이 하기 때문이죠. 금문의 시대에도 청동기를 '길금吉金'이라 부르며 좋은 뜻으로 많이 쓰였습니다. 글자도 복잡하지 않고 '선비 사士'와 '입 구口'로 이루어진 단순한 글자이지만, 이 둘의 결합이 왜 좋은 뜻으로 쓰이는지 잘 모르겠습니다.

吉 길할 길 갑골문

우선 이 글자는 갑골문의 형태와 금문의 형태가 다릅니다. 갑골문의 경우는 위에 있는 것이 집인 데 반해 금문의 경우는 '선비 사士'입니다. 갑골문과 금문의 차이가 있는 경우가 드문 것은 아니지만 이렇게 서로 관련이 없는 것으로 갑자기 변하는 경우는 거의 없습니다. 갑골문의 경우 읍에 집이 있다면 그것은 우두머리가 사는 왕궁일 겁니다. 그런데 그것이 금문에서는 도끼로 바뀌었습니다.

吉 길할 길 금문

士 선비 사 금문

금문에서의 도끼는 무사의 상징이고, '임금 왕王'도 도끼의 상형이지만 위세는 무사의 그것보다 대단합니다. 그리고 갑골문이든 금문이든 집과 도끼 아래의 것은 '읍邑'이기 때문에 뜻을 유추하자면 '읍의 왕궁'과 '읍을 지키는 무사'입니다. 그런데 이것이 어째서 좋고 길한 것인지 불분명합니다.

王 임금 왕 금문

도끼를 가지고 무사가 성을 지킨다는 해석부터, 도끼로 입을 막는다는, 또는 성안에 도끼를 세운다는, 또는 도끼를 가지고 축문이 든 사발을 가지고 제사를 올린다는, 아니면 도끼를 지니고 좋은 음식으로 사당에서 조상을 모신다는 등등의 여러 해석이 있지만 어느 하나 쉽게 수긍이 가지 않습니다. 이렇게 여러 해석이 있고, 또 옳을 것 같은 답이 없다는 것은 잘 모른다는 것이죠. 어쨌거나 읍의 왕궁이든 무사든 존재한다는 것은 적어도 아직 나라를 제대로 지키고 있다는 뜻은 있겠죠. 아무튼 '실 사糸'가 '길할 길吉'과 결합했다는 것은 좋은 매듭을 맺은 것은 틀림없는 것 같습니다. 그러니 좋은 결과도 기대할 수 있는 일이겠죠. 그리고 발음으로 보면 단순히 음만 가져온 것일 수도 있습니다.

옷감을 짜는 실들은 가늘어서 끊어지기 쉽습니다. 요즘은 질긴 나일론실이 나와 바느질하는 실이 끊어지는 적은 없지만 예전 무명실을 주로 쓸 때에는 옷에 달린 단추가 걸핏하면 떨어졌죠. 그러나 옷감을 짜려 길쌈을 하면 무수히 많은 실을 끊고 이어야 합니다. 귀한 실을 짧다고 못 쓰면 안 되기에 어떻게라도 실을 이어서 써야겠지요. 그래서 길쌈을 하는 아낙네들은 실을 끊고 잇기에 고수들입니다. 글자를 만든 사람은 세상 여러 일의 진행과정에 대해 아주 잘 알고 있었다는 생각이 듭니다. 실과 길쌈에 대한 글자를 보아도 글자를 만든 사람이 직접 길쌈을 하지는 않았겠지만, 이 일을 잘 이해하고 있었을 겁니다. 그래야 이런 표현력이 나올 수 있습니다.

'끊을 절絶'의 갑골문을 보면 실 꾸러미를 가로지르는 횡단선이 뚜렷합니다. 횡단선이 실의 끊어짐을 표시한 것으로 '절絶'은 실을 끊는다는 뜻입니다. 실을 끊는 것처럼 사람의 인연도 끊어지고, 친구 사이가 끊어질 때에도 이 글자를 빌어 '절교絶交'라고 하며, 유형의 끊김과 관념적 끊김에 대해서도 이 글자를 사용합니다. 이 글자의 금문은 조금 변해서 위아래의 실 꾸러미를 갈라놓았는데, 이 형태는 많이 보던 모양입니다. 이렇게 실 꾸러미를 여럿 늘어놓은 형태가 들어간 글자가 또 있다는 것이지요.

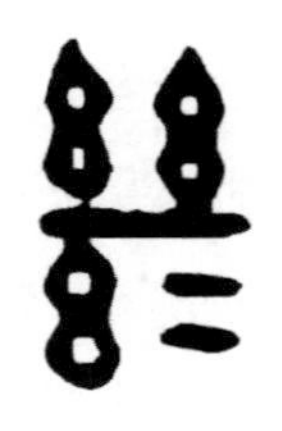

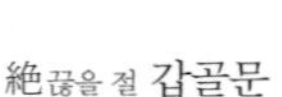

絶끊을 절 갑골문 絶끊을 절 금문 繼이을 계 금문대전

'이을 계繼'란 글자도 여기에 실을 하나 더한 모습이어서 한 글자 안에 '실 사糸'가 무려 다섯 개나 중첩된 모양입니다. 그러니 실에 실을 더하면 이어지는 겁니다. 그 실에 실을 더해 잇는 방법을 두 실을 나란히 하는 것으로 나타냈습니다. 잇는 것도 실을 잇는다는 뜻으로만 쓰이지는 않죠. 조상의 전통도 '계승繼承'하고, 이어달리기를 하는 것도 '계주繼走'라 하고, 뒤를 이을 사람을 '후계자後繼者'라 합니다. 끊는 것 못지 않게 잇는 것도 유형의 것과 무형의 것을 포괄하고 있습니다.

'끊을 단斷'의 왼쪽도 실 꾸러미가 늘어서 있는 모양이지요. 곧 이 글자에 '도끼 근斤'을 하나 더 붙인 형태입니다. 방금 전에 '선비 사士'와 '임금 왕王'이 도끼라고 했는데 또 도끼라뇨? 글쎄, 이 글자의 금문을 보면 도끼 같다는 생각은 전혀 들지 않습니다. 그런데 갑골문을 보면 화살표가 있는 부분이 금속 날이 있는 곳이고 자루가 달려 나무를 다듬는 공구처럼 보입니다. 그러니 지금의 큰 도끼가 아니라 나무를 깎는 조그만 도구가 아니었을까 생각합니다. 아마도 요즘의 자귀와 같은 용도의 공구가 아니었을까 짐작합니다. 그런데 이 도구의 무게가 어떤 단위가 되었는지 이 글자는 무게의 단위가 됩니다.

斤도끼 근 갑골문

아직도 시장에 가면 ‘한 근, 두 근’이라고 하는 그 근 말입니다. 그리고 ‘선비 사士’의 도끼란 뜻은 이미 사라져 버렸죠. 물건이 있는데 글자가 없을 수는 없으니 도끼는 ‘부斧’라는 새로운 글자를 만들어냅니다. ‘왕王’, ‘사士’, ‘근斤’, ‘부斧’가 모두 도끼였다는 사실이 새롭죠? 어쨌든 ‘끊을 단斷’은 이렇게 ‘도끼 근斤’을 쓰니 실을 자르는 동작은 아닙니다. 도끼로 실을 자르지 말라는 법은 없지만 실은 조그만 가위나 칼로 끊는 것이 보통이지요.

斤도끼 근 금문

絡이을 락 금문대전

‘이을 계繼’는 실을 직접 잇는 일이지만, 이처럼 물질로 잇는 것은 아니더라도 비슷한 유형의 이음새가 있습니다. 우리가 ‘연락連絡하다’고 이야기할 때 ‘이을 락絡’이 바로 그런 글자입니다. 오른쪽의 ‘각各’은 이야기한 적이 있는 글자입니다. 위는 발이고 아래는 도읍이라는 뜻으로 다른 도읍에 갔다는 뜻인데, 나중에 ‘서로 다른’이란 뜻으로 ‘각각’이란 뜻이 되었죠. 여기서는 다른 성읍으로 ‘실을 달고’ 갑니다. 그저 간 것이 아니고 용무도 있으며, 저쪽의 뜻을 전하고 상대방의 의견을 듣는 경우였을 겁니다. 이를테면 전령인 셈입니다. 전화와 서신이 없을 때는 이렇게 전령이 입과 입을 이어주며 소통을 했습니다. 그러기에 전령의 역할이 중요해서 사람에 따라 전쟁을 막거나,

벌이지 않을 전쟁을 자초하기도 했을 겁니다. 그런 면에서 이 글자는 절묘하다고 할 수 있겠습니다.

우리가 결혼 잔치에서 국수를 먹는 것은 오래오래 살라는 뜻이 담겨 있습니다. 그러나 사실 우리가 가장 오래 사는 방법은 자식을 낳아 대를 잇는 겁니다. 사람이 아무리 오래 살아야 백 년을 넘기기 힘드니까요. 특히 한자의 시대에는 이런 관념이 지금보다 더했습니다. 조상들이 하늘에서 자손들을 보우하고 있다고 생각했고, 그래서 자손들은 어려운 일이나 큰일이 있을 때마다 음식을 차려 조상들께 제사를 올리고, 또 계시를 내려달라 점을 치고 했습니다. 물론 조상신만 있는 것은 아니었지만 조상에 대한 제사가 특히 중요했습니다. 이런 전통이 유가儒家에 남아 지금까지 이어진 겁니다.

續 이을 속 금문대전

編 엮을 편 갑골문

그러기에 제사를 지내는 권리가 중요했고, 제사를 지내는 권리를 지닌 사람은 그 권리와 함께 재산도 상속相續받았습니다. 제사를 지내는 데는 재물이 필요하니 재산도 물려주는 것이지요. '이을 속續'에는 이런 뜻이 깃들어 있습니다. 실처럼 자자손손 대를 이으면 제사를 지냅니다. 제사는 제물로 지내는 것이니, 제사를 이을 사람을 마주하고 눈썹을 치켜뜨고 재산을 물려주며 '너를 제사를 지낼 사람으로 정했으니 내 제사를 부탁한다'고 하는 겁니다. '팔 매賣'는 여기서 그런

돈을 주는 일을 뜻하는 글자이고, '실 사糸'는 아버지와 아들로 이어지는 연속성을 뜻합니다. 사실 이즈음은 농업과 전쟁의 시대이기에 가부장제로 완전히 재편되던 시기였습니다.

우리가 책을 엮는 것을 '편집編輯'이라 합니다. 여기서 '엮을 편編'은 '지게 호戶' 아래 '책冊'이 있습니다. 앞에서 '책冊'에 대해 이야기했다시피, 이 글자의 초기에는 지금과 같은 '책'을 뜻했다기보다 나무를 엮어 만드는 '방책防柵'을 뜻하는 것이었습니다. 그것이 죽간이나 목간을 엮어 만든 책보다는 먼저였으니까요. 그 방책을 만드는 데도 나무를 끈으로 엮어 만들어야 했겠지요. 헌데 금문대전의 '지게 호戶'는 무엇을 의미할까요. '문 문門'의 글자가 상형하는 대로 문은 두 짝이어야 합니다. 그래서 고정하는 지주도 둘이어야 합니다. '지게 호戶'는 대개 임시방편이라 편리를 위해 만든 것이어서 한쪽에만 지주를 세워 문짝을 매단 겁니다. 그러니 요즘의 아파트 문들은 아무리 호화로운 집이라도 옛날식으로 따지자면 사립문에 지나지 않는 것이죠.

그러나 일단 인문과 지식의 시대가 되자 방책보다는 목간과 죽간을 엮어 책을 만들어내는 일이 '편編'이 되어야 했습니다. 책을 만들려면 어찌되었든 기록된 간찰의 내용의 앞뒤와 주제를 파악하여 이들을 실로 순서에 맞춰 엮어야 했으니까 요즘 '편집'의 뜻과 정확히 일치하는 일이 되었습니다. 그렇다면 여기 쓰인 '모을 집輯'은 과연 무슨 뜻일까요. 한자의 시대에 '거車'는 전차를 뜻하니 어떤 군사용이었겠지요. 그렇습니다. 전쟁을 하기 전에는 전차들을 다 모아야 합니다. 그렇게 되면 좁은 곳에 많은 전차가 모여 분주해집니다. 옆 전차의 소리도 잘 듣고, 지휘자의 명령도 따라야 합니다. 그렇게 전차가

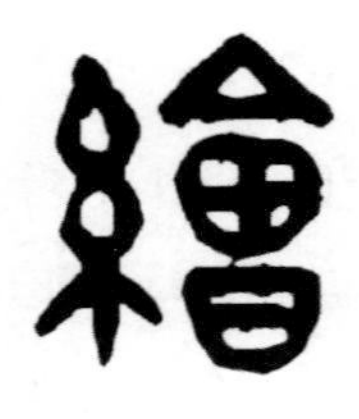

繪그릴 회 금문대전

純순수할 순 갑골문

純순수할 순 금문

모여서 대오를 정비하는 것이 이 '집輯'의 뜻입니다. 책도 연병장에 전차가 늘어선 것처럼 질서 있게 글자와 문장들이 모여 있는 것이죠.

우리는 그림을 한자어로 보통 '회화繪畫'라 합니다. 여기서 '화畫'는 명사로 쓰였지만 '회繪'는 '그리다'는 동사로 쓰인 겁니다. 그런데 여기에 왜 '실 사糸'가 있는지 궁금하지 않았나요? 종이는 후한後漢 때 채륜蔡倫이 발명했다고 하니 이 한자의 시대보다 몇천 년 뒤의 일입니다. 그리고 실제로 종이가 흔해져 화폭이 되는 시기는 그보다 훨씬 더 뒤의 일입니다. 그러니 그림을 그리려면 종이보다는 비단과 같은 천에 그렸다는 이야기고, 염료가 발달하지 않았을 때는 천에 그리면 번지기 십상이었습니다. 그래서 초기의 그림들은 대개 색실로 수를 놓은 것들이 우세했죠. 그러니까 그림은 본디 천 위에 실로 그렸던 겁니다. 물론 바탕에 밑그림을 희미하게 그렸을지 몰라도 천 위에는 자수가 공식적인 그림입니다.

'실 사糸'가 들어간 글자도 많고, 또 개념을 지칭하는 용어라도 대개는 실과 관련될 법한 용어지만 '순수할 순純'은 고개를 갸웃하게 합니다. 이 글자의 갑골문 형태는 '실 사糸'가 없는 묘한 형태라 더욱 그렇습니다. 이것을 식물의 싹이 나는 모습으로 보기도 하는데, 그러기에는 싹 옆의 것이 이해할 수 없는 것이 되고 맙니다. 한자를 만든 사람들의 관찰력은 대단했기에 외떡잎식물과 쌍떡잎식물이 하나의 생명체로 있을 수 없는 것은 확실하게 알았을 겁니다. 또한 '날 생生'과 같이 싹이 나는 글자는 다른 글자가 있었습니다. 이것이 무슨 방해를 받아 굽은 싹이라고 강변하는데, 그렇다면 해석은 더욱 오리무중입니다.

'실 사糸' 옆의 '둔屯'도 군사용어입니다. 앞에서도 여러 번 이야기했지만 여기서 '둔屯'의 금문 모양이 날개를 접고 있는 것 같아 가장 새와 유사합니다. 그러나 금문의 시대에 이 글자는 주로 군대가 머무르며 진을 치고 있는 것을 뜻합니다. 그렇다면 '순수한'이란 뜻은 어디서 왔을까요. 제 생각에 '둔屯'은 군대가 한 곳에 머무를 때처럼 실이 잔뜩 뭉쳐져 있으면 그 실뭉치가 희고 순결하기 때문에 나중에 '순수함'이란 뜻이 생겨난 것이 아닌가 합니다.

어쨌든 실을 가지고 직조기로 피륙을 짜야 합니다. 천을 짜는 과정이란, 훗날 독특한 질감을 만드는 여러 기교들이 생겨났지만, 기본적으로는 가로와 세로로 실이 서로 교차하게 하는 겁니다. 가로 실을

緯씨 위 금문대전

經날 경 금문

씨실이라 하고, 세로 실을 날실이라 합니다. 가로 실의 모양인 '위緯'의 오른쪽 '위韋'는 어느 읍성에 발 둘이 위아래로 있는 모양입니다. 곧 적군이 읍성을 포위한 것이지요. 가죽은 나중에 덧붙은 뜻이고, 이 글자의 본래 뜻은 '둘레 위圍'에 남아 있습니다. 가죽이란 뜻이 된 것은 벗긴 가죽을 발로 밟아 무두질을 해서 부드럽게 한 데서 나온 것 같습니다. 본래 글자의 뜻은 다른 글자에게 빼앗기고 얻은 뜻이죠. 어쨌거나 씨실을 가로로 왔다갔다 하며 천을 짜나갑니다. 그 모습이 '위韋'라는 글자처럼 움직이는 것이죠.

韋 가죽 위 금문

세로 실인 날실은 천을 짜기 위해서는 늘어져 있어야 합니다. 그래서 가벼운 실이 팽팽하게 당겨져 있도록 아래에다 돌멩이나 금속으로 추를 달아놓습니다. '날 경經'의 오른쪽은 바로 그 날줄을 팽팽하게 하는 모습을 그림으로 잘 설명하고 있습니다. 이 날줄이 팽팽하게 잘 당겨져야 천의 중심 역할을 할 수 있습니다. 우리의 지식도 마찬가지입니다. 그래서 지식이나 교리의 중심을 세우는 책을 '경서經書'라 합니다. 유가儒家의 경우는 『시경詩經』, 『서경書經』, 『역경易經』을 '삼경三經'으로 꼽습니다. 불교의 경서는 '불경佛經'이라 하고, 기독교는 '성경聖經'이라 하는 건 모두 이런 존칭의 의미가 이미 들어 있는 겁니다. 지구는 둥글기 때문에 그 위치를 표기하기 쉽지 않습니다. 그래서 지구 표면을 세로줄인 경도經度와 가로줄인 위도緯度로 나누어 위치를 표시합니다. 둥근 지구에 가상의 천을 씌운 겁니다. 이렇게 과거의 관념은 현재에도 여전히 통용되고 있습니다. 천을 다 짰으면 이제 옷을 해 입을 차례입니다.

衣옷 의 | '죽을 상喪'에는 옷이 없다?

衣옷 의 갑골문

衣옷 의 금문

裳치마 상 금문대전

'옷 의衣'는 '멀 원遠'이나 '돌아올 환還'과 같은 다른 글자에도 종종 끼어 있는 글자입니다. 아직도 우리가 며칠 집을 떠나려고 여행가방을 챙길 때에 첫 번째로 챙기는 것이 바로 옷가지입니다. 그런데 '옷 의衣'의 갑골문이나 금문을 보면 그다지 옷처럼 보이지 않는 것도 사실입니다. 그래서 글자의 윗부분 ㅅ를 깃이라 하기도 하고, 소매로 팔을 끼운 부분을 상형한 것이라 하기도 합니다. 깃이라 하기에는 방향이 반대가 아닌가 하는 생각이 들기도 합니다. 일단 갑골문과 금문의 자형에서 아랫부분이 차이가 있는데, 갑골문은 앞섶을 여민 모양이고 금문은 외형을 그린 게 아닐까 생각합니다.

여하튼 우리는 이 한자의 시대에 사람들이 어떤 옷을 입고 지냈는지 잘 모릅니다. 당시 사람을 그린 그림이 남아 있지 않아서이죠. 다만 나중에 전국시대나 한漢나라 때의 고분에서 옷과 그림이 나왔기 때문에 그를 통해 추측할 뿐입니다. 옷이 급격하게 바뀌지 않는다는 전제하에서 그렇습니다. 그렇지만 사실 그 전제는 반만 맞습니다. 의류산업이 발달한 요즘만큼은 아니더라도 옷의 스타일은 사실 빠르게 변화합니다. 그리고 옷감이 주로 가죽에서 천으로 옮겨가던 시기이기 때문에 큰 변화가 있었을 수도 있습니다. 한나라와 한자의 시대는 몇천 년의 간격이 있기 때문에 사실 제대로 추측한 것인지 알 수 없지만요. 어쨌거나 '의衣'의 모습은 갑골문과 금문을 통해 보면 도포 같은 모양인 듯합니다. 그러니 일단 겉옷이고 상의라고 보아야겠지요. 물론 그 상의가 무릎 아래까지 덮는 스타일이겠죠.

그것을 겉옷이라 하면 바지를 입든 치마를 입든 보통은 아래에도 옷을 입습니다. 그것을 우리는 '치마 상裳'이라 합니다. 보통 '의상衣裳'이라 하는 것이 이 두 글자입니다. 예전에는 여자 옷을 맞추는 곳을 '의상실'이라고 불렀습니다. 그런데 이 '상裳'은 위의 '오히려 상尙'과 '옷 의衣'를 합쳐 만든 글자입니다. 그래서 '상尙'을 '고상하다'는 뜻으로 '격식을 차린 옷', '낮에 입는 옷'으로 해석하기도 했습니다. 하지만 치마를 낮에 입고 밤에는 안 입었을 리도 없을 것이고, 치마를 입는 것이 어째서 고상한지 알 수 없습니다.

'상尙'의 모양은 창문에서 이야기하는 것을 묘사하는 글자입니다. 위의 '소小'는 방향성을 뜻하고, 아래는 창과 입을 각기 묘사한 겁니다. 지금은 '오히려', '아직'이란 부사로 많이 쓰이지만 예전에는 '숭상崇尙'과 같이 '높이다'는 뜻으로 주로 쓰였습니다. 저는 그 이유가 옛날 가옥에는 창문이 높이 있어서 그런 뜻이 생겼다고 생각합니다. 높다는 것은 시간적으로는 옛날입니다. 그래서 '삼경三經'의 하나인 역사책 『서경書經』의 이름이 『상서尙書』입니다. 옛날 일을 썼다는 것이죠.

그렇다면 아래의 '옷 의衣'는 무엇일까요? 저는 이것은 치마가 옷의 일종이기 때문에 나중에 치환된 것이라고 봅니다. 그리고 이 치마의 뜻을 지닌 글자는 '항상 상常'이라고 봅니다. 왜냐하면 치마가 되기 위해서는 몸의 높은 곳에서 늘어뜨리는 천(巾)이 되어야 하기 때문이죠. 그런데 이 글자가 아래에 입는 옷은 늘 입고 다니는 것이라 '항상'이란 뜻으로 변하였고, 치마를 뜻하는 글자는 '수건 건巾' 대신 '옷 의衣'로 바뀐 것이 아니냐는 것이죠. 그것이 '고상한 옷'보다는 괜찮은 해석 같습니다.

喪죽을 상 갑골문

마지막으로 '옷 의衣'가 있지만 가짜인 글자를 한 글자 더 보겠습니다. '죽을 상喪'이 그 글자입니다. 이 글자는 마치 죽음이 수의와 관련이 있는 것처럼 '옷 의衣'가 붙어 있습니다. 그런데 이 글자의 갑골문을 보면 정체가 드러납니다. 입이 셋 있는 것은 대성통곡을 하고 있는 겁니다. 나머지는 손과 팔입니다. 위치에서 보듯이 땅에 엎드려 대성통곡을 합니다. 옷은 어디에도 없죠. 이렇게 한자에는 나중에 끼워 넣은 가짜 요소들도 꽤 많습니다.

맺으며

한자는 처음부터 지금까지 늘 똑같은 의미와 모습을 하고 있지는 않았습니다. 그리고 지금에 이르기까지 한자도 많은 변화를 했습니다. 갑골문에서 금문으로, 또 전서篆書에서 해서楷書로 변화했습니다. 그 한자를 받아서 이용한 대표적인 나라가 우리나라와 일본, 베트남 등입니다. 그래서 이들 나라에서 대부분 단어들은 한자에 그 어원을 기대고 있습니다.

그렇지만 베트남은 한자의 표기를 포기했고 문자를 로마자로 표기합니다. 일본은 아직도 많은 한자를 쓰지만 일본식으로 바꾼 글자체도 많습니다. 우리는 한자를 배우기도 하고, 한글 전용을 하기도 하면서 갈팡질팡했습니다. 그러나 한자는 아직 해서楷書의 형태로 쓰고 있고, 수많은 단어들이 한자에서 기원하고 있으며, 새로운 전문용어도 한자를 이용해 간단하게 만들기도 합니다.

그러는 가운데 중국 본토는 간체자簡體字로 글자를 바꿔 쉽고 편하게 해서 글 모르는 사람이 없도록 하겠다는 것이었죠. 그러나 완전한 표음문자로까지 바뀌지는 않았습니다. 대만과 홍콩은 아직 우리와 같은 한자를 쓰지만, 중국은 다릅니다. 그래서 한자를 아는 여행객도 중국에서는 글자를 읽을 수 없습니다.

어찌되었든 한자의 글자와 뜻의 변화에는 인간의 수많은 삶과 경험이 담겨 있습니다. 그리고 그 의미를 되짚어보면 의외로 재미있는 것들이 많습니다. 많은 이들이 한자 학습을 어려워하지만 이런 이야기들이 한자를 쉽고 재미있게 배우게 하는 데 도움이 되지 않을까 하는 생각에서 이 책을 썼습니다. 아마 이 책을 재밌게 읽는다면 한자도 어렵게 느끼지 않고 재밌게 익힐 수 있으리라 생각합니다.

앞으로 우리글에서 한자가 완전히 사라질 수도 있겠지만, 지금은 여전히 한자가 말과 글을 적합하게 쓰는 데 도움이 많이 됩니다. 곧 한자라는 교양을 튼실하게 하면 글을 잘 쓸 수 있다는 말이기도 합니다. 이 책을 쓰게 된 구체적인 동기는 한자를 가르치며 저에게서 한자 책도 한 권 냈던 최현룡과, 출판편집자인 한필훈 두 대학 후배가 제공했습니다. 이 두 후배들 덕분에 이 책을 쓰게 되었음을 밝힙니다.

2018년 11월

장인용

찾아보기

ㄱ

ㄷ

ㅇ

ㅈ

ㅊ

한자본색
— 옛 글자 이야기로 다시 배우는 한자

2018년 12월 6일 초판 1쇄 찍음
2018년 12월 14일 초판 1쇄 펴냄

지은이 장인용

펴낸이 정종주
편집주간 박윤선
편집 강민우 두동원
마케팅 김창덕

펴낸곳 도서출판 뿌리와이파리
등록번호 제10-2201호(2001년 8월 21일)
주소 서울시 마포구 월드컵로 128-4 2층
전화 02)324-2142~3
전송 02)324-2150
전자우편 puripari@hanmail.net

디자인 가필드

종이 화인페이퍼
인쇄 및 제본 영신사
라미네이팅 금성산업

값 15,000원
ISBN 978-89-6462-106-6 (03710)

이 도서의 국립중앙도서관 출판예정도서목록(CIP)은 서지정보유통지원시스템 홈페이지(http://seoji.nl.go.kr)와 국가자료공동목록시스템(http://www.nl.go.kr/kolisnet)에서 이용하실 수 있습니다.(CIP 제어번호: CIP2018039189)